龙舟文化论

周次保　刘　明　张　可　编著

中国纺织出版社

内 容 简 介

几千年来，龙不仅以它的完美形象活跃在我国社会、生活、文化艺术各个方面，而且已成为一种精神力量深入到了整个中华民族的每一个人的心中。在诸多龙文化之中，最活跃、最形象、最普及、最有动感也最引人注目的是龙舟文化。本书首先介绍了龙舟文化的发展，包括起源、龙舟文化、龙舟造型等，然后从龙舟文化的技术、竞技、竞赛、内涵、产业、发展、地域等各个层面对龙舟文化进行详细解析，最后对于龙舟文化的保护提出一些建设性的意见。本书主要针对人群为龙舟运动爱好者以及龙舟文化研究人员的参考用书。

图书在版编目（CIP）数据

龙舟文化论 / 周次保，刘明，张可编著. -- 北京 ：中国纺织出版社，2017.11（2025.5重印）
ISBN 978-7-5180-3598-4

Ⅰ. ①龙… Ⅱ. ①周… ②刘… ③张… Ⅲ. ①龙舟竞赛—文化研究—中国 Ⅳ. ①G852.9

中国版本图书馆CIP数据核字（2017）第104139号

责任编辑：武洋洋　　　　责任印制：储志伟

中国纺织出版社出版发行
地址：北京市朝阳区百子湾东里A407号楼　邮政编码：100124
销售电话：010-67004422　传真：010-87155801
http://www.c-textilep.com
E-mail：faxing@c-textilep.com
中国纺织出版社天猫旗舰店
官方微博 http://www.weibo.com/2119887771
河北晔盛亚印刷有限公司印刷　各地新华书店经销
2017年11月第1版　2025年5月第9次印刷
开本：710×1000　1/16　印张：15.375
字数：273千字　定价：98.00元

前　言

虽然世界上有龙的神话和传说的国家不只有中国，但是只有中国人被称为“龙的传人”。几千年来，龙不仅以它的完美形象活跃在我国社会、生活、文化艺术等各个方面，而且已成为一种精神力量深入了中华民族的每一个人的心中。在诸多龙文化之中，最活跃、最形象、最普及、最有感染力也最引人注目的是龙舟文化。

本书总共分为十章，每一章都从不同的角度对于龙舟文化进行了详细的阐述。第一章为我们简单介绍了龙舟文化的起源、发展，屈原与龙舟文化等内容；第二章从技术的角度对龙舟文化进行阐述，主要包括鼓手与舵手技术、桨手与配合技术、起航与冲刺技术、龙舟比赛战术、龙舟运动训练原则、龙舟技术训练及方法等内容；第三章和第四章主要从龙舟文化的竞技与竞赛角度出发进行论述，主要包括竞渡的准备工作、竞渡时的划船、龙舟竞赛的器材与安全等内容；第五章至第八章主要从龙舟文化的内涵、拓展、产业与发展四个方面进行详细分析，该部分内容对于龙舟文化的深度研究具有一定的参考价值；第九章主要介绍了我国各个地区的龙舟造型和竞渡，为提高人们的龙舟辨识能力提供了强有力的参考依据；第十章则主要从龙舟文化的保护方面进行研究，主要包括龙舟文化的政府保护和扶持、群众自发保护以及文化学术研究等内容。

总体上来说，本书逻辑清晰，内容丰富，具有重要的理论和实践价值，其中提出的一些对于龙舟文化发展的有关意见和建议契合了当今龙舟文化发展的现状和社会发展需求，体现了本书的科学性和时代性，希望本书能够在龙舟文化的传承与推广方面尽到微薄之力。

本书的编撰过程中参考了与龙舟文化相关的大量资料和书籍，在此向有关的专家学者致以诚挚的谢意，由于作者时间和精力的限制，本书难免会存在不足之处，还希望广大读者能够予以批评和指正。

作者

2017 年 3 月

前言

目　录

第一章　龙舟文化溯源论

龙是我们中华民族的图腾，我们有着历史悠久的龙文化，号称是龙的传人。而龙舟作为一种图腾文化的悠久历史也呈现在我们的实际生活中。本章将对龙及龙舟文化做一简单探讨。

第一节　龙与龙舟

一、龙

在广袤的自然界根本不存在龙这种生物，但它又是人们心中活灵活现的动物，这不能不归功于神话与传说的作用。根据内蒙古最近出土的玉雕龙证实，我国关于龙的各种神话大约产生于五千年以前，与当时的图腾文化有关。

（一）龙之形象

原始的龙形象和后代定形化的龙形象是有极大的差别的，那是经过千百年的氏族战争兼并整合的结果，在早期传说中的龙，身体细长，身子像蛇，头部像猪，后来体形逐渐变粗，又加上了爪子，爪子也越来越粗，头上又长出角，嘴上生出了越来越长的须，身上的鳞甲也越来越明亮。

定形化后的龙已经是一身具牛头（或马头、鳄头等），象鼻，鹿角，马鬣，蛇躯，鳞身，鳄棘，鱼尾，鹰爪，龟足等诸兽形象的一个神异之物。它能水中游、云中飞、陆上行，呼风唤雨、行云播雾、布雷施电、司掌旱涝，并且在各处均可见到它的形象：宫殿、屋脊、殿角、巨碑、香炉、佛座、衣物等等，成为中国最为普遍的祀神之一。

（二）龙之性

龙的形象是以自然界实有的蛇蟒形象为基础，经过人们的想象加工形成的，而后来的人们又以此为基础通过民间文学、民间美术中的夸张变形表现手法使其更加完满和丰富，但不管龙的形象怎样演变，“龙性”却始终没有脱离蛇性，也没有脱离龙的创造者们的人性。

1. 蛇性

唐代韦绚《戎幕闲谈》所载《费鸡师》：“城南建昌桥下。其南岸先有龙窟。岁常损人。至有连马而溺者……往时人马溺于其间。良久尸浮皆白。其血被吮吸已尽，而尸出焉。”

唐代裴铏《传奇》所载《五台山池》说：“五台山北台下有龙池约二亩有余。佛经云，禁五百毒龙之所。每至亭午，昏雾暂开。比丘及净行居士方可一觇。比丘尼及女子近，即雷电风雨时大作。如近池，必为毒气所吸。逡巡而没。”

这些古文传说中所描述的龙，就是对老百姓生命极具威胁的蛇蟒。

2. 人性

做为人造的神物，龙也具有人的性格，也懂得以德报德以怨报怨。在报德的龙中，多为女性。如唐代李复言《续玄怪录》所载《李靖》中的夫人就是。

李靖打猎迷路，夜宿还原为人住的龙宫。半夜，龙夫人求李靖代替外出未归的龙儿施雨一滴。李靖想，他打猎经常出没此村，得到村人的关心和照顾。眼下该村久旱不雨，苗稼将悴，而雨在我手，宁馊惜之。须一滴不足濡，乃连下二十滴。但李靖万没想到天上一滴，地上一尺，他原想以解旱报答的那个村，已淹殁于两丈深水之下。为此，龙夫人受上司“杖打八十”的重责。“但视其背，血痕满焉。”尽管如此，龙夫人对李靖仍以德报。她说：“郎君是世间人，不识云雨之变。诚不敢恨，只恐龙师来寻，有所惊恐，宜速去此。然而劳烦，未有以报，山居无物，有二奴奉赠。”这样通情达理，宽容大度的龙，简直就是对有较高文化素养和道德规范人杰的描述。

唐代李翰《异闻集》中《柳毅》到龙宫传书所遇的龙女；唐代李复言《续玄怪录》中《刘贯词》为龙子传书所遇赠他“罽宾国概弦的龙女；至今流传在贵州省榕江县的侗族民间故事《丁郎龙女》中出官嫁给曾经救她一命的农夫的龙女，都是知恩图报的中国传统女性那种多情、温柔、坚贞、纯朴性格的再现。只不过她们都是以龙的面貌出现而已。

3. 龙性

龙性，指蛇性与人性的合一。如唐代《传奇》所载《周邯》，是通过土地之言，劝说打算趁龙睡觉之际去龙宫盗宝的周邯，借以传播龙的威力，展现了龙的性格："欲睡而劫之。龙忽震怒作用神化。摇天兰。摆地轴。槌山岳而碎丘陵。百里为江湖。万人为鱼鳖。君之骨肉可安保"。

又如《王景融》神话说：王景融把他父亲的灵柩迁移到洛州，"于延道掘着龙窟"后便"旬日而卒"；《韦思恭》神话说的是王、董两人杀了两条怪蛇，就遭龙报复得"焚荡且尽"。

从这几则神话中，可以看出龙有兴风造雨而使"百里为江湖，万人为鱼鳖"的龙性；有"掘着龙窟"便"旬日而卒"的蛇（毒）性，也有对于损伤自己的利益就变本加厉施以报复的品格低劣的人性。

（三）龙之文化

1. 图腾

通过对古文献的研究会发现，龙是原始社会的遗迹。《山海经·南山经》中说："自招摇之山至箕尾之山，凡二千九百五十十里，其神，皆鸟首而龙身。"这里说的神便是图腾，是鸟首龙身，稍异于后来的马首龙身形象。图腾便是一个部族或团族的祖先，这种遗迹到汉代时候依然存在于少数民族地区。种人，皆刻画其身，像龙文。"（《后汉书·西南夷传》）刺绘龙纹，便是在自己身上绘成龙的形象，象龙子便是表明自己是龙的后代，是龙图腾部族的子孙。这些文献记载表明龙的形象留存是古代龙图腾的遗迹。

2. 从图腾到水神

原始部落联合解体后，作为部落联合尊奉的图腾失去了凝聚意义，但是在人们心中龙的尊严和地位并未消失，随之成为社会上的神。

雨在以农业生产为主要生活来源的奴隶社会极其重要，于是龙便被尊奉为雨神。甲骨文中就有向龙神祈祷求雨的卜辞。

雨是农业生产命脉，作为管雨的神，龙的尊严依然是很显赫的。雨是由云降下的，云是由水生成的，水、云、雨本是一体，其神也应该是一体的。到了春秋战国时候，龙便由雨神而兼任云神、水神了。

"蛟龙水中之神也，乘于水则神立，失于水则神废。"（《管子·形势篇》）"龙合而成体，散而成章，乘乎云气而合乎阴阳"（《庄子·天运篇》）

"飞龙在天。……云从龙，风从虎，各从其类也。"（《周易·乾卦》）

龙在神中的权势进一步扩大，在人间的威严也进一步提高，殷代只是向龙祈祷占卜，而到了汉代便有了专门祭祀的仪式。

中国因其地理气候因素，干旱的情况时有发生，而以农为生的老百姓便常常求雨祭龙神，进一步便是有龙的专用庙宇——龙王庙。龙成为独立的神，而龙王庙也是诸神庙宇中最多的庙，龙的神话，龙的故事，便有了最广的传说。

3. 从大众化到垄断

因为神具有人所不能及的威力，因此人便尊敬它，祭祀它，向它求福。

龙的形象虽在求雨时是作为神像供奉的，但是在生活中却可以作各种装饰，“叶公好龙”是刘向《说苑》中写的一个故事，虽是一则寓言，它反映了汉代社会一切物饰上都可以绘有龙的形象：把龙纹刺画身上实际也是一种装饰。

《后汉书·舆服志》上记载，龙旗只是皇帝仪仗中众多旗帜中的一种，在皇帝的服饰上绣有十二种章纹，龙纹是其中一种，龙的形象并非是威严不可侵犯，龙的文化实是大众文化，而皇帝对龙形象的垄断则是在宋代以后，随着封建专制集权，皇帝独裁专政而出现的。

汉高祖刘邦是第一个由平民创业而当上的皇帝，在西汉初年“天人感应”思潮泛滥之时，便有了生来不凡的传说，司马迁把此事记载在《史记·高祖本纪》中：“（刘媪）梦与神遇，是时雷电晦冥，见蛟龙于其上，已而有身，遂产高祖。高祖为人隆准而龙颜。”刘邦是龙种，龙的儿子，脸也长得像龙，他的生活遭遇也和《周易·乾卦》所说的龙的影像相同，在不行云布雨时，“潜龙勿用”藏在深渊，一旦云行再施便“飞龙在天”，神龙是变化无穷的。于是后来所有开基皇帝为巩固统治，无不是梦日而生，梦龙怀身，龙的形象便成为皇帝的化身，久而久之，龙便为皇帝所“垄断”，其他人如果擅用便是“僭越”，便是“谋逆”。

但封建专制并未能全部“垄断”，正月十五舞龙灯，三月清明放龙筝，五月端午龙舟竞渡，龙的文化活动仍遍及民间各地。

作为一种图腾符号，龙首先是一种生命的符号，集中体现了古代中国人对于生命的追求，象征着古代人们对生命循环、生生不息的愿望；龙演变而为中华民族的象征，经过世代的渲染，从而获得了加强社会传统、巩固民族团结的一种特定文化功能；龙作为一种灵物崇拜，体现了超自然、超人类的神话力量，华夏民族的这一龙神崇拜，在世界文化史上是一大创造。中华民族塑造的自己民族的庇护神，是民族自尊心的物化，是人类征服自然、战胜敌人的精神力量的物化。

二、龙舟

在中国古老文化发展的漫长历史中，形成了众多关于龙的传说，并由此衍生出各种各样以龙为主体的活动。龙舟活动既是一种历史悠久、流传广泛的体育娱乐活动，同时也是内涵丰富的龙文化的辉煌渲染。

（一）龙舟的出现

在我国最早的龙的传说中，很多龙是人役使的坐骑，而在现实生活中则出现了载人而水上行的龙舟。据历史记载，我国最早的龙舟是“鹢首舟”。《淮南子》云：龙舟鹢首。其注曰：鹢水鸟也。画其象著船首，以御水患。很显然，鹢首龙舟的出现，开始以行为展示了“龙的传人”抗击水患意向的龙精神。

其后不久，楚国出现了一种为劳动群众竞划的细长龙舟，这种龙舟是专为用于缅怀楚国人民敬爱的屈原而在楚国出现。传说这种龙舟是为了打捞屈原的尸首兴起的。在这里，龙舟是人们对代表群众意愿的屈原英灵的告慰，也是向不顾国家安危和人民死活的统治阶级的挑战，这与其说是“图腾崇拜的遗习”，不如说是大禹式先民对征服自然的龙精神的传承和引伸。

在诸多有关龙舟的传说中，最能反映“龙的传人”龙精神者，应算贵州省台江县施洞苗族龙舟节传说。

传说大意是：跟着父亲上山砍柴的儿子久保，在江边的路上被恶龙卷进江中的龙洞。为了从恶龙口中救回久保，其父邀集三乡父老共同计议，用猪膀胱装上斗石火草，带上柴刀斧头潜入江中找到龙洞，在火光中救出久保，杀死一龙，吓跑一龙，取得了可喜可贺的胜利。但是，故事并没有到此结束。而后，大家又议定把杀死的恶龙砍成三截，给三乡群众分食龙肉。这样的传说，怎能不鼓舞人心？怎能不令人拍手称快？然而，故事仍然没有结束。另一条逃走的龙求饶了：它托梦给胜利者，说，请你们制作芦笙在坡上吹吹，打造龙舟在江上划划，我才晓得何时上天施雨，保你们风调雨顺，五谷丰登。就这样，施洞龙舟节诞生了。这里的龙舟，是三根元木挖槽并合而成。船上的健儿们不是坐着，而是站着竞划。这充分显现了“龙的传人”在胜利面前继续积极进取的伟大气概。由此可见，这个龙舟节，是欢庆胜利的节日，是不断进取的节日。这个节日上的龙舟，既没有对龙的蛇性、龙性和低劣人性“三性”的惧怕，也没有对帝龙合一的皇权的畏服。只有人敢胜龙，人能胜龙并驱使龙按人们的意旨为人服役的主体价值意识的直接展现。

（二）龙舟的发展盛行

龙舟竞渡盛行于江南，特别是湘楚一带，这是在历史的长河中发展、演变而成的。作为竞渡的工具——“龙舟”到底起源于何时，已不得而知。其词则最早见于《穆天子传》：

天子乘鸟舟（龙）舟，浮于太沼。

晋郭璞注：“沼池龙下有舟字．舟皆以龙鸟为形制，今吴之青雀舫，此其遗像也。”张景阳《七命》注：“鸟舟龙下本有卒字”。《太平御览事类赋》注引，俱作“鸟舟龙舟”。《穆天子传》，是晋太康二年（公元281）从魏襄王古墓中发现的书。魏襄王在位时间为公元前318——前296年，相当于战国中期，龙舟的出现当不会晚于此时。成于秦汉之前的《大戴礼》，其《五帝德篇》亦载：

颛顼（Zhuānsūn，读作专孙，传说中的上古帝王名）乘龙游四海。

由此，至少可以说我国最晚在战国时期就已经有龙舟了。到西汉、魏晋南北朝时已相当普遍，西汉《淮南子·本经训》：

龙舟鹢（yi，读作一。古书上说的一种水鸟）首，浮吹以娱。

汉代乐府《焦仲卿妻》中有句：

青雀白鹄舫，四角龙子幡，婀娜随风转。

《北史·齐河南王孝瑜传》载：

初，文襄于邺东起山池游观，时俗眩之，孝瑜遂于第作水堂龙舟，植幡矟（shuò，读作芍，长矛）．于舟上，数集诸弟，宴射为乐。成武幸其弟，见而悦之，故盛兴后园之玩。于是贵贱慕斅（xué，读作学，效法），处处营造。

由这些记载可以看出：先秦两汉魏晋南北朝时期的龙舟，不是用于竞渡的，而是帝王们或民间贵族用作“浮吹以娱”的游玩之舟，只不过上面有龙饰或称作龙舟而已。

到了隋朝第二代皇帝杨广时代，关于龙舟的记载大大增加。最醒目的，当是杨广游扬州时，其挽船者的哀歌《隋炀帝时挽舟者歌》：

我儿征辽东，饿死青山下。
今我挽龙舟，又困隋堤道。
方今天下饥，路粮无些小。
前去三千程，此身安可保！
寒骨枕荒沙，幽魂泣烟草。
悲损门内妻，望断吾家老。

安得义男儿，焚此无主尸，
引其孤魂回，负其白骨归。

这位诗歌的作者一做挽龙舟的役夫，便不作生还之想了，只是念念不忘“方今天下饥”。人民在死亡线上挣扎，隋炀帝却坐在龙舟上优哉游哉，并以《泛龙舟》为题吟诗作乐：

舳舻千里泛归舟，言旋旧镇下扬州。
借问扬州在何处，淮南江北海西头。

六辔（pèi，读作沛。驾驭牲口用的缰绳）聊停御百丈，暂罢耳山歌棹讴。

讵似江东掌间地，独自称言鉴里游。

统治者如此穷奢极欲，淫乐不止，理所当然有人会把他钉上历史的耻辱柱。隋代著作郎杜宝在其著作《大业杂记》中载：

大业六年……九月（炀帝）车驾幸江都宫。发藻涧宫，宿平乐园。顿自漕渠口下，乘小朱航行次洛口，御龙舟，皇后御翔螭舟。其龙舟高四十五尺，阔四十五尺，长二百尺。四重，上一重，有正殿、内殿、东西朝堂；中二重，有一百六十房，皆饰以丹粉，装以金碧朱翠，雕镂奇丽，缀以流芳、羽葆、朱丝、网络；下一重，长秋、内侍及乘舟水手，以青丝大絛绳六条，两岸引进。其引船人，普名“殿脚”，一千八百人，并着杂锦、采装、袄子、行缠、鞋袜等。

正史《隋书·炀帝纪》亦载：

（大业元年三月）庚申，遣黄门侍郎王弘、上仪同于士澄往江南采木，造龙舟、凤艒（mò，读作莫。小船）、黄龙、赤舰、楼船等数万艘。

八月壬寅，上御龙舟，幸江都。……舳舻（读作 zhúlú，指首尾衔接的船只）相接，二百余里。

直至今天，赛龙舟依然是中国民间端午节日的主要活动。

第二节 我国各地龙舟造型

我国的龙舟种类繁多，不同地域有着不同造型和功能的龙舟。

一、历史上的龙舟

（一）湖北、江西一代的迷信龙舟

流行于湘北、鄂南与赣西北等处的迷信龙舟俗称“敬干龙船”，是巫

人占卜的祭器。用木片钉成，长约 2 米，宽、高分别约为 0.4 米。不下水，由巫人肩扛着到乡间串游。

江西部分地方因为水浅不能竞渡，流行旱龙舟活动，不下水，但登高阜，或游街市，俗称“迎鬼船”。《江西通志》载：

金溪城……每当五月五日，城内造龙舟，以人装故事其上，一舟数百人，舁之，行诸陆地，云禳瘟气也。

（二）湖南沅陵县的游戏龙舟

风行于湖南省沅陵县端午日，据考证已有五百余年的历史。以四个算盘子大的小轮滚动，上置长条形竹板，板上粘多个纸折的风帆，用蒲扇扇之，促其向前竞渡。江西、湖北、湘西的乾州及汨罗江边的小儿，常于端午以裹粽的蓼叶或纸片扎成“龙船”到水边嬉戏，称“放龙船”。

（三）四川沪县的旱龙船

四川沪县林口场等地，每逢端午节组织以龙船象形的化装赛跑，称“划旱船”，至今流传（图 1-2-1）。

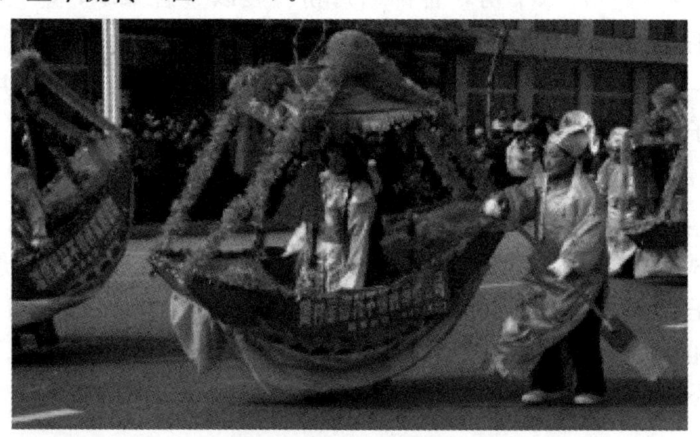

图 1-2-1　划旱船

（四）长江上流域的龙舟

苏州、杭州、南京及福州、西湖等地流行着节日里水上游玩的龙舟，因为不竞渡，故又称“文龙舟”。宋人吴自牧《梦粱录》对西湖龙舟的描写是：（二月）初八日，西湖画舫尽开，苏堤游人，来往如蚁。其日，龙舟六只，戏于湖中。其舟俱装十太尉、七圣、二郎神、神鬼、快行、锦体浪子、黄胖，杂以鲜色旗伞、花篮、闹竿、鼓吹之类。其余皆簪大花、卷脚帽子、红绿戏衫，执棹行舟，戏游波中。帅守出城，往一清堂弹压。其龙舟俱呈参州府，令立标杆于湖中，挂其锦彩，银碗、官楮、犒龙舟，快捷者赏之。

湘、鄂、川、黔等省，在节日中玩龙舞狮时起陪衬、点缀、渲染气氛的作用，称“彩龙船”、“彩龙舟”。江苏又有四面垂小灯的夜龙舟。

（五）江苏镇江的特技龙舟

这种划手不多，以水上杂技为其活动内容，如船上荡秋千、跳水、水底寻物、负重跳水等。明人张岱《陶庵梦忆》所写的“金山竞渡”即是：

瓜州龙船一二十只，刻画龙头尾，取其怒；旁坐二十人，持大楫，取其悍；中用彩篷，前后旌幢绣伞，取其绚；撞钲（读作征，古乐器）挝鼓，取其节；艄后列军器一架，取其锷（读作俄，剑刃，此指锋利），龙头上一人足倒竖，掂掇（读作添多，像用双手掂量物体）其上，取其危；龙尾挂一小儿，取其险。自五月初一至十五日，画地而出；五日出金山，镇江亦出。惊湍跳沫，群龙格斗，偶堕洄涡，则百蚨（读作区，螳螂）捷捽，蟠委出之。金山上，人团簇，隔江望之，蚁附蜂屯．蠢蠢欲动。晚则万艓（读作谍。轻便船）齐开，两岸沓（读作踏，多而重复）然而沸。

（六）浙江绍兴的多功能龙舟

历史上，浙江绍兴有一种龙舟，近看似龙船，远看若泥鳅，故称“泥鳅龙船”，又称“小龙船”。分为两种：去掉龙头、龙尾，称为“篷船”，供作交通运输工具；装上龙头、龙尾，则称“赛船”，供竞渡使用。

（七）珠江流域的赛龙舟

珠江河网一带水域线长且曲，作为民间信仰与祭祀敬神用的龙船样式在不同地区不同水系有其独特的样式。广州地区的龙船，也称广式龙船，分游龙和赛龙，其中也有分标准龙和传统龙，长龙和短龙，它们有着各自的特点，根据本土河网水域特色，各地的龙船形制大小不一，长短亦不一致，各造其适，单是船底结构就分为平底、尖底、梳齿底。并有各种叫法，真是“各处龙船各样花”。

同一条珠江水，有东江西江之称，龙船的形制也分为珠江东江水系和西江水系，西江水系的龙船，即在广州地区河涌及西江、北江两江流域，都以“鸡公头”为主。龙船细长狭窄，适合在浅窄多弯的河涌中行驶，因龙头造型干练，远看似鸡公，称之为“鸡公头”（图 1-2-2）。适合在珠江东部水系的龙舟，则称“大头龙”，俗称“大头狗”（图 1-2-3）。

图 1-2-2　鸡公头

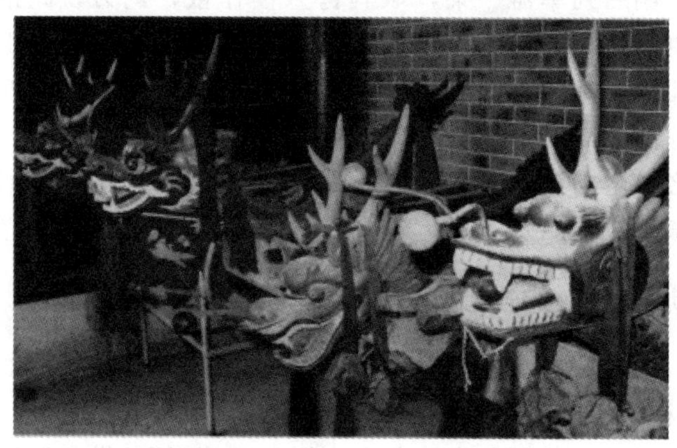

图 1-2-3　大头狗

"大头狗"的龙头造型宽阔体大，更适合多种造型。东莞新塘等地系东江一带水系，龙舟头颇具特色，每个村、每个宗族的龙舟头都是按本村供奉的神而塑像，如供奉洪圣王的村，那该村的龙舟头就是洪圣王的像；该村供奉神龙的，龙舟头就是红面黑须；该村供奉天后的，龙舟头就娇艳无村还有童面稚气的哪吒龙龙舟头等。在江面上扒的龙舟，一望就知道这是哪条村的龙船，是供奉何方神圣的。

无论"鸡公头"还是"大头狗"，这两种龙舟均属传统龙舟。再具体点，龙舟还有"长龙"和"短龙"之分。

"短龙"，即尖底船，船身短促较潇洒，约二十多米长，适宜在短距离的竞渡中占得先机；"长龙"，也称"标准龙"和"传统龙"，是梳底形的船，长龙船，十丈长，足有（三四十米长），能坐四五十人，有的甚至坐到60人。

“鸡公头”特点是适合在浅窄多弯的河涌中行驶，能经受风浪又能保持快速，其最大的特点是在河涌行驶时可随时改变方向，如需要掉头，则采用折返式，旗手向鼓手发出指令，鼓手令所有桡手同时而快速起身调换一个方向坐下，船尾当船头，重新向另一个方向划去，只要步调一致，船体行动轻便快捷，因为船的两边都可以做船头，在船的一头一尾各置一名旗手。

要指挥这窄长的“鸡公头”，旗手必须胆识过人，他们在船头立足的地方是只有30厘米长、10厘米宽的木条，如果功夫不到家，指挥龙船行进时被甩进水中，就会惹人笑话。当然，能够站在龙船前沿指挥的都是些久经风浪的“龙船头”，他们都有一副好身段和好站功。

比起“鸡公头”，“大头狗”龙船船身宽阔、平底，驶起来平稳，更适合在宽阔浪大的江面上行驶，如在增城新塘和东莞珠江水域的龙船就是这种形制。负责指挥龙船前进的旗手始终站在船头一块宽30厘米、长50厘米左右的木板上，这比站在10厘米宽的“鸡公头”上指挥要舒坦得多，但难度也相应要大，旗手就站在这木板上，指挥龙船的行进。

“大头狗”龙船头永远是头，龙尾始终是龙尾，如果要调转方向，则由旗手向鼓手和桡手发出指令，将十几米长的龙船在江面上慢慢打圈旋转过来，技术难度很大。“大头狗”龙船主要分布在东莞、增城新塘等河面宽阔的地区。

“游龙”，即平底船，这类船船身宽阔、平稳，速度较慢，适用于趁景时表演和探访亲戚。因此“游龙”也叫“彩龙”，打扮得花枝招展，可以布满生花罗伞、生花头牌。

广州传统彩龙以颜色花样区分一般有以下几种：红龙、花龙、黑龙、金龙、五色龙等。红龙，船身红色，桨绿色；花龙，船身有好多手工画上去的花纹；黑龙，全身黑色，是最普遍的种类；五色龙，顾名思义五色，有五种颜色作为底色，而花纹同花龙一样；另外还有金龙，以黄色为主色，有一些黑色的弧线，看起来像龙鳞，数量是最少的。

龙舟也有分大小，以划龙舟的人数区分：3～10人划（俗称“扒”）的为小龙舟，船长5～7米；20～50多人划的为中龙舟，船长17～23米；60～100人以上的为大龙舟，船长30米以上；个别还有200多人的特大龙舟。小龙舟只有桡手和舵手，中龙舟配鼓手和锣手各一人；大龙舟配鼓手和锣手各两人。珠江三角洲一带的扒的传统龙舟比较长，五六十人扒的龙船较普遍，如广州海珠区、荔湾区、黄埔区、天河区一带龙船，长33米，桡手甚至有八九十人。国际标准龙舟的长度15.5米，宽1.10米。

二、现代龙舟分类

与普通船只不同，龙舟长短不一，桡手人数不一。竞渡龙舟要求便利、轻快、易划，所以狭窄而细长。船头饰龙头，船尾饰龙尾。一般以木雕成，加以彩绘（也有用纸扎、纱扎的）。龙尾多用整木雕，上刻鳞甲。船体呈梭形，两头窄，中间宽，普遍是两人一排同时划桨，所以各地方的比赛龙舟外形大致相同，只是船体的长度差别较大，船体长，桡手多，最长的龙舟可达 50 多米，乘坐上百个桡手，短的龙舟约 10 米，坐 10 余人。各地方比赛桡手人数并不统一，有的地方有严格规定，每年参赛桡手人数不能多不能少；有的地方桡手可多可少，但船上舵手、鼓手、锣手均各一人。目前国家体委规定：竞渡龙舟，长为 13 米，宽 1.35 米，深 0.4 米。划手 20 人，舵手、鼓手、锣手各一人，共 23 人。传统龙舟是根据龙的造型，结合舟的特点制造而成。龙舟可分为如下几类：

（一）赛舟

赛舟又称快舟，是专门用来比赛、竞渡的龙舟。根据舟船雕刻、彩绘的形貌分为：龙舟、凤舟、象牙舟、龟舟、虎头舟、狗头舟、牛头舟、天鹅舟、蛇舟等。这些龙舟，虽然船身绘画了不同动物的外形图案，但是约定俗成，都统称为龙舟，如图 1-2-4 所示为湖南汨罗飞凫式龙舟。

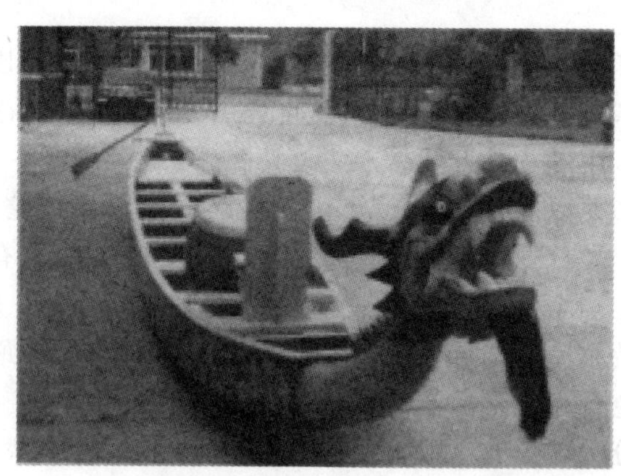

图 1-2-4　湖南汨罗飞凫式龙舟

根据各地方龙舟绘制的色彩、绘画的风格、手法不同，将赛舟分为：青龙、乌龙、菜花龙、黄龙、五彩龙、飞龙等，对龙舟的称谓各地也存在一些差异；根据赛舟的船体大小和外形构造分为：大龙舟、双体龙舟、独木舟等。

（二）花舟

花舟也称戏舟、彩舟（图 1-2-5）、造型龙舟，这类龙舟往往外形宽大。其特点是：不参与赛龙舟，只在江面上停泊，供人观赏。这类舟船头、船艄也分别安装龙头龙尾，船的两舷彩绘龙鳞，船舱中建花轿式亭台阁楼，阁楼一般有上下两层，每层楼台装潢成五颜六色，十分考究。船体周身或插花，或插旗，或挂锦缎，或装裱对联文字，或装饰各种艺术造型，争奇斗艳，类似选美比赛，有的花舟还用于草台戏班的戏耍表演。

清末与民国时期，在由行帮公会联合组织的端午节日活动中，常以三四只货船串联在一起，用松柏、树枝、花束、绸缎、布匹绑扎装饰成彩龙船游浮于江。船前有龙头，后有龙尾，船上有歌有舞，鼓乐齐鸣。各种人物故事造型扎在中间主船之上，可谓有声有色，有动有静。

图 1-2-5　彩龙舟

（三）游舟

游舟也称看船、赏船。在古代这类船只是皇亲国戚，豪富商绅，官僚弟子制作或者雇用来观赏美景，品茗听戏，逛江游玩的画舫游船。如《淮南子·本经训》：“龙舟鹢首，浮吹以娱”——划着龙船在水上奏乐、游玩；《梦粱录》中记载南宋杭州“龙舟六只，戏于湖中”——有六只龙舟，在湖中游戏；《东京梦华录》卷七，记北宋皇帝，于临水殿看金明池内赛龙舟之俗。

其中有彩船、乐船、小船、画舱、小龙船，虎头船等供观赏、奏乐，还有长四十丈的大龙船。其外观豪华考究，龙饰雕刻一应俱全，船上搭凉棚、摆仙桌，挂珠帘绸彩。端午节聚饮于船，或划拳行令，吟诗作赋，或邀票友轮唱互赏。

竞渡时，在游船上近景观赏，灵活、方便、自在。旧时赛龙舟现场的游舟，往往要比竞渡舟多。道光年间《白雪遗音》岔曲儿唱道："浮瓜沉李，水阁凉亭，阵阵荷风划龙舟。夺桥竞彩相争胜，锣鼓叮咚采莲歌，悠悠扬扬真好听，燕语莺声。"即是这种风俗的反映，如图 1-2-6 所示的龙船舫。

图 1-2-6　龙船舫

第三节　龙舟竞渡起源

一、最早的船

我国有着纵横交错的河流与星罗棋布的湖泊。尽管今天众多江、湖已为泥沙填塞或缩小，江湖之多、之大远不如渔猎社会时期。

在一百万年前的远古时期，在我国这片辽阔的土地上，林木满山，草卉遍野，春天到处是鸟语花香，秋日则满目果实。原始先民，同飞禽走兽混迹在这绿色的世界里，依傍于河川、湖泊之滨。随着人类的繁衍、生活需要增多了，河湖里以及河湖对岸那可望而不可即的生活资源，给先民展示了获取食物的希望，成了诱人的新天地，即产生了"渡"的需要。就在他们依水而居，长期同"水"打交道的过程中，他们经常看到：树叶落在水里会漂浮在水面上；被风吹断的树枝、树干、竹子等，掉入水中也不会下沉；特别是每当洪水暴发、江湖横溢之时，人们抓住粗大的树干就会浮起得生，反之，就有可能遭灭顶之灾。这使他们意识到：木头、竹子之类的东西能够负载重物而不下沉，能够使人浮于水面，或送到江湖的彼岸。

因此，先民们对水承载物体的浮力有了一些感性的认识。于是，原始社会的人类发明了水上活动工具——独木舟、木排、竹筏和木板船等，从而把人类的活动范围从陆地扩展到了水面，初步解决了渡的问题。这就是我国古籍《世本》上所讲的：古者观落叶，因以为舟。《易经·涣卦》上讲的：

利涉大川，乘木有功也。《淮南子·说山训》上讲的：古人见窾（kuǎn，读作款。空）木浮，而知为舟。

而《易经·系辞》上有关于原始社会人类制造舟楫的记述：

黄帝、尧舜垂衣裳而天下治……刳（kū，挖空）木为舟，剡（读作演，削尖）木为楫。舟楫之利，以济不通，致远，以利天下，盖取诸涣（取之于涣卦。涣卦上巽为木，可以作舟楫，下坎为水，可以航行。）。

明人董斯张《广博物志》卷四十引《蜀记》称：

夏禹欲造独木船，知梓潼县尼陈山有梓木，径丈二寸，令匠者伐之。树神为童子，不伏，禹责而伐之。

《史记·夏本纪》在提到大禹治水时，说他是：陆行乘车，水行乘船。

此外，在浙江余姚河姆渡新石器时代遗址的考古发掘中还出土了木桨，更具体说明我国至迟在大约七千年前就已经有独木舟一类的“原始船”了。木板船的出现，当在铁器使用之后。这是因为要制造木板船，就必须把圆柱形的树干加工成木板，这是用火、石刀、石斧所不能做到的，只有在金属锯出现之后才有可能。由我国金属器具的出现时间则可推知，我国木板船大约出现在三千多年前的殷商早期。

二、原始竞渡

独木舟、木排、竹筏和木板船的出现，为竞渡的出现创造了先决条件。不过，竞渡的出现当时是分阶段的，有原始竞渡和节日竞渡两种。原始竞渡与渔猎时期的劳动生产是紧密地联系在一起的。当独木舟一类的原始“船”为先民们所发明，并被用来寻找、争夺食物或作济川之器时，只要有两个或两个以上的载体同时出现在某一水面上，我们的先民便有可能采取“竞速”“夺标”之类的方式去达到目的，即用“竞渡”的办法去获取食物，这是讲的劳动之中产生的“竞渡”；在劳动之余，亦可能出现竞渡：当取得某种食物之后，或在饱餐一顿之后，可能由于有人一声吆呵，划上几桨，而引得大家“竞渡”一场嬉戏一番。无怪乎古人在后来的诗文中，常把“龙舟竞渡”称之为“水戏”“水嬉”。

原始竞渡没有固定的时间、场所，没有固定的目的，也不是“群体性、倾向性的社会行为，当然也不可能出于什么宗教祭祀的需要，也不可能迟到人类交往已经相当密切，有了“走亲访友”的活动时才产生，更不可能是在生产力水平已经达到一定高度、对新造船只需要“检验”之时才出现。普列汉诺夫曾经说：“游戏是劳动生产的孩子”。那么，竞渡这种两个或两个以上的水上载体进行速度比赛的“游戏”，也应当是发端于劳动之中或劳动之余，即竞渡亦是劳动生产的孩子。

三、争战竞渡

随着社会发展和生产力的不断提高，社会交往日趋密切，社会关系日益复杂。特别是进入奴隶社会以后，征战频繁，在河道纵横、湖泊众多的水乡泽国，船只不仅是一种劳动生产的工具，同时也是一种必不可少的争战工具。作为战船，既要求灵便，又要求快速；操练水军时的竞速，既是对战船的检验，又是对将士的体能、意志的锤炼。因此，这种竞渡与原始竞渡相比，有了长足的进步。并且具有自身明显的特点：有组织、有目的、富有极强的群体性和竞技性。这时，由于船只得到了更加普遍和更加广泛的应用，人们甚至有可能约定成俗、相沿成习地进行竞渡比赛，以满足逞强好胜、崇拜英雄好汉的心理。因此争战竞渡，虽然没有固定的时间和比赛规则，但它是节日竞渡的前奏，为节日竞渡的产生奠定了基础。

生活在“江南水乡”的吴越之民，是最有可能创造这种竞技性的竞渡的。首先是因为他们具备有水、有船的客观条件。《吕氏春秋·慎大览·贵因篇》称：

适越者坐而至，有舟也。

《淮南子·齐俗训》曰：

胡人便于马，越人便于舟。

同书《主术训》又曰：

汤武，圣主也，而不能与越人乘干舟而浮于江湖。

《越绝书·记地传》载：

夫越性脆而愚，水行而山处，以舟为车，以楫为马，往若飘风，去则难从。

《春秋左传·哀公十七年》载：三月越子伐吴，吴子御之笠泽（吴浙江），夹水而阵。越子为左右句卒（支队）。使夜或左或右，鼓噪而进。吴师分以御之。越子以三军潜涉（偷渡）。当吴中军而鼓之，吴师大乱，遂败之。

这长于“潜涉”的越军，当即后世的水师。又据《国语·吴语》载，春秋时期，吴越相争，胜负双方都是以舟师争斗。

越王勾践乃命范蠡、舌庸（均为吴国大夫）率师沿海溯淮，以绝吴路，败王子友（夫差的太子）于姑熊夷。越王勾践乃率中军溯江以转吴，入其郛（郭），焚其姑苏，徙（取）其大舟（王舟）。

《吴越春秋·勾践伐吴外传》言：

（越有）楼船之卒三千人，造鼎足之羡。越有舟师，吴国亦然。

《左传·哀公十年》载：

齐人弑悼公，赴（说）于师（盟军）。吴子三日哭于军门之外，徐承率舟师将自海入齐，齐人败之，吴师乃还。

自吴循海道入齐，则必绕山东半岛之成山角，海行数千里，以伐大国，军辎之众，水师之强，不难知晓。吴国正是以舟师强盛，所以吴王夫差才能争霸中原，才会大开运河以行其师。《左. 传》哀公九年载：秋吴城邗，沟通江淮。

《隋书·地理志》亦载：

京口东通吴会，南接江湖，西连都邑，亦一都会也。其人本并习战，号为天下精兵。俗以五月五日为斗力之戏，各料强弱相敌，事类讲武。

在当时，吴越之国不仅官府能够浮海远行，像范蠡这样的大夫之家也能作浮海出齐之航。《越世家》有载：

（范蠡辅勾践灭吴称霸后），以为大名之下，难以久居，……乃装其轻宝珠玉，自与其私徒属乘舟浮海以行，终不反。范蠡浮海出齐，变姓名，自谓“鸱（chi，读作吃，鹞鹰）夷子皮”，耕于海畔。

凡此种种表明，居于苏南的吴国，处于浙北的越国，在春秋战国之世，其舟楫之多，水师之众，是相当可观的。在国既水乡、舟楫又众、舟师又多、征战又繁的情况下，他们完全有可能创造争战之类的竞技性竞渡，即所谓“斗力之戏”，为节日竞渡创造出一水到渠成”的条件。不过，竞技性竞渡的产生，并不是非吴越而莫属。楚地同样存在创始竞技性竞渡的可能性。因为楚人同样善于制舟、操舟，与邻国亦有战争。《左传》庄公四年载：还在春秋早期，楚人就在战争紧急的情况下，集中大批船只，架“梁”于“溠”，即所谓“除道梁滋，营军临随。”如果楚国不是早已普遍使用船只，能架“梁”于“灌”吗？

《墨子·鲁问篇》亦载：

昔者楚人与越人舟战于江，楚人顺流而进，迎流而退；见利而进，见不利则其退难。越人逆流而进，顺流而退，见利而进，见不利则其退速。越人因此若执（同“势”，即凭着水势），亟败楚人。公子输（鲁班）自鲁南游楚焉，始为舟车之器，作为钩强之备，退者钩之，进者强之。量其钩强之长，而制为之兵。楚之兵节（适用），越人兵不节。楚人因此若执，亟败越人。

春秋战国时期的楚国有着不错的水上运输能力。1957年和1960年在安徽寿县发现的鄂君启节，便提供了一个令人震惊的、以舟楫进行贸易活动的官商例证。

屯三舟为一舿（读作胯，能够装载车辆、货物的大船），五十舿，岁赢返。

商船从鄂出发，经汉水、夏水、长江和湘、资、沅、澧诸水，南达于湖南南部。屈原在《涉江》中还写到了楚国船只的形制："乘舲船余上沅兮。"朱熹注："舲船，船有窗牖者"或曰"小船也"。

吴、越、楚地有可能，黄河中下游的水网地区亦未尝不可。《韩非子·外储说》便载有这么一回事：

蔡妫，桓公妻。桓公与之乘舟，夫人荡舟，桓公大惧。

蔡氏是今日河南中部上蔡一带的人氏。她不是也和吴越一带的群众一样能够驾轻就熟地操舟吗？总之，竞技性竞渡不是某一地方的"专利品"，凡是需要用船只作为生产劳动、社会交往和争战工具的地方，都有可能产生这种竞渡。

四、节日竞渡

今天的"龙舟竞渡"大都是在某个节日里进行的，有基本固定的时间、场所，一般还是有组织、有领导地进行的。我们不妨称之为"节日竞渡"。它与"原始竞渡"相比较，其共同之处，即都在水上载体间的速度比赛，但它与生产劳动有所分离，转而与人们的道德情操、宗教信仰、赏心悦目关系甚大；与"争战竞渡"相比，其共同之处是要有比较好的船只和精良的划技，但在场所固定与不固定、目的是争取共同利益还是相互对抗等方面绝然不同。这种"节日竞渡"应当是在"原始竞渡""争战竞渡"的基础上发展起来，经过不断丰富、不断完善，逐步趋于规范和统一的。我国"节日竞渡"出现的时间，最早见于三国吴人周处《风土记》：

仲夏端午，烹鹜角黍，进筒粮，一名粽；造百索系臂，一名长命缕，一名续命缕，一名辟兵缯，一名五色缕，一名五色丝，一名朱索；又有条达等织组杂物，以相赠遗；采艾悬于户上；蹋百草；竞渡。

"端午""竞渡"之词，都始于此。这说明到三国时期，今湖南、湖北的端午节是有了"节日竞渡"的。然而，比这还早百来年的东汉末年不曾有"节日竞渡"。汉末应劭写的《风俗通》可证。应劭，字仲匹，汝南南顿（今河南项城西北）人，汉献帝中平、初平、兴平年间曾任官；其曾祖父应叠曾任江夏太守，其祖父应柳曾任武陵太守，其父亲应奉亦曾拜官武陵太守。祖辈、父辈一直在江夏、武陵一带任官，应劭的青少年时期应当是在这一带度过的，对这一带的风俗习惯应当有所见闻；即使没有在这一带生活过，作为史称“少笃学，览博多闻”的应劭来说，对于江夏，武陵一带有没有竞渡之俗也是应当有所知悉的。他所著的《风俗通》对于端午习俗记载了赐五色续命丝、以五彩丝系臂、集五色缯辟兵，唯独没有写到端午的主要习俗“竞渡”。这说明，时至东汉末年还不曾有“端午竞渡”。也许有人会说，《风俗通》，本有 32 卷，现在仅存 10 卷，书上有关端午节习俗的记载只是佚文的辑纳，难以为据。不过，我们查阅现存的先秦两汉的诗文，同样找不到任何描写“端午”和“节日竞渡”的痕迹。可见，“节日竞渡”的出现时间，只能确定在东汉末年应劭《风俗通》的记述以后，三国末年吴人周处的记载以前的三国时期。

第四节　屈原与龙舟文化

在民俗文化领域中，百姓民众普遍认为：端午节的赛龙舟、吃粽子等习俗与屈原有紧密的联系，基于屈原深远的历史影响力，老百姓愿意把这一纪念日归功于他。所以赛龙舟的起源，最普遍的说法就是拯救或凭吊屈原（图 1-4-1）。

图 1-4-1　屈原

屈原，名平，字原，约公元前 340 年出生于江汉流域的楚国贵族，今湖北秭归县人。屈原自幼勤奋好学，胸怀大志。早年受楚怀王信任，任左徒、三闾大夫，常与怀王商议国事，参与法律的制定，主张章明法度，举贤任能，改革政治，联齐抗秦。同时主持外交事务。主张楚国与齐国联合，共同抗衡秦国，提倡“美政”。在屈原努力下，楚国国力有所增强。但是，由于自身性格耿直再加上楚怀王的令尹子椒、上官大夫靳尚和他的宠妃郑袖等人受了秦国使者张仪的贿赂，不但阻止怀王接受屈原的意见，并且使怀王疏远了屈原。前 305 年，屈原反对楚怀王与秦国订立黄棘之盟，但是楚国还是彻底投入了秦的怀抱。使得屈原亦被楚怀王逐出郢都，开始了流放生涯。结果楚怀王被秦国诱去，囚死于秦国。楚襄王即位后，屈原继续受到迫害，并被放逐到江南。公元前 278 年，秦国大将白起带兵南下，攻破了楚国国都，屈原的政治思想破灭，对前途感到绝望，虽有心报国，却无力回天，只得以死明志，就在同年五月五日投汨罗江自杀。

据说屈原自投汨罗江后，人们哀悼他，怕他的尸体被鱼龙吃掉，每当这天都用竹筒贮米投水祭之。到汉朝建武年间，传所投之物被蛟龙所窃，于是划龙船赶走蛟龙，再用练树叶包粽子并以五色丝带缚绑，这为蛟龙所惮惧，投入水中方能见效。因此，端午节人们划龙船、包粽子，是为了纪念战国时期楚国的屈原的传说，影响最广最深，占据主流地位，在民俗文化领域，中国民众把端午节的龙舟竞渡和包粽子等，都与纪念屈原联系在一起，成为中华民族两千多年的习俗。

屈原深厚的爱国主义精神之所以具有其他忠臣孝女无法抗衡的力量，是因为屈原忧国忧民的襟怀，自身高洁、直言敢谏的品格，对反动势力和险恶形势不妥协、不退让的斗争精神，以及死亡的悲壮，体现其出淤泥而不染的高尚情操。在我国数千年的历史中，是上自宫苑君王，下至乡野百姓，一致公认的崇高道德典范，是一座体现中国传统价值取向的丰碑。他主张实行法治、举贤授能、反对腐朽贵族势力的变革措施，至今仍具有深刻的现实意义。这种力量蕴藏于我们全民族集体意识的深处，融会于我们民族精神的心理素质、审美意识、伦理观念乃至民族精神的精髓之中。

端午节因屈原而注入了丰富的文化内涵。据《隋书·地理志》正史记载："屈原以五月五日赴汨罗，土人追至洞庭，不见，湖大船小莫得济者，乃歌日，何由得渡湖？因而鼓棹争归，竞会亭上，习以相传，为竞渡之戏，其迅楫齐驰，棹歌乱响，喧震水陆，观者如云。诸郡皆然，而南郡尤甚。"——当年渔民们争先恐后驾舟抢救屈原的情景，隋朝期间已经演变成了赛龙舟的风俗，而且"观者如云"，一代代流传至今，成为今日的赛龙舟。以上是在民间老百姓中间流传最广和影响最深远的传说。

《荆楚岁时记》端午条载："按五月五日竞渡，俗为屈原投汨罗日，伤其死所，故命舟楫以拯之。"《荆楚岁时记》是南朝梁代宗懔撰写的一部记载荆楚岁时习俗的著作，也是保存到现在的我国最早的一部专门记载古代岁时节令的专著。

根据该书记载，战国时代楚秦争夺霸权，这个时期正是中国即将实现大一统的前夕，48 岁的屈原因主张联齐抗秦，再次遭到流放。此时的屈原心灰意冷，心中愤懑难以抒发，最终将这些牢骚和问题记录下来，就成了流传千古的《天问》和《离骚》。他想远离牢骚（司马迁《史记. 屈原贾生列传》云："离骚者，犹离忧也"——屈原遭受忧愁，别离的忧愁幽思），到民间做一次远行。此后，他历时十余载，足迹遍及沅（水名，发源于贵州省，流经湖南省人洞庭湖）、湘（水名，发源于广西壮族自治区，流经湖南省人洞庭湖）各地。

屈原探寻当地民间文化，并以自己的学识，学习和借鉴沅、湘之间的巫傩艺术形式，模仿、创作了《湘君》《湘夫人》等——《九歌》书中的精彩篇章，为中国文学史增添了不朽著作（图 1-4-2）。

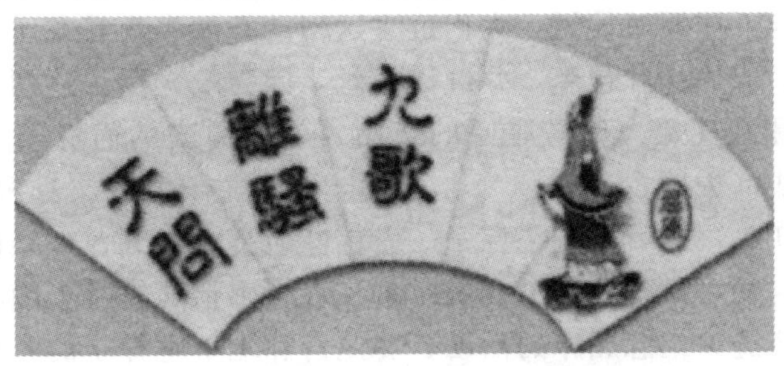

图 1-4-2　《九歌》《离骚》《天问》

怀才不遇的屈原形容枯槁，路人避之唯恐不及。直到有一天，他碰到一位打鱼者，渔夫问他为什么这幅形容，屈原感叹：世人皆醉我独醒。

渔人说，难道这就是使你憔悴如此的原因？难道你就没听说过，凡是圣人，都不会被外界事物所拘束，而能够顺应时世的转移变化？既然世上都浑浊了，你为什么不随波逐流？你奈何不了周遭的现实，还纠缠在其中，自取被放逐呀！

屈原还想说服渔夫，但是渔人已不愿再听，唱着渔歌，划着小船渐渐远去了，只留下屈原一人孤零零地站在江岸发怔。屈原自被放逐出来，已经很久没有人和他说话了，他也一直把自己禁锢在孤立崇高的思想境界中。今天渔人的话，更加坚定了自己的信念，绝不允许自己高尚的品德、洁白的灵魂蒙受世俗凡尘的污染。

不久，屈原来到沅陵，在这里，他见识到了该地方一年一度的端阳赛龙舟，并深受震撼。他在《湘君》中的诗句：“驾飞龙兮北征，吾道兮洞庭。薜荔柏兮蕙绸，荪桡兮兰旌。”这是他离开沅陵往北去时的心情表露。

遗憾的是，刚到岳阳，就传来楚国灭亡的消息，屈原悲痛欲绝，于五月五日，在写下绝笔作——《怀沙》之后，怀抱大石投汨罗江以身殉国、以死明志，以自己的生命谱写了一曲壮丽的爱国主义乐章。

楚国人非常悲痛，划舟救助不及。为了避免水中蛟龙鱼虾啮食屈原躯体，楚人纷纷划龙舟驱散江中之鱼，以竹筒子贮米（当时称“筒粽”）投入江中以祭之，还有人拿雄黄酒倒进江里，说是要药晕蛟龙水兽，以免伤害屈大夫尸体。雄黄酒果真灵验，据传水面立刻浮起一条蛟龙。于是，人们把这条蛟龙扯上岸，抽其筋，剥其皮，然后又把龙筋缠在孩子们的手腕和脖子上，再用雄黄酒抹七窍，认为这样便可以使孩童们免受虫蛇伤害，据说这就是端午节饮雄黄酒的来历。

最初，楚人凭吊屈原的祭品是竹筒子贮米的筒粽，还不是后来的粽子。《续记》载述了这样一段故事：汉光武帝建武年间，长沙人区曲梦见了屈原的化身，屈原对他说，人们过去送来的祭品多为蛟龙所窃，今年如果再送祭品，应用楝叶包裹，并缠以彩丝，因为蛟龙惧怕这两样东西。从此以后，五月五日楚人凭吊屈原的祭品，就由原来的筒粽改为以粽叶包米、以五色线（中国古代五色为吉祥色，像“龙子”的文身习俗的遗迹）捆扎而投入江水，这就是端午粽子——粽叶包裹、系五色丝线的来历。于是以讹传讹，相沿成俗，可见人们对忠义之士感情之笃了。随着时间的推移和历史的演进，纪念屈原的活动、赛龙舟和端午吃粽子的习俗逐渐发展到全国各地，成为国民性凭吊屈原的纪念活动（图 1-4-3）。

图 1-4-3　屈原与端午

屈原笔下对沅陵的赛龙舟，有许多精彩的描写，说明屈原在世以前就已经有赛龙舟了。他对龙舟的赞美融合了自己的美好心愿：“美要渺兮宜修，沛吾乘兮桂舟。令沅湘兮无波，使江水兮安流。”可见屈原忧国忧民的情怀。在《东君》一诗中，将赛龙舟的气势与场面写得更是恢弘壮大：“驾龙舟兮乘雷，载云旗兮委蛇。”这些生动的语句将沅陵赛龙舟的场景真实表现了出来。

如今沅陵的赛龙舟，与屈原在世时两千多年前的楚国遗风颇为相似，是古老民俗画卷的生动体现。

后人为纪念屈原，在汨罗城建造了屈子祠（屈原庙）、在巢县建造了竞渡庙、在湖南常德建造了屈原巷和招屈亭……最重要的是：每年五月初五都要在汨罗江举行赛龙舟，向江中抛粽子，在家门前挂菖蒲、艾叶……周而复始，形成了源远流长的端午节吃粽子、赛龙舟民俗。千百年来，中华民族视屈原为诗神，屈原也凭借他爱国爱民、矢志献身祖国的决心，成了当今国际四大文化名人之一，受到世界和平理事会和全世界人民的隆重纪念。

第二章　龙舟文化技术论

本章内容中我们将对龙舟文化中技术方面的相关内容来进行分析，从其内容上来看主要包括龙舟鼓手与舵手的技术、桨手与配合技术、起航与冲刺技术、龙舟比赛的战术、龙舟运动训练的原则以及龙舟技术的训练与方法等。

第一节　鼓手与舵手技术

一、鼓手技术

在鼓手技术这部分内容中，我们主要从三个方面来对其进行分析，分别是鼓手的素质要求、形态要求以及专业技术要求。

（一）素质要求

在鼓手的素质要求中，两个方面的素质是不可忽视的，分别是思想素质与专业素质，具体内容如下。

1. 思想素质

要求鼓手责任感、荣誉感强；有威信、有号召力；善于调动情绪和鼓舞士气；能与教练员密切配合，准确理解教练员的意图，能按教练员的意图处理训练中各种事宜和比赛中随机事件；情绪稳定，性格稳重；不心浮气躁，善于稳定军心，具有大将风范。

2. 专业素质

要求鼓手节奏感、频率感、速度感好；善于掌握裁判的工作尺度；临场应变能力强，反应快；起航时注意力集中；熟知全队实力水平和每个队员的技术、体力、素质、机能、心理等状况；比赛中能较好地掌握各种比赛距离的体力分配。

（二）形态要求

对鼓手的形态要求，我们将其汇总到表中，具体如表 2-1-1 所示。

表 2-1-1　鼓手形态要求

	男子	女子
身高	1.65-1.75 米	1.55-1.60 米
体重	50-55 公斤	45-50 公斤

（三）专业技术要求

1. 鼓声节奏

对于鼓声的节奏，有如下两点要求。

（1）一声重，一声轻，重声桨入水，轻声桨出水。

（2）双槌同时击鼓，或只敲一声，桨入水。

鼓声可以变化许多敲法，不论鼓手怎样敲和桨手怎样跟，目的只有一个，桨手都是以插桨动作入水的一瞬间恰好落在鼓声节奏中的强拍上，使全队划桨动作整齐划一，节奏一致。

2. 鼓声力度大小与节奏快慢

鼓手鼓声力度的大小和节奏快慢的变化可有效控制船速，鼓声力度大、节奏快能有效刺激桨手中枢神经的兴奋性，调动情绪，奋力划进。反之船速则降下来。尤其是在训练中，单调枯燥无味的划进容易使队员产生厌倦，训练质量下降，而当鼓手变化一下鼓声节奏、敲敲花鼓，可调动运动员的积极性，提高训练质量。

需要特别注意的是，在比赛中，尤其是两条船并行划进，不分上下、势均力敌时，鼓手的鼓声控制尤显重要。一定要有气势，要能提高队员的兴奋度，不然一旦落下，冲刺时则很难追上。

二、舵手技术

舵手技术可以说是龙舟技术的重要组成部分。船是否走得直，船速是否快与它都有关系。舵手应明确一点，舵在水里会产生摩擦阻力，对速度有影响。

（一）舵手的要求

1. 素质要求

注意力集中，观察力强，反应敏锐，熟悉水性，对风向辨别能力强，熟知各种风向对龙舟行驶方向的影响，了解每个队员的技术与体力状况，认真负责、稳重踏实、善于用脑、善于积累经验。

2. 年龄要求

25～40岁较为适宜。如果年龄太小，其心理素质难以承受大赛的刺激；而年龄太大，难以满足训练与比赛的需要。但是年龄小，如果心理素质突出或者有比赛经验，头脑灵活、反应快可予以考虑。

3. 形态要求

龙舟运动中，对于舵手的形态是有一定要求的，具体要求如表2-1-2所示。

表2-1-2　舵手素质要求

	男子	女子
身高	1.65-1.70米	1.55-1.60米
体重	50-55公斤	45-50公斤

（二）舵手的专业技术

1. 拖式技术

当船体方向改变较大时就采用此技术。此技术为民间龙舟普遍采用。它能有效控制方向，比较稳定，在有风浪的情况下采用此技术掉头靠岸比较平稳。但因舵长时间拖在水中，故此技术产生的摩擦阻力最大。当船偏航越大，舵桨与前进方向的角度也就越大，阻力也就越大，对船的速度影响也就越大。建议比赛中尽量少采用此技术。

一般来说，龙舟的掉头靠岸或者需要大幅度、急速改变方向时，可先采用拨式技术，当船的运行状况快要达到要求时，就应采用拖式技术，这样可保持平稳。

2. 拨式技术

先来看一下拨式技术的定义，此种技术运用于当船偏航较大时，选中水中一个点，迅速下桨朝相反方向横向拨桨打舵称为拨式。

水中这个点的选择，应视偏航大小灵活掌握。此技术主要应用于风平浪静情况下的龙舟掉头、靠岸以及龙舟进入航道时摆正航向（图 2-1-1），采用此技术效果较好。而在有风浪的情况下，采用此技术掉头靠岸则难以使船保持平稳。此技术在行驶中一般不宜采用，因为阻力比点式技术要大，同时难以使船保持平稳。

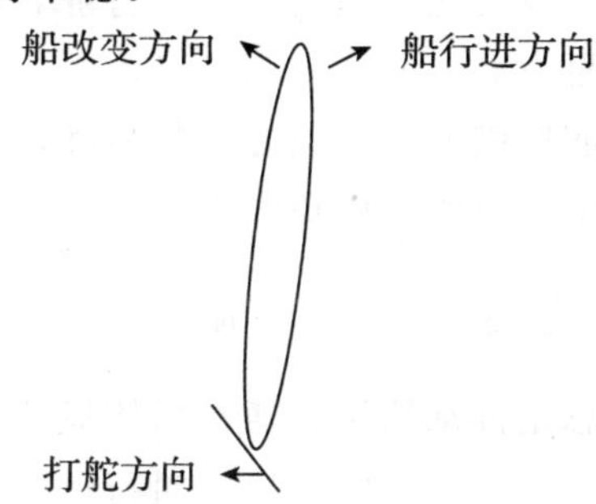

图 2-1-1　拨式技术

3. 点式技术

适用于龙舟在行进过程中方向改变较小时采用。舵手坐在船尾，应全神贯注，非常敏锐地感觉到船体方向微小的变化。当船稍微有点偏航时采用点式技术效果较好。这种技术产生的阻力最小，自然对速度影响不大。如果船继续偏航，可采用有节奏的点式打舵技术，即舵断断续续地入水、起水，舵叶的入水角度应视偏航的大小灵活掌握。这样既保持了航向又保持了速度。

如果在龙舟运动过程中，舵手精力不集中或者技术较差，让船体偏航很大时再纠正航向，那将产生很大的阻力。由于速度产生的惯性，船偏航时离心力很大，舵手需要花费很大气力纠偏方能保持航向，这对速度影响极大。

（三）龙舟运动中对舵手的要求

（1）熟知训练场与赛场水域情况，如暗桩、暗礁、水草、绳索、钢丝、水流、暗流、漩涡、浮标、起点和终点情况等。

（2）注意左桨手或右桨手跟桨不齐对船的影响。

（3）在起点处，龙舟进入航道后，舵手要注意使龙舟对准前进方向。如果竞赛场地无航道浮标，舵手应选择终点显眼的目标作为参照物，龙头、舵手、参照物三点一线，即可保持正确航向。

（4）注意风向，要有良好的辨别风向和风力等级的能力。要熟知不同的风向对龙舟泊船时与行进时的影响力。

（5）起航前应将龙舟对直航道，起航时不要下舵桨，否则将会增加阻力，难以获得较高的初速度。

（6）当遇到顺风时的风速比船速快可站立打舵，这样可借助风力；逆风时坐着打舵，可减少阻力。

（7）比赛时、起航前控制好船与船之间的距离，避免串道。

（8）比赛冲刺时尽量少打舵，以免影响速度，以保持方向为原则。

（四）不同风向对龙舟行进的影响

船在行进过程中风总是推动船尾，通常后侧风比前侧风对船尾的推动力更大。下面图中所出示的就是不同的风向对行进过程中的龙舟的影响。

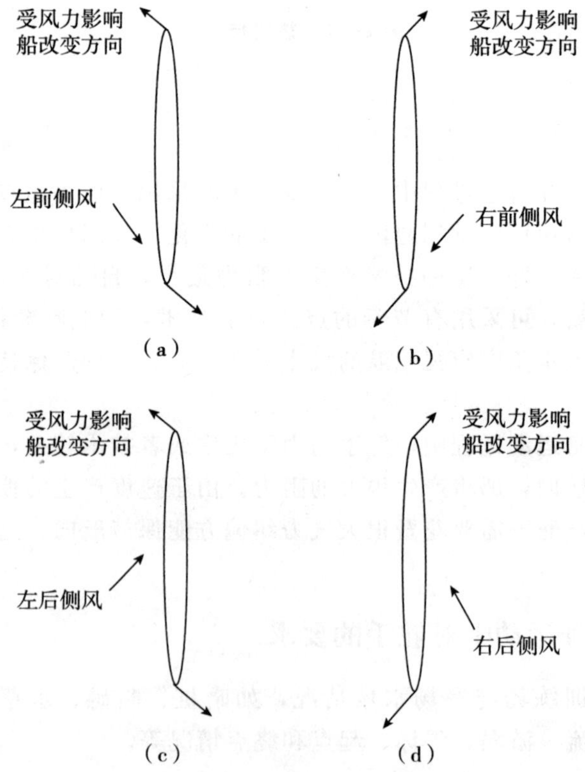

图 2-1-2　不同风向对行进中龙舟的影响

第二节 桨手与配合技术

一、桨手技术

在桨手的技术中，我们主要从七个方面来对其进行分析，分别是选择合适的船桨、标准坐姿、握桨、插桨、拉桨、出桨与回桨七个方面，具体内容如下。

（一）选择合适的船桨

在选择合适的船桨时我们需要遵循一定的标准，具体来说有三个方面可参考，如图 2-2-1 所示。

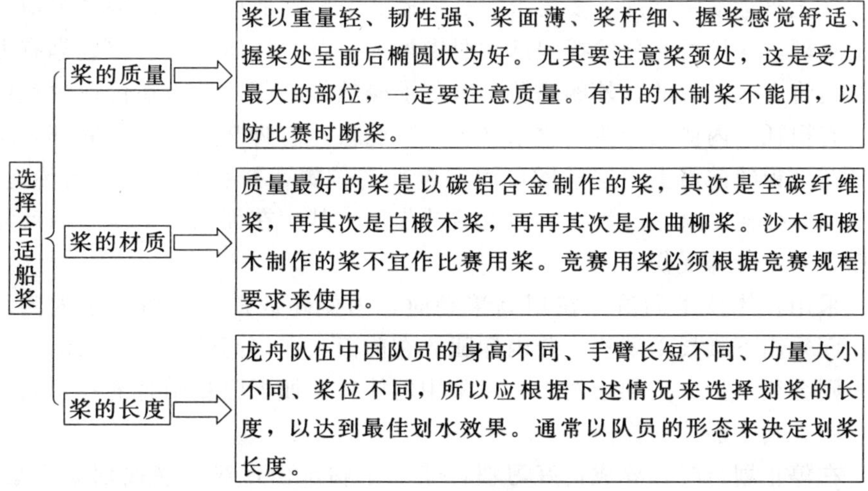

图 2-2-1 合适船桨的参考标准

此外，船员的身高情况与桨的长度也有非常密切的关系，具体关系如表 2-2-1 所示。

表 2-2-1 船员身高与桨的长度选择

身高	桨长
1.80 米以上	1.25 米
1.75-1.80 米	1.20 米
1.70-1.75 米	1.15 米
1.65-1.70 米	1.10 米

（二）握桨

在这里我们以右手为例进行描述，右手握桨即为拉桨手，或称为低位手。通常低位手握于桨颈处上一个把位。但人体形态与素质和握桨也有直接关系，手短而力量大的可上一点握桨；手长而力量小的要靠下一点握桨。桨入水时前伸大拇指与食指紧握桨杆，其他手指放松。左手或称为高位手，正握桨柄，大拇指顶住桨柄，有利于提桨出水。双手要稍稍放松。

在握桨的过程中有两种动作是错误的，也是不允许在龙舟运动中出现的：第一是握桨死板、小臂发僵，前伸动作难以做出；第二是高位手手腕弯曲下垂。

（三）标准坐姿

在龙舟运动中标准坐姿要求船员的髋关节紧贴船舷，外侧腿紧蹬前隔舱板底部，这样可充分发挥腿部大肌肉群的力量。转体直臂后拉是靠有力的蹬腿将力送上去的，外侧腿若不蹬住前隔舱板底部，动力在传递过程中就会有损耗，内侧腿弯曲后收于坐板下隔舱板，前脚掌紧抵船舱底部，臀部坐在坐板的前沿上，这样做可固定臀部的位置，并有利于动力的传递，避免动力损耗，这是因为臀大肌有缓冲作用。其次在训练中不至于因反复摩擦，导致臀部受伤。

采用转体技术划法，在划高桨频时，内侧腿放前、放后、放内侧均可；而采用下腰技术划法，若内侧腿放在前面，在划高桨频时，人的身体重心则会往上抬，不利于发力。而采用转体转髋加下腰相结合的技术划法时，则有利于船速的提高。

在停止划行时，养成良好习惯，桨叶平贴水面，双手横握划桨平桨，避免风浪，保持平衡和两边桨手的重量，以确保船员的安全。

（四）插桨

双手松弛握桨，桨从前方队员腋下伸出，低位手尽量地向前伸直，向左转体送右肩。高位手屈肘握桨于头正前靠右上方，外侧腿弯曲，此时背阔肌已充分拉开。从侧面看，桨杆紧靠船舷与水平面成45度角入水。从前往后看，桨杆略微朝里倾斜。桨手眼睛应向前看，头略向外偏。从上往下看，桨叶与船舷为90度，这样桨叶形成最大对水面积，水不会流失。身体成这种姿势时，有助于抓水，增加划水距离（图2-2-2）。

图 2-2-2　插桨

桨入水有三种技术，具体如图 2-2-3 所示。

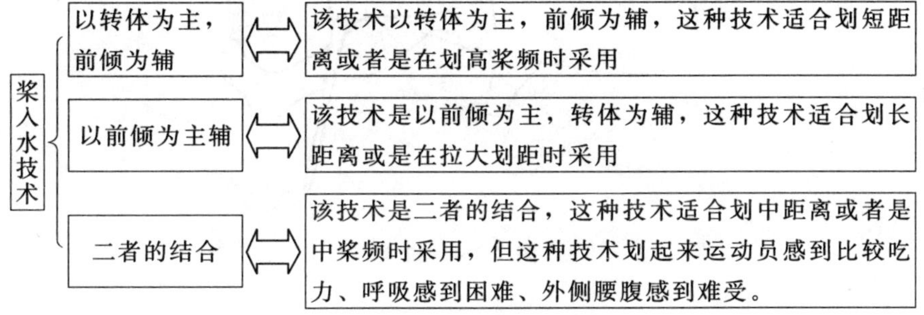

图 2-2-3　桨入水技术

1. 插桨要求

（1）找准下桨点。

（2）尽可能前伸，抓满桨水。

2. 错误动作

（1）高位手太直太僵，使桨入水角度大，抓水效果不佳。

（2）插桨时低位手弯曲，高位手伸直，导致拉桨无力。

（3）桨拍水，产生一个向上的分力。

（4）高位手没压住桨，抓不住水。

（5）桨抓水过浅。

（6）桨叶与船舷的角度不合适，桨杆朝舱内倾斜太多。

（五）拉桨

腰部是主要发力部位，高位手适度下压，保持稳定，使桨稳稳抓住水。低位手的中指、无名指、小指开始紧握桨杆，直臂拉桨。拉桨发力时桨叶与水平面的角度成 50～52 度。腿要同时配合发力，注意协调。这样可充分发挥腿、腰、背、肩及两臂肌肉群的合力，通过蹬腿把动力送上去。弯曲的高位手随着躯干的抬起往后走，而不是向前下方推。低位手拉至膝盖后即可（图 2-2-4）。

图 2-2-4 拉桨

1. 拉桨要求

（1）插桨与拉桨应衔接紧凑，不能有丝毫脱节动作。

（2）高位手要压住桨柄。

（3）拉桨速度要快，否则桨背就会挡水。

（4）拉桨要稳稳抓住水，不能划漂桨。

（5）在抓水与拉桨过程中，每个桨手的感觉要好。也就是水感要好。每划一桨是否抓到水，桨叶的对水角度如何？是否带入气泡？拉桨速度与船速的快慢，都要能感觉到。

2. 错误动作

（1）在拉桨过程中抓水。

（2）拉桨时高位手向前下方推，使桨叶对水面积减少。桨叶面与运动方向不垂直。

（3）拉桨时划八字，产生分力，不利于提高船速。

（4）高位手没有压住桨，拉桨时桨叶漂。

（5）先屈臂拉桨，这样只使用了小肌肉群的力量，大肌肉群的力量没用上。

（6）拉桨时没有使用躯干的力量。

（六）出桨

桨拉至膝盖后结束出水，不应再往后拉。双手向上提桨出水同时，高位手向上、向内、向前随着身体转动提桨出水，下面图中所示为出桨动作示意图（图 2-2-5）。

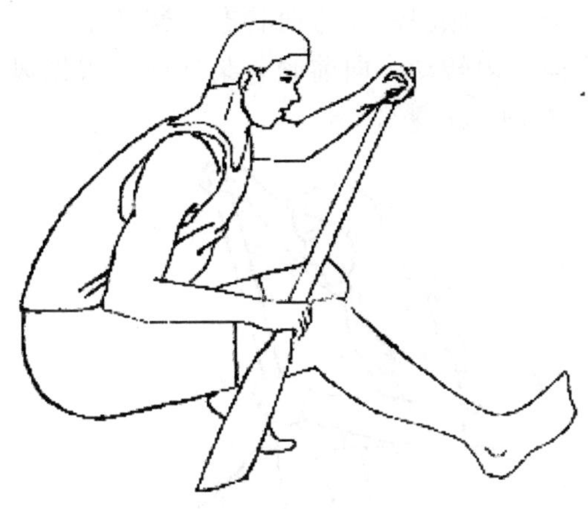

图 2-2-5　出桨

1. 出桨要求

（1）拉桨完毕不能在水中停留，否则桨背挡水，形成阻力。

（2）高位手切勿往前下方推和低位手向上挑桨出水，扬起水花，这样会影响后面的队员，并且增加分力，影响船速。

（3）桨出水时，躯干稍前倾，这时全身肌肉都处于放松状态。

（4）拉桨与出桨要连贯、迅速、简捷、干净、协调，顺乎自然，提桨出水。

（5）拉桨完毕瞬间，腿、腰、背、肩及臂都要处于放松状态。

2. 错误动作

（1）出桨时，桨与躯干的转动、放松、配合不协调。

（2）躯干没有处于放松姿势，肌肉始终处于紧张状态。

（3）桨出水时向后上方挑，扬起水花，影响后面的队员正常发挥。或是往后拖，这都将产生较大分力，近似刹车动作，使船速减慢。

（4）桨未完全提出水面。

（5）桨出水慢，双手僵硬。

（七）回桨

在上一个动作——出桨之后，双手的状态是松弛握桨，腿、腰、背、肩、臂都要放松，桨下缘贴近水面，桨叶外侧边朝侧前方，向前呈小弧形到达插桨位置。双手和桨叶都应以最短路线到达插桨位置。在回桨过程中，随着身体的转动或前倾腿恢复弯曲状态。桨叶下缘贴着水面移桨，躯干与肩随回桨动作向船内转动，向前倾。桨叶面应根据风向确定方向，以合理利用风力（图 2-2-6）。

图 2-2-6　回桨

1. 回桨要求

（1）如遇风大浪高，可适当提高回桨高度。

（2）要将放松摆在与发力同等重要的位置上，一个桨手能不能做到放松，可体现他的耐力水平。

（3）回桨不要提得太高，或者弧度太大。

（4）柔韧、协调的练习同样也很重要，平时陆上训练课应加强这方面的训练。

2. 错误动作

（1）回桨弧度太大。

（2）摆动不以桨叶边朝侧前方，空气阻力增加。

（3）双手仍然紧张握桨，肌肉得不到放松。

（4）躯干没有放松。

二、配合技术

说到配合，那在众多的桨手中一定会有核心人物与众桨手，并对其身体素质等有一定的要求。

（一）领桨手的要求

1. 素质要求

领桨手通常是全队最出色的队员，是全队的顶尖人物。领桨手的力量素质、耐力素质要突出，节奏感、速度感要强，水感要好，能有效地控制桨频。

2. 形态要求

对于领桨手的形态，龙舟运动中是有一定要求的，具体内容如表 2-2-2 所示。

表 2-2-2　领桨手形态要求

	男子	女子
身高	1.70-1.75 米	1.65-1.70 米
体重	70-80 公斤	60-70 公斤

（二）核心人物

一支龙舟队应有位核心人物，没有核心人物的龙舟队如同一盘散沙，缺乏战斗力。教练员在组队初期，就应物色一位有威信、有凝聚力、能准确理解教练员意图、协助教练员完成训练和比赛任务的得力助手。

（三）桨位的安排

作为一支标准的龙舟队，在刚下水训练时，都面临着桨位安排的问题。桨位安排得好坏对一个队的成绩具有重要作用。在桨位安排的问题上教练员应注意以下几个方面。

（1）在桨位安排前，应进行一次形态、素质和机能测试，这样教练员就可了解每一位队员基本情况，为桨位安排做好前期准备工作。

(2) 1 号桨位要安排力量大、耐力素质好、节奏感突出、速度感强、频率感好、水感好的桨手，但拉桨速度并不一定要求很快的、个头稍矮的队员。因船头船尾都较高。2、3 号桨位可安排稍次之，但跟桨能力较强的队员。

(3) 4 号桨位安排拉桨速度快，插桨抓水比较稳的队员。

(4) 5 号桨位可安排技术最差、水感最差、体能方面最差，尤其是下桨带入气泡较多的队员，不然，前面的队员技术差，势必影响后面的队员，使后面的队员插桨抓水时，抓的是带有很多气泡的水，影响划水效果。

(5) 5 号与 6 号桨位之间是锣手，因而空一个桨位，6 号桨位是第二领桨手，故 6 号桨位应安排较好的队员。可安排手臂较长、体重大、技术好、拉桨速度快、肌肉质量好、力量不一定要求很大的队员。7 号桨位可安排稍次之，技术较差的队员。8 号桨位可安排技术最差，尤其是桨入水带人气泡最多的队员。

(6) 9、10 号桨位是非常重要的桨位，船的构造是中间低，两头略高。应安排手臂较长、坐高要求较矮、力量较大，技术不一定要求很好，但头脑灵活、反应快、能够善于帮助舵手控制方向的队员。

(7) 左撇子就划左桨，但左撇子毕竟少，需要有右撇子的队员划左桨。如遇有左撇子队员的技术很差，可改划右桨；右桨技术很差的队员可改划左桨。左桨手与右桨手在划分桨位后。在总体重、总力量方面差距越小越好。平均身高、平均手长、平均坐高基本接近。这样可减少偏航因素。前五个桨位与后五个桨位体重基本接近，或者后五个桨位体重稍大于前五个桨位。

(8) 如果竞赛规程不要求上锣手的话，桨位安排应尽量紧凑，中间不留空桨位，这样可使动力更为集中。

(四) 各成员间的配合技术

1. 舵手与桨手间的配合

(1) 向左转

当船向右偏而要使船向左行进时，左前桨 1、2、3 号桨手，右后桨 8、9、10 号桨手同时由外向内拉，舵手可同时采用拨式技术。如图 2-2-7 所示。

(2) 向右转

当船向左偏而要使船向右行进时，右前桨 1、2、3 号桨手，左后桨 8、

9、10 号桨手同时由外向内拉，舵手可同时采用拔式技术。如图 2-2-8 所示。

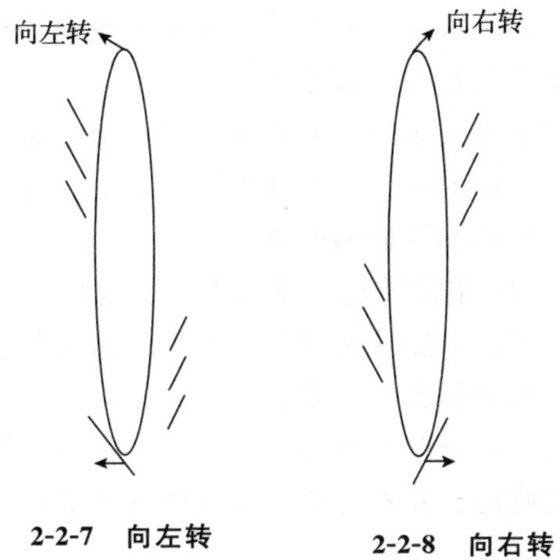

2-2-7　向左转　　2-2-8　向右转

2. 鼓手与桨手之间的配合

鼓手击鼓信息的传递，事先与桨手应有约定。例如平桨、举桨、停桨、预备、冲刺、靠岸、进入航道时的手势和鼓声、提高与降低桨频、转向及掉头等。

1 号桨手要与鼓手密切配合。对于体力分配、速度快慢、用力大小、桨频快慢，1 号桨手感觉最敏锐，1 号桨手应时时将感觉反馈给鼓手，提醒鼓手击鼓频率是升还是降。鼓手与桨手应随时保持信息的传递与沟通。鼓手与桨手是否能配合好，桨手是否能跟齐桨，决定着这个队的成绩。每个桨手心里要有鼓点声，下桨抓水，要恰好落在鼓点上。

3. 桨手间的配合

在龙舟比赛运动中，桨手间需要密切配合才能取得比赛最后的胜利，其具体要求如下（图 2-2-9）。

（1）从前往后看，插桨时，全体队员重心在船舷边；回桨时，全体队员重心在舱内。整个插桨、拉桨、出桨、回桨过程桨弧一致，桨杆角度一致。

（2）从侧面看，下桨角度一致不拍水，出桨一致不带水花。这样可减少水花溅入舱内，减少分力，减少负荷。

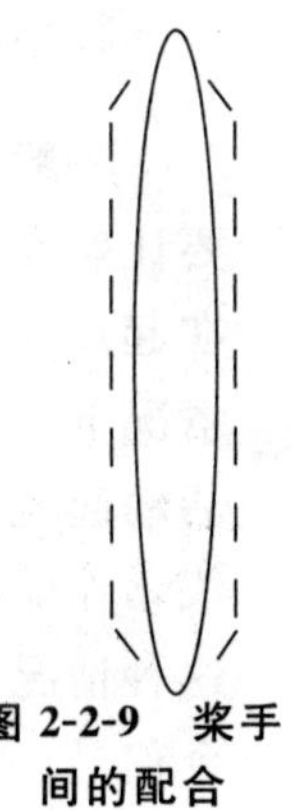

图 2-2-9　桨手间的配合

（3）从上往下看，所有桨手均应紧靠船舷发力，除 1、2、10 号桨手的划水路线不在一条直线上外，其他桨手的划水路线均应在一条直线上成为二条并行前进的直线。20个桨手要象一个人发力一样，要求在同一瞬间发力，力求减少分力。

（4）桨与人应合为一个整体，贯穿于整个技术动作；人与船应合为一个整体，贯穿于整个训练与比赛之中。

（5）前面的桨手桨入水时不要拍水，桨出水时桨叶不要往上挑，不然桨叶扬起的水花使后面的队员睁不开眼。技术上对每一个队员都应严格要求，一个人的技术好坏都会影响船速。

（6）7、8、9、10桨位要把力量送上去。这样前面的桨手划起来感觉才好，有利于加快桨频，船才有速度。如果后面的桨手送不上力，前面的桨手就不能持久．桨频就会慢下来。

（7）注意力集中，眼睛盯住前方下桨位置。插桨时要恰好落在鼓点上。跟齐桨、前后呼应、左右呼应，士气旺盛才能划好船。

第三节　起航与冲刺技术

一、起航技术

起航技术在龙舟运动比赛中尤为重要，起航如能获得优势，能增加全队获胜信念，提高士气，心理上要占很大优势，队员越划越有劲。若是出发不好，很容易造成心理上的失利，影响士气，队员越划越没劲。

（一）有风浪时的起航

一支龙舟队如能掌握在有风浪的情况下过硬的出发技术和比赛经验将能更胜人一筹。

1．顺风

一般来说，龙舟在起航时，如果是顺风顺水，船会越过起点线。因此要让船漂到起点，并划倒桨停住船，后面的队员和舵手抓好裁判船。船停在起点要充分考虑到风的影响，水面多浪会使泊船十分困难。在顺风顺流情况下，如果船越位而又后退的话将会使出发不利。在比赛中如果是采用活动起航，裁判员一般把船都排在起点线后一定距离，让船漂流至起点线，在船大致已取齐差距最小的情况下，发令员将立即发出出发信号。在这种情况下，运动员既要注意自己的船与其它船排齐，又要注意裁判的发令信号。

2. 侧风

在遇有侧风的情况下使船对直航道泊船可以说是所有的技术中最困难的。出发后，船的起航速度很快，由于受侧风的影响船很快就会变向。如果舵手此时下桨打舵将会增加阻力，使起航速度受到影响。所以在遇有侧风情况下的起航，与其它情况下的起航和泊船的技术是不同的。

下面我们对几种情况来进行分析，如果在遇有左前侧风或右后侧风的情况下，泊船应把船向右摆。由左后 8、9、10 号三个桨手严格控制泊船角度和方向。一旦出发后，船在风力的情况下就会恢复正确航向。起航时舵手应尽量少下桨打舵，否则将使起航速度受到极大影响。泊船的倾斜角度应视风力大小而定，泊船方法见如图 2-3-1（a）、图 2-3-1（b）所示。

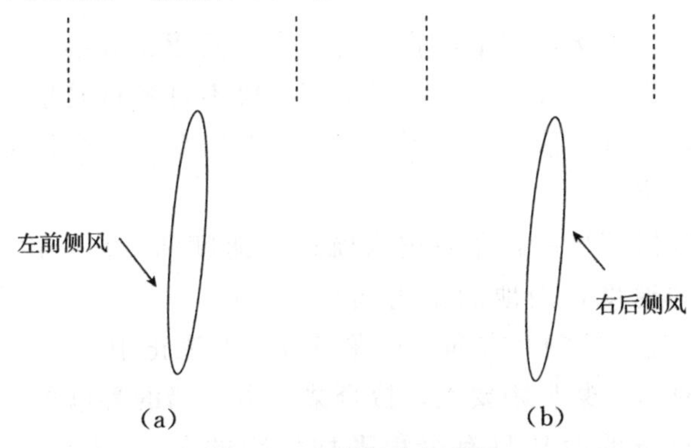

图 2-3-1　侧风泊船方法

而当遇有右前侧风或左后侧风的情况下，泊船应把船向左摆，由右后 8、9、10 号三个桨手严格控制泊船角度和方向。泊船方法如图 2-3-2（a）、图 2-3-2（b）所示。

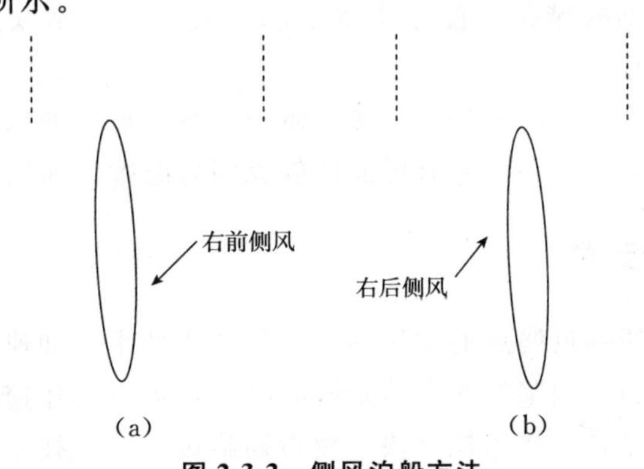

图 2-3-2　侧风泊船方法

3. 逆风

起航时如果是逆风逆水，船会退回起点线外。如果船在后退时起航，将遇到比顺风时更大的阻力，更难起动。因此逆风起航取齐时，船千万不要越过起点，可由 1、2、3 号桨手严格控制速度。逆风逆水起航将需要更大的力量。逆风时起航，运动员身体应尽量前倾，舵手坐低身子打舵，以减少风的阻力。

（二）无风浪时的起航

在无风浪时，很多人会忽略起航的重要性，实际上还是有一些技巧在其中的。

（1）起航前全体队员切不可看热闹、东张西望、分心分神。一定要全神贯注，注意力集中。统一听从鼓手指挥，决不可各行其事。鼓手离发令员近时听枪声，远时看信号。当听到“预备”口令时，全体桨手应整齐划一举桨到达插桨位置。

（2）鼓手应指挥与控制龙舟进入航道的速度和方向，由 1、2 号桨手控制进入航道的速度，因他们是离起点最近的人。1、2、3 号桨手和 8、9、10 号桨手与舵手控制好方向，使龙舟置于航道正中。

（3）起航时前 5 桨划距要大，拉全桨。由于船的静磨擦力，实际上船每桨划完后所行进的距离只有全程平均划距的 70%以上。拉桨力量大、猛、狠，才能使船略微上抬，起航前 10 桨的桨频不要太快，以免掀起的涌浪太高，进入舱内，增加船的负荷。

（4）鼓手应注意和指挥与相邻的龙舟保持适当的距离，由 1、2、3 号桨手控制好船，不要越位，使龙头置于起点线后。否则取齐员命令你后退，起航将会吃亏。

（5）当听到枪响后，充分运用腰、躯干、背、肩大肌肉群的力量，配合蹬腿，直臂拉桨，第一桨才有可能使船克服静磨擦力而快速起动。

二、冲刺技术

冲刺技术包括临近终点的加速划技术和冲线技术。加速划技术与启航技术近似，主要通过划桨的非支撑阶段的时间，提高动作速度和桨频以提高船速，齐指动作齐，快指拉桨快，短指划桨短。冲线技术是指龙舟运动员在接近冲线时，利用艇身比人体体重轻的特点（惯性原理），使身体后仰，用力蹬艇向前。

第四节 龙舟比赛战术

一、龙舟比赛常用的战术形式

一般情况下来说，龙舟比赛中常用的战术形式大致可分为两种，第一种是长距离比赛战术，第二种是直道比赛战术，具体内容如下。

（一）长距离比赛战术

长距离的比赛战术中采用借浪的方式对己方队员非常有利，也称之为“乘浪战术”，如图 2-4-1 所示。简单来说，借浪是利用前面一条艇的尾浪来帮助推动自己的船艇向前行进的技术。如果自己艇在前面艇的尾浪峰前，借浪运动员与前造浪运动员的速度“相同”，借浪运动员可以节省30％～50％的能量。

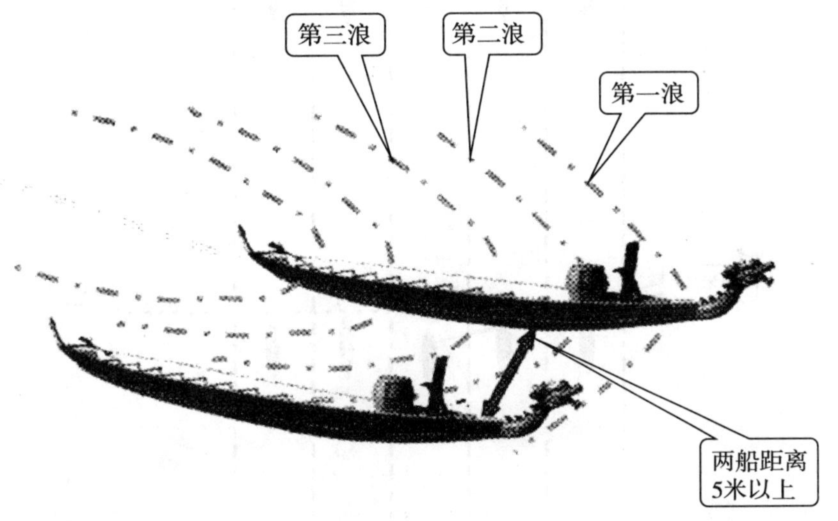

图 2-4-1 长距离比赛战术

在许多比赛中，战术方案使用得好，可以打乱对手的节奏和惯用速度。划在边浪或尾浪上的运动员暂时加速，给对手造成要超过去的错觉，大多数领先的运动员都会做出反应，并且加速维持自己的领先地位，于是，尾随的运动员便落在边浪或尾浪的后面。如果乘浪的运动员有足够的体力，可以把前面造浪的运动员搞得筋疲力尽，从而取得最后胜利；反之，造浪运动员可以轻易地用这种方法把乘浪运动员甩开。

（二）直道比赛战术

直道比赛战术共可分为三种，分别是负分段战术、全程匀速战术以及起航领先战术。

1. 负分段战术

换句话来说就是在比赛进行过程中，划完各个分段所耗费的时间是递减的。如果按其他项目所说的负分段在龙舟比赛中几乎是不可能的，因为舟艇要受到邻近舟艇的波浪影响。但是在一个确定良好的出发之后，负分段战术对最后 500 米来说是可能的。如图中所出示的③号队对采用的正是负分段战术。

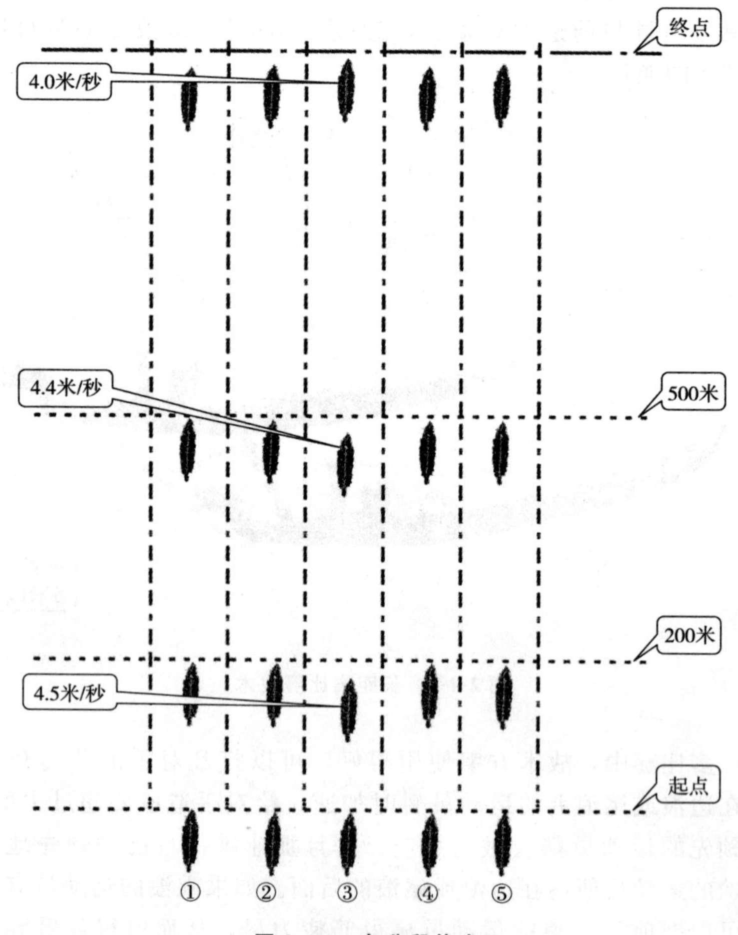

图 2-4-2　负分段战术

负分段战术适用于1000米和长距离比赛。对于500米来说，分段距离应该是100米。由于间隔距离太短，因此难以成功地控制负分段。这一战术的训练，需要运动员有良好的速度感和控制桨频的能力。

2. 全程匀速战术

这一战术要求有较高的平均速度。对于平均分段来说，出发落差必然减少。由于出发较慢的运动员不像采用领先战术的运动员那么快出现乳酸堆积，部分能量也可省下来供后半程使用。如图2-4-3所示，观察即可发现③号队在整个过程中速度一直比较平稳，整个比赛过程当中，速度波动幅度很小，体力分配相对比较合理，基本上采用的是全程匀速战术（匀速划战术）。

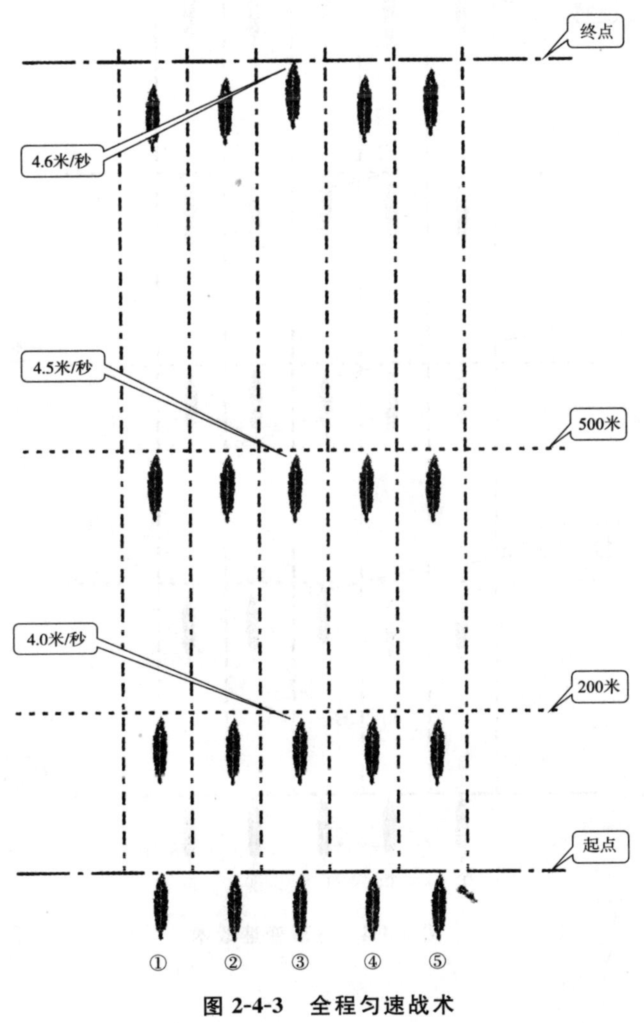

图2-4-3　全程匀速战术

全程匀速战术的训练需要大量高强度桨频的训练和有控制的出发实践，在桨手、鼓手、舵手等艇员间，通过身体动作和语言的交流，建立起相互的能量输出和出发时兴奋的控制是必要的。

3. 分段变速战术

从其名称上来看我们就能发现，这种战术实际上就是在分段中通过控制自己的速度使其进行快慢变化，如图 2-4-4 所示③号队所采用的就是分段变速战术。其目的在于打乱对手的速度节奏，最大地消耗对手的体力。这种战术通常出现在 1000 米的比赛中，能克服对手的跟随划战术。

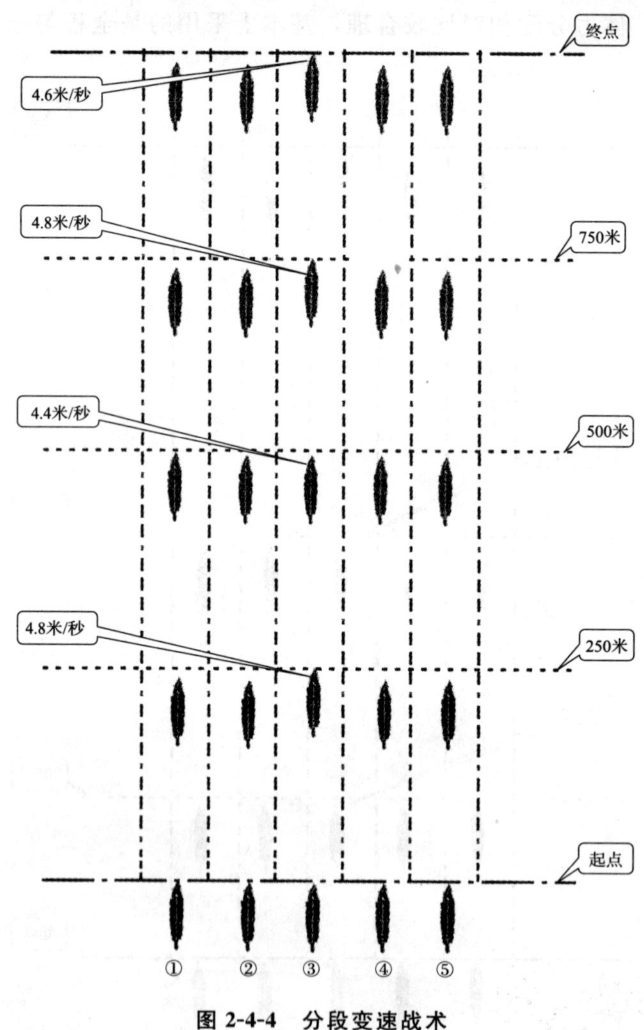

图 2-4-4　分段变速战术

4. 起航领先战术

常用战术之一，根据项目的不同，启航时间与全程平均时间的差异在3到5秒左右。采用领先战术要求运动员经过专门的训练，因为前100～150米要以近乎最大速度划行，可能要持续30～50秒。在出发时的几种合力将引起肌肉乳酸高度堆积，为了能在高乳酸条件下划完一半竞程，运动员需要进行特殊的训练，可能仅仅是经过挑选的、在这种条件下进行全面的生理检测承受得住的运动员。通常民间龙舟队伍一般采用这种战术，此种战术有利于鼓舞士气、增加信心。亚运会男子1000米龙舟直道竞速决赛的战术模式如图2-4-5所示。

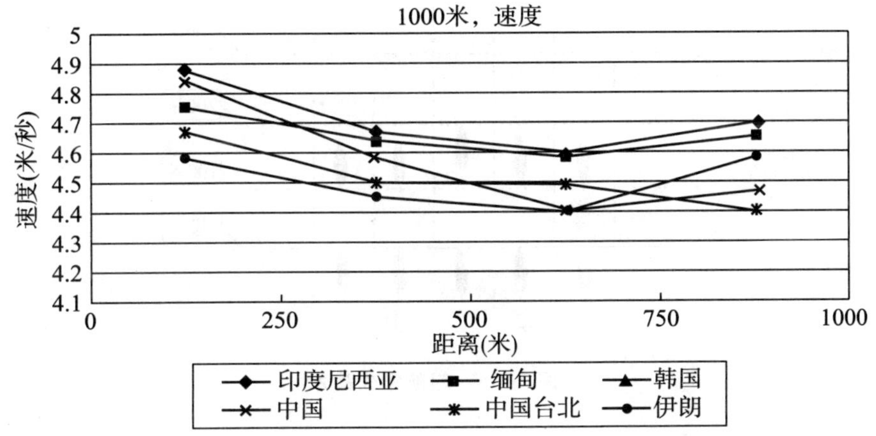

图 2-4-5 亚运会男子1000米决赛战术模式

下面图中所出示的男子龙舟100米直道竞速决赛中采用了三种战术模式，其中，冠军队印度尼西亚队和亚军队缅甸采用了相同的战术模式，即领先战术，如图2-4-6所示。

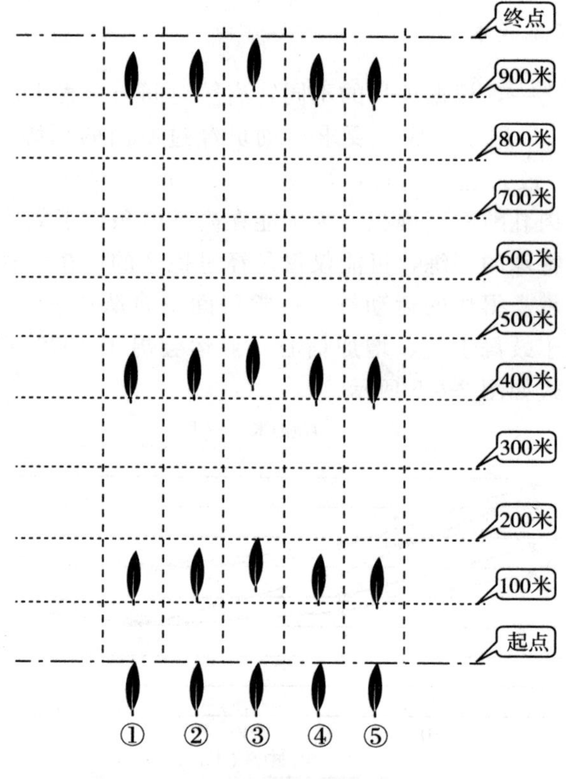

图 2-4-6 起航领先战术

二、龙舟比赛战术的训练方法

（一）完整训练法

即完整地进行战术组合练习的方法。这种方法常在运动员已具备一定战术知识和战术能力后采用，其目的在于使运动员顺利地完成整个战术组合过程。例如，在 1000 米直道竞速的训练中．可以先练习 500 米的启航领先战术，提高桨频、增大划距，再练习 500 米的全程匀速战术。之后，将这两种战术形式完整地应用于 1000 米的直道竞速的训练当中。

（二）分解训练法

把一个完整的战术组合过程划分为若干个相对独立的部分，然后分部分进行练习的方法。这种训练法常在学习一种新的战术配合形式时采用，其目的在于让运动员掌握某种战术配合的基本步骤。例如，学习 1000 米龙舟比赛的匀速划战术，首先把1000米分解为两个500米或4个250米，根据战术方案制定每个500米或250米对应的桨频与速度，采用2×500米或4×250米进行分段间歇划练习。

（三）模拟训练法

对于龙舟这项集体项目而言，在获得准确情报（对手的情况、水域环境情况）的基础上，通过与模仿大型龙舟比赛中竞技实力相当的参赛队伍的对练以及在比赛条件（水域环境、龙舟器材、气候、观众等）相似环境下练习，使队员在比赛当中根据自身的竞技实力及对手的竞技水平和采用的战术形式，不断地调整自己队伍的战术形式，是采用启航领先战术、全程匀速战术还是其他战术形式都要根据自身和对手的情况而定，使运动员逐渐适应比赛的特殊条件，这种模拟训练方法显得极其重要。

（四）表象训练法

一种心理学训练方法。这种方法是在运动员大脑内部语言和套语的指导下进行战术表象回忆，能够帮助运动员在大脑中建立丰富而准确的战术运动表象。针对龙舟项目，可以让龙舟队员对过去获取比赛胜利的某场比赛的战术运用情况，在头脑中做出回忆和再现，唤起龙舟运动员的临场感觉。通过多次的表象训练，龙舟运动员的注意力集中于合理的战术形式，运用的恰当时机和当时自身的竞技状态，从而提高战术运用的稳定性，以便于在正式比赛中，根据对手的水平和自身的竞技水平，合理地运用不同的战术形式。

（五）减难训练法

以低于比赛难度要求进行训练的方法，这种方法常在龙舟战术训练的初始阶段采用。

在战术训练的初始阶段，不要求战术训练的强度多大，对桨频和划距的要求低于比赛当中的强度，也不要求战术形式的多样，只需一两种战术形式交替运用，关键是在运用某种战术形式时，要求比赛中的桨手与桨手之间、鼓手与桨手之间保持良好的默契感和团队精神。

（六）实战训练法

龙舟运动是一项集体性项目，技术动作的合理性、桨手之间的配合、桨手与鼓手之间的配合及战术的合理选择及运用显得尤为重要，在参加大赛之前，让队员在高度紧张、激烈和瞬息万变的比赛情景中有效地运用各种战术，可以丰富龙舟选手的临场经验，为进入高水平比赛创造条件。通过实战演练，队员能够意识到同伴的战术意图，并且能够观察到对手的战术运用情况，从而桨手与桨手之间、桨手与鼓手之间能选择合理的战术形式，完成战术配合过程。

（七）虚拟训练法

运用高科技设备，将未来可能出现的比赛场景提前在电脑上“虚拟”出来，帮助运动员提高预见能力，以及在各种情况下灵活有效地运用战术的能力的训练方法。教练员可以根据需要，将比赛中可能出现的场景在电脑上“虚拟”出来，和队员一起分析对手可能会采用的战术形式，做一个大体的了解，从而制定相关的应对策略。

第五节　龙舟运动训练原则

一、系统训练原则

一个优秀运动员的成长过程大体须经历专项初级训练、专项深化训练、创造或保持优异成绩、延长运动寿命阶段等阶段，各个阶段依次相联；同时，运动训练过程的诸多因素互相影响，且具有明显的时序性，如训练计划与实施、训练调控与评定等。

（一）理论基础

1. 不稳定性

龙舟运动员通过训练负荷所提高的竞技能力，无论是体能、技能、心理能力、还是战术能力、运动智能的变化，都具有不稳定的特点。运动员在身体形态、生理生化等方面产生一系列的适应性变化和积累，必须通过持续、不间断地训练才能获得。当训练的系统性和连续性遭到破坏的时候，已获得的训练效应非但不能积累，而且会逐步消退以至完全丧失。比如体能的变化主要表现为力量、速度及耐力等素质的改变，一旦训练停止后运动素质消退得很快。

为了避免技能、体能的消退，克服训练效应的不稳定性，必须在训练效应产生并保持的基础上重复给予负荷，使训练效应得到积累和强化，使运动技能得到不断改进和完善。因此，要获得理想的训练效应，有效地发展运动员的技能、体能、心理能力、战术能力、运动智能，就必须保持训练过程的连续性，系统地、不间断地参加训练。

2. 适应性

人体在训练负荷下的生物适应过程不仅是长期的，同时也是有阶段的。机体对一次适宜训练负荷的反应，可分为工作、疲劳、恢复、超量恢复和训练效应消失等几个阶段，具体如图 2-5-1 所示。

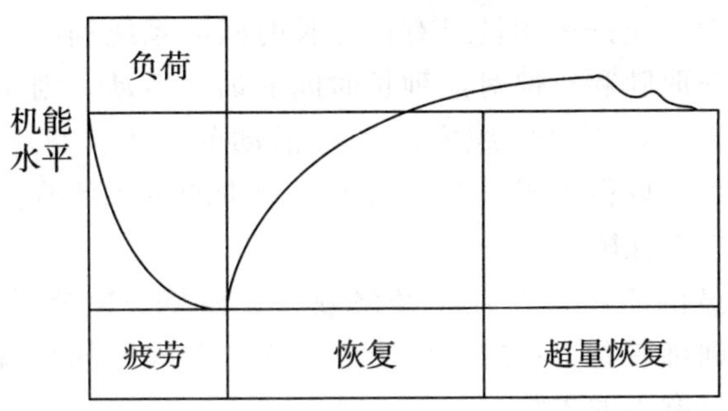

图 2-5-1　机体对一次适宜训练负荷的反应

龙舟运动员是不可能始终处于最佳竞技状态的，在机体高度的紧张动员之后，必然要进入一个调整阶段，以便在生理和心理上得到充分的恢复，然后重新动员起来进入新的训练阶段。龙舟运动员必须多次经历这一过程，才能逐步走向竞技运动的高峰。

3. 长期性

划龙舟要求运动员必须具有突出的力量素质，这就需要对运动系统进行改造。解剖学研究表明，经过长期训练的体能项目的运动员，其骨骼与肌腱的连接处特别粗糙，这就增大了肌腱的附着面，使运动系统能够承受更大的负荷。龙舟运动员高水平的有氧代谢能力，肌肉组织内丰富的毛细血管网，都不是一朝一夕能形成的。因此，从人体生物学改造的角度来看，运动员应长期坚持系统的训练，生物学的改造才能奏效。

（二）训练要点

1. 按特点组织训练

龙舟运动训练过程的组织实施，必须遵循阶段性的特点，有步骤、有秩序地进行。训练过程的程序性表现在训练的各个方面。如发展龙舟运动员的专项能力，应以一般耐力和最大速度为基础；练习内容的程序性在许多情况下都是不可逆的，必须按照固有的程序进行，这样才能取得理想的训练效果。忽视训练活动的程序性，会造成许多不良后果。

2. 保持系统性训练

要保持系统性训练，需要从四个方面进行努力，具体内容如下。

（1）制订科学的训练计划

龙舟竞赛中，龙舟运动员只有接受长时间的系统训练，才有可能参与激烈的角逐，夺取胜利。但对这种长时间的训练活动，则又必须科学地予以全面规划。训练计划是组织实施训练活动的依据。科学地制定训练计划，是保证训练、取得理想训练效果不可缺少的重要环节。

（2）提供后勤保障

龙舟运动员的学习、职业、经济收入、婚姻、家庭等各个方面的状况，都对他的训练有着不可忽视的影响。而这些问题的妥善解决，也必然会给训练活动以有力的支持。

每当有重大龙舟赛事举行，由于传媒的炒作，龙舟赛事更是家喻户晓。组建一支龙舟队，由于人员多、开支大，训练的时间越长，所需要的经费也就越多。因此，强有力的后勤保障也就成为坚持系统训练必不可少的重要条件。

（3）树立正确训练动机

像人们从事其他活动一样，参加龙舟运动训练的运动员的动机，也常常是多种多样的。其中，有为国家、为集体争得荣誉的动机，也有博取人们的尊敬、亲友的赞扬的动机，还有显示个人能力，渴望取得成就的动机。在一些优秀运动员中，怀着强烈的训练动机坚持刻苦训练终于取得成功不乏其例。

（4）不间断坚持训练

不间断坚持训练能使运动员获得的生物适应性变化得到稳定积累与良性发展。课与课、周与周、阶段与阶段、周期与周期都应有机地联系起来，使之在原有的基础上稳定提高，为达到最高成绩创造条件。

训练内容的选择与安排以及训练手段的采用，都应充分考虑它们的内在联系和规律，要做到由易到难、由简到繁、由浅到深、由低到高、循序渐进地稳步提高。

二、适时恢复原则

适时恢复原则是指及时消除运动员在训练中产生的疲劳，并通过生物适应过程产生超量恢复，提高机体能力的训练准则。

在适时恢复原则下，对龙舟运动进行训练过程中的要点主要有以下两个方面。

（一）适当采取恢复机体的手段

机体恢复的手段有多种，下面分别对其进行介绍，如图 2-5-2 所示。

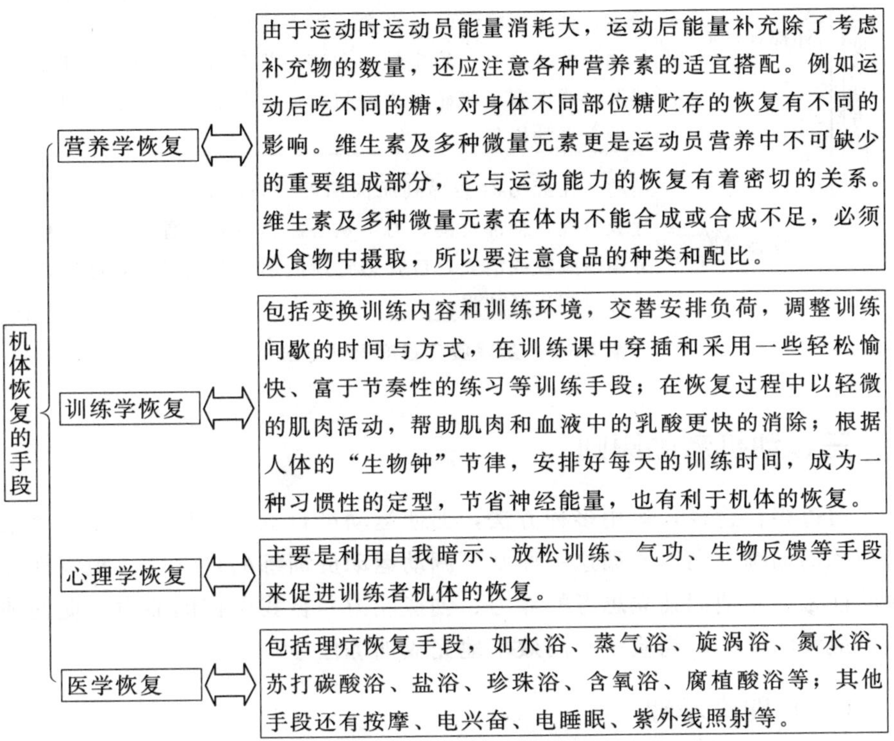

图 2-5-2　机体恢复的手段

（二）准确判断机体的疲劳程度

运动员疲劳程度的判别，通常是根据自我感觉、外部观察以及教练员的经验来进行的，常采用一些比较客观的生理测试方法，如图 2-5-3 所示。

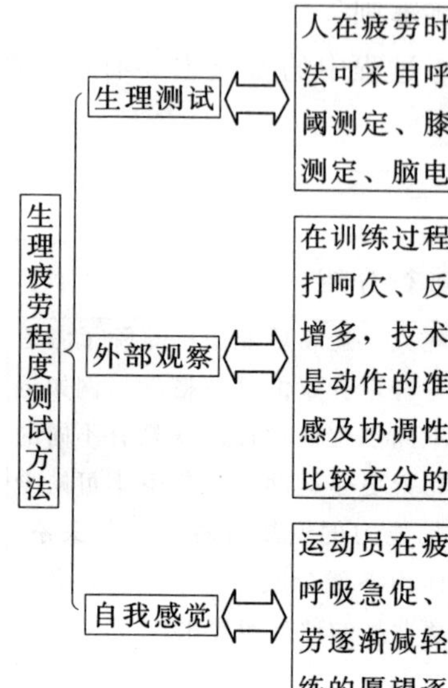

生理测试：人在疲劳时，机体各器官系统机能水平都会下降，具体方法可采用呼吸肌耐力测定、体位血压反射测定、皮肤空间阈测定、膝跳反射阈测定、肌张力测定、心电测定、肌电测定、脑电测定和视觉闪光临界频率阈限测定等等。

外部观察：在训练过程中，如果运动员出现面色苍白、眼神无光、连打呵欠、反应迟钝、精神不集中，动作无力、失调，错误增多，技术规格下降等现象，当上述现象完全消失，特别是动作的准确性、稳定性、水感、节奏感、频率感、速度感及协调性有了明显的改善与加强，就说明机体已经得到比较充分的恢复。

自我感觉：运动员在疲劳时会感到肌肉僵硬、局部酸痛、四肢无力、呼吸急促、胸部发闷、力不从心。在恢复过程中，上述疲劳逐渐减轻或消失，自我感觉新的活力重又滋生，继续训练的愿望逐渐加强。

图 2-5-3　生理疲劳程度测试方法

三、动机激励原则

通过多种途径，运用多种方法，促使运动员自觉、积极、主动从事艰苦训练的训练准则。遵循这一原则可调动运动员训练的自觉性、积极性和主动性，培养他们独立思考的能力、创造能力和自我调控的能力，促使他们以最大的动力，高质量、高效率地完成训练任务。

（一）理论基础

1. 激励是训练的原动力

成功的渴望使他们能够自觉地、积极地、主动地投身于龙舟训练竞赛活动中。参加龙舟训练，由于其结果的不确定性，只有激发了强烈的成功动机，有能力的龙舟爱好者才会自觉投入其中。

2. 激励产生动力

在坚持系统的艰苦训练过程中，外界对运动员造成干扰和诱惑会有很多，包括伤病的困扰、竞技能力发展的暂时停滞、不良人际关系的制约，以及其他各种社会的、心理的和生物的问题出现，都会对运动员造成影响。因此，保持良好的训练动机，充满信心。才能获得乐趣和满足，逐步走向竞技高峰。

（二）训练要点

1. 发挥运动员主体作用

训练过程中，要使龙舟运动员了解训练的安排、任务、目的与要求，并请经验丰富的老运动员参与训练计划的制定和组织运动训练。训练任务的确定、方法手段的采用、内容的选择以及运动负荷的安排，应使运动员通过努力可以达到，过难或过易都会在一定程度上影响他们的自觉性、积极性和主动性。

2. 强化正确价值观教育

运动员的年龄、思想素质、文化素质和训练阶段的不同，对训练的任务和目的的认识深度是不一样的。因而教练员应注意通过各种教育学及心理学的手段，有的放矢地进行运动训练的目的性教育；树立自觉、积极、主动训练的态度和动机，使运动员认识到获得优异成绩对国家、民族、家庭、个人的社会价值，从而获得鼓舞和激励。

3. 正确运用动力

龙舟运动员要正确认识和处理好个体动力和集体动力的关系，正确运用精神、物质和信息这三种动力；充分展示个体的动力，以求得较大集体动力的整合。

4. 满足运动员需要

运动员的生活要安排好，营造良好的人际关系氛围，尽可能使他们有安全感和得到尊重，并引导运动员形成“自我实现”的更高层次需要，以产生积极的训练和比赛动机。

5. 发挥表率作用

贯彻动机激励原则，关键在于教练员在训练过程中充分发挥主导作用，使运动员的训练自觉性日益提高。同时教练员要注意不应以发挥自己的主导作用而阻碍运动员的自觉积极性。教练员要以德服人并树立权威，取得龙舟运动员的信任，并调动运动员的积极性。

6. 激发竞赛兴趣

注意运用符合不同年龄运动员个性伦理特征的多种手段，激发龙舟运动员参加训练和竞赛的兴趣，是解决运动员在训练过程中的自觉、积极、主动程度的重要条件。由于龙舟训练千万次地重复某些练习，使运动员承受巨大的生理和心理负荷，因而使训练变得单调、枯燥、乏味。要使他们深刻了解和认识完成这些练习对达到预期目标的重要性，教练员应紧紧围绕训练的任务和要求，以不同的训练内容、方法手段，把运动员的兴趣激发起来，把他们的自觉性调动起来。

7. 培养自我分析和评价能力

了解训练成果，并积极对其进行分析和评价，才能更好提高技术，调动情绪。通过定期的或不定期的成绩考核，运动员会看到他们经过艰苦训练所取得的成果，从而增强信心。

四、周期安排原则

依据运动员机体的生物节奏变化规律，竞技状态形成与发展的周期性规律，以及运动竞赛安排的周期性特点，按一定的动态节奏循环往复，逐步提高训练内容和负荷量度。

（一）理论基础

1. 普遍规律

每一个新的运动周期，都不是上一个运动周期简单的重复，而应在原有的基础上螺旋式地提高到新的水平。运动训练的周期性特点，就是由物质运动这一普遍规律决定的。

2. 人体周期性特点

周期安排原则的理论基础是竞技状态的形成和发展规律。运动员竞技能力的提高，明显地表现出周期性特点。提高运动成绩的关键是确保运动员在比赛前呈现最佳竞技状态，以求在竞赛中充分发挥竞技水平。通常，竞技状态的形成须经历以下三个阶段。

（1）第一阶段——形成阶段

在一次负荷下，机体能量消耗产生疲劳，继而解除负荷，逐渐得到恢复，通过机体的超量补偿机制，使得运动员的竞技能力得到提高。在这一基础上又给予下一次负荷，即开始了下一个新的负荷周期，具体如图 2-5-4 所示。

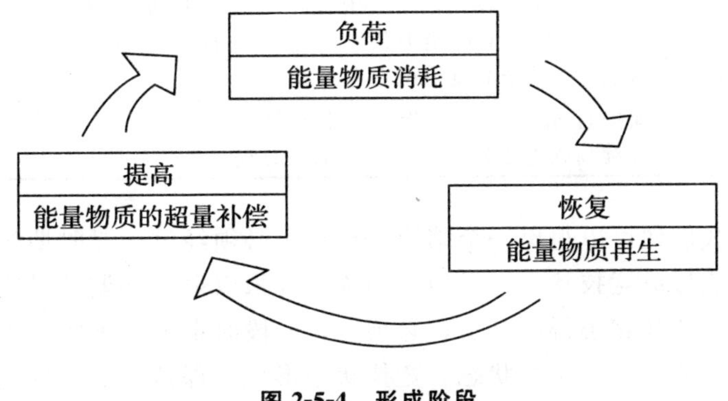

图 2-5-4　形成阶段

（2）第二阶段——保持阶段

这一阶段中，运动员的生理和心理能力得到提高，而且相对稳定，各个系统间保持着高度的协调，竞技状态的所有特征都表现出来，并进一步得到巩固和发展，进入良好的竞技状态保持阶段。在强烈的参赛动机驱使下，运动员进入高度的动员机体潜能状态，在比赛中常常会创造新的成绩。但是，由于人体内外环境及意外情况的干扰，人体不可能始终保持各个系统之间的高度协调，心理能力也不可能始终处于高峰，运动员有时会出现心理或技术上的失常，从而影响创造优异的运动成绩。

而从另一方面来看，由于人体内外环境及意外情况的干扰，人体不可能始终保持各个系统之间的高度协调，心理能力也不可能始终处于高峰，运动员有时会出现心理或技术上的失常，从而影响创造优异的运动成绩。因此，在这一阶段，须根据竞技状态形成规律，动态地调整竞技状态的形成因素，以便创造优异的运动成绩。由于在训练过程中，人体的保护性机制也会参与其中，因此，就与竞技状态的发展过程相联系构成了一个训练的大周期，具体如表 2-5-1 所示。

表 2-5-1　经济状态的发展与大周期相应的阶段划分

竞技状态发展过程	生物学基础	任务	时期
形成	适应性机制（对训练负荷的应答性提高）。	发展一般和专项竞技能力促进竞技状态的形成。	准备时期

续表

竞技状态发展过程	生物学基础	任务	时期
保持	动员性机制 （动员心理、生理能力的潜能，各系统高度协调）。	提高专项竞技能力发展稳定的竞技状态创造新成绩。	比赛时期
消失	保护性机制（机体拒绝继续高强度工作）。	积极恢复。 消除心理、生理疲劳。	恢复时期

由此我们便可以得出一个结论：运动员必须经过一段时期科学而严格地训练才能形成竞技状态；必须对训练过程采取适宜的调整措施，才能使暂时消失的竞技状态得以恢复；必须经过一段时期的再训练，才能在原有的基础上形成更佳的竞技状态。竞技状态形成—保持—消失的过程以及这一过程的重新开始，决定了运动训练的周期性循环规律。运动员正是通过这一循环过程，逐步地、螺旋式地提高竞技能力。

(3) 第三阶段——暂时消失状态

在这一阶段，各个方面所表现竞技状态特征会暂时性的消失，会出现暂时的特征性紊乱，导致训练水平下降。只要积极训练，心理、生理的疲劳消除之后，就会产生新的适应性机制，并进入下一个竞技状态保持阶段。获得的竞技能力充分最充分地发挥出来。这种周期性特点对龙舟运动员的成绩影响很大。

由于特定的历史原因，龙舟竞赛大都安排在端午节举行，在这个时间比赛，气候有利于竞赛。为了推动龙舟发展，国家体育总局在秋季也安排龙舟竞赛，可见适宜的比赛条件和整个自然界的物质运动规律有着密切的联系。因此，安排训练和比赛也必须按照周期性的特点来组织进行。

（二）训练要点

1. 注意周期的衔接

每一个训练周期包括准备期、比赛期和恢复期。在每个周期里，都是在准备期开始时逐渐增加负荷，在比赛期负荷达到高峰，然后在恢复期下降。在年度训练周期之间，把每个周期负荷的起点、负荷的最高点及负荷的最低点连接起来，就会看到，其间明显地含有规律性的联系。这三条连线都呈逐步增加的趋势，使周期与周期之间得到有机结合，同样，在安排周与周之间、阶段与阶段之间的训练时，也要对任何保持有机衔接的问题给予密切的注意。

2. 确定训练方法

每周训练的安排（也称小周期）是由每周训练次数、休息日数、运动负荷大中小的安排，每次训练的任务、内容、方法、手段的确定以及工作、学习、生活制度等不同的因素构成的。由于周的训练安排灵活性较大，每周训练任务完成的好坏，直接影响各时期任务的完成。因此安排好每周的训练是十分重要的。

3. 做好总结工作

实际上，对于每一个周期的结束都应认真总结经验。针对前一周期在体能、技术、训练负荷的安排，方法和手段的采用等方面的情况和存在的主要问题，根据训练目标提出新的要求、方法和措施，使每一个新的周期都能在前一个周期的基础上，进一步提高运动员的训练水平。

4. 掌握周期的序列结构

训练周期可以划分为年度训练周期、大训练周期、中训练周期、小训练周期及日训练周期五种。了解各种周期的时间构成及其应用范畴，对于教练员在训练实践中贯彻周期训练原则是一个必不可少的重要条件，如表 2-5-2 所示为训练周期的划分。

表 2-5-2 训练周期划分

周期类型	时间构成
年度训练	1～3 个大周期
大周期	准备、比赛、恢复各 1 每个大周期 10～30
中周期	4～15
小周期	7±3 天、4～20 次课
日周期	1～3 次训练课

上表主要是从学生的角度来说的。而对一名龙舟教练员来说，接触最多、运用最多的训练周期，是阶段训练周期和周训练周期（或称训练的小周期）。

五、竞技需要原则

所谓竞技需要原则，是指根据提高龙舟运动员竞技能力和运动成绩的需要，从实际出发，科学地安排训练阶段的划分、训练内容、训练方法手段和训练负荷的准则。贯彻这一原则可使训练更好地结合龙舟专项特点和龙舟竞赛的需要，提高龙舟运动训练的针对性、实效性和实战性，以求获得满意的竞赛成绩。

（一）理论基础

1. 专业化发展趋势

龙舟竞赛的竞争性和对抗性日益激烈，促使人们把提高龙舟竞赛能力的专项训练放在首要位置。运动训练的内容、方法、手段及负荷，都表现出鲜明的专项化趋向。

2. 竞技需要的特异性

形态、机能、素质、技术、心理、智能等要素是构成龙舟运动员的竞技能力结构。但在龙舟竞技能力结构中的作用是不同的，必须全面、深刻地认识和了解龙舟竞技能力结构的特点，才能做到准确地选择与龙舟专项需要相符的训练内容、手段以及确定相应的训练负荷，从而有效地组织运动训练活动。如表 2-5-3 所示为竞技能力基础条件在训练中的作用。

表 2-5-3　竞技能力基础条件在训练中的作用

基础条件	体能主导类		
	耐力性	速度性	快速力量性
形态	○○	○○○	○○
机能	○○○	○○	○○○
素质	○○○	○○○	○○○
技术	○○	○○	○○
心理	○○	○○	○○○
智能	○○	○○	○○

注：○○○表示决定性作用；
○○表示重要作用。

3. 对训练的导向作用

人类所有的活动都有目标，龙舟训练活动也是如此。因此，所有的训练内容、方法、手段的选择以及训练负荷与节奏的安排，都应紧紧围绕竞赛获胜的需要而组织实施。

（二）训练要点

龙舟技术训练中，竞技需要原则的训练要点主要表现在四个方面，具体内容如下。

1. 正确分析龙舟竞技能力结构特点

由于龙舟运动项目具备的特异性，对龙舟运动项目的特点做出正确分析，是选择适宜的训练内容和手段不可缺少的重要前提。举重运动员必须有巨大的力量，射击运动员应保持稳定的情绪，而龙舟运动员则必须要注重发展配合技术和体能。

2. 训练内容的合理结构

从总体上讲，体能主导类项目的训练负荷与内容，是由发展体能的练习、发展技能的练习、发展心理能力的练习和智能的练习组合构成的。同时，还要确定不同的训练负荷和内容的比例时，运动员各方面水平所处的阶段以及龙舟运动项目的特点等因素。在熟练地掌握合理技术和整体配合技术动作的基础上，体能的提升将有效实现竞技水平的不断提高。

3. 根据训练目标全面安排训练和比赛

在制订训练计划时，应对龙舟运动员的状态做出科学的诊断，对训练条件做出全面的分析，对运动员的训练潜力做出客观的评价，进而确定经过艰苦的训练有多大的概率可实现训练目标。然后，全面安排好训练和比赛活动。

4. 确定训练负荷内容和手段

依据竞技需要原则的要求，根据龙舟竞技能力的主要因素与运动员的具体情况，选择合适的训练内容和方法。

第六节　龙舟技术训练及方法

一、龙舟技术训练的概念

对于龙舟技术训练的概念其定义有很多，下面几种说法可供读者参考。

(1) 龙舟技术训练是指运用各种方法和手段，学习、掌握、完善专项动作而专门组织的一种教育过程。

(2) 龙舟技术训练的目的在于学习、掌握、完善龙舟技术，提高动作技能，形成自动化，从而使其发挥出最佳的水平。

(3) 龙舟技术是指符合人体运动科学原理，能充分发挥运动员潜在能力，有效地完成动作的合理方法。

(4) 龙舟技术训练的主要任务是形成动作技能，提高运动员在各种条件下运用与掌握技术的能力。

二、龙舟技术训练的特点与重要性

(一) 龙舟技术训练的特点

龙舟训练的特点主要表现在四个方面，具体内容如下。

(1) 动作自动化。不需要经常对动作细节进行有意识的检查。这样可减少中枢神经最高机制的机能活动，有助于把注意力转移到完成动作的效果和条件上（如风浪、跟桨等）。

(2) 表现出动作技能的高度稳定性。如在心理状态不佳、体力下降、外界环境变化的条件下，也能高度保持动作技能的稳定性。

(3) 动作连贯协调。表明动作技术的掌握已达到高度熟练和经济省力的程度。

(4) 形成了与动作有关的特殊感觉，比如说“水感”“节奏感”“频率感”等。

(二) 龙舟技术训练的重要性

龙舟技术训练是龙舟整个训练过程中重要的组成部分。龙舟技术掌握程度的好坏，对于完成训练任务、创造优异成绩，具有显著作用。

掌握合理有效的技术更有利于发挥身体训练水平，技术是表现形式，素质机能是实质内容。如果技术掌握不好，即使形态、素质、机能突出，那么仍然不能获得良好成绩。

技术训练是整个龙舟运动训练过程中的重要内容之一，为了在比赛中充分发挥运动员的潜力，在训练周期中要将技术训练摆在显著位置，使运动员掌握的技术达到龙舟技术的整体性和一致性要求。如果技术上存在问题，那么必将成为影响成绩的主要障碍。

三、龙舟技术训练的方法

一般情况下，龙舟技术训练的方法有直观法、分解法、练习法、完整法与语言法。当然，从其名称上来看，在实际技术训练中我们还可以将分解法与完整法两种训练方法结合在一起，在此不做过多阐述。

（一）直观法

示范是运用直观法最常用的手段。比如找张长凳或有台阶的地方，（距离地面约50厘米即可）由教练员或优秀划手做技术动作示范，使队员对技术动作有一个概括性的、形象性的了解，初步建立感性认识。标准技术动作示范，可使队员进一步了解动作形象、技术结构、动作要领和动作节奏等。这对于提高队员的学习兴趣、激发队员练习的自觉性和积极性，具有重要作用。

在采用这种方法进行龙舟技术训练的过程中，以下几点要求需要特别注意。

(1) 各种感觉器官的作用往往具有阶段性。如开始学习技术动作时，视觉作用较大；但在提高过程中，就应更多地通过肌肉本体感觉改进和完善技术。

(2) 根据具体条件和可能，广泛利用各种直观手段。

(3) 对于运动水平较低的运动员应更多地使用技术录像、技术图片、幻灯片和示范等直观手段。

(4) 把运用直观法和启发运动员的积极思维结合起来。感性认识必须通过积极的思维向理性认识过渡，这样才能形成正确的动作概念，从而更好地掌握动作。

(5) 提高多感官的综合分析能力。运动员综合利用感觉器官的能力越强，越能较快地感知和掌握技术动作。

（二）分解法

分解练习法是龙舟技术训练的重要手段。其优点在于简化教学过程，缩短教学时间，能准确地掌握动作的各个部分在方向、路线、顺序等方面的要求；同时降低了运动员开始练习的难度、提高教学效果，有利于更快地掌握动作。在掌握了完整技术动作中相对独立的几个部分后，再进行完整练习，从而提高学习效率，增强运动员掌握动作的信心。分解练习法一般多用于陆上技术练习，水上一般不宜采用。

由于划龙舟运动采用的姿势是坐姿，只能单边划桨，因而它的技术动作是不对称的，也比较简单，属于周期性体能项目。在讲解示范之后，便可安排运动员在有台阶或有长凳的地方坐下（距离地面约 50 厘米）。运动员按分好的桨位坐好，左桨一边、右桨一边，前后间隔距离约 80 厘米，练习划空桨。

训练过程中首先要求运动员要放松，在放松的基础上学技术容易学会，并可减少许多错误动作和体能消耗，效果更好。在技术练习中，这是非常重要的。

按龙舟技术的四个阶段，即插桨—拉桨—出桨—回桨，逐次练习。在最初几节课，陆上技术练习可不配鼓声；当绝大部分运动员技术掌握比较熟练之后，方可配鼓。

在采用这种方法进行龙舟技术训练的过程中，以下几点要求需要特别注意。

(1) 分解法不可多用，时间不宜过长。错误动作纠正后，紧接采用完整法反复练习。这样，不致于破坏动作节奏和技术结构。

(2) 对于个别队员错误动作难以纠正时，可采用限制法、助力法、阻力法、诱导法等辅助或诱导性练习。例如个别队员桨入水前伸幅度不够，教练员可压住队员躯干、帮助队员转体送肩、低位手向前伸、高位手屈肘；或者个别队员屈臂拉桨，纠正时可用大腿挡住桨，施加阻力，让队员体会大肌肉群发力的感觉。

(3) 当队员在做完整练习时，某个动作或者某个环节达不到标准要求时，可采用分解法练习。教练员要反复讲解动作要领并做示范，让队员反复练习，直到掌握为止。这样做能使队员大脑皮层的兴奋性相对集中，效果较好。

(三) 练习法

在技术训练中，不仅通过语言，还必须经过亲身实践，进行反复练习，这样才能消除各种错误和缺点，掌握、提高、巩固所学的知识技术和技能。

龙舟技术是一种有异于普通陆地上运动的特殊训练，只能在水上才能进行实地训练。而在水上进行训练，训练者的有机体要承受一定的运动负荷，要科学地安排训练负荷。技术训练是整个训练的重要组成部分，是为提高专项运动成绩服务的。具体来说，它的任务主要有以下几个方面。

(1) 学习、掌握专项技术理论知识，提高对专项技术的感受、分析、理解能力。

（2）培养顽强的意志品质和拼搏精神。

（3）使全体队员准确、熟练、整齐划一地掌握龙舟基本技术。

（4）培养在各种环境中稳定地运用技术的能力。

（四）完整法

运动员从技术动作的开始姿势到结束姿势，不分环节和段落完整地进行练习，从而掌握技术的方法我们就将其称为完整法。采用这种方法对龙舟技术进行训练的好处在于，在训练的一开始就使队员建立完整的技术动作概念，便于队员完整地掌握动作，不致于破坏动作结构和分解动作之间的内在联系，保持动作的连贯性和动作节奏；不足之处就是不易掌握难点要素和环节。

当然，在采用这种方法训练的过程中，同样有一些细节要求需要注意，具体如下。

（1）注意练习后队员的感受和信息反馈以及他们对概念的理解，尤其要引导队员在三维空间的感觉。

（2）练习的组数、时间，要根据对象的训练水平来定；要善于运用各种训练手段，使练习不致于枯燥无味，提高技术教学训练质量。

（3）练习中可先突出重点。例如重点先注意技术的基础部分，技术基础是指由插桨、拉桨、出桨、回桨四个环节组成，按一定顺序、节奏组成的技术基本结构。然后再逐渐掌握细节部分，先要求队员沿船舷拉桨、出桨、回桨、插桨，再要求下桨角度、前伸幅度、转体送肩、大肌肉群的发力，最后要求动作的连贯性和节奏。

（4）完整练习熟练后，就可开始配鼓，使队员习惯按鼓声掌握技术节奏、体力分配和呼吸，使全队技术符合整体性和一致性要求。从此时起，就应注意培养队员的本体感觉、节奏感和频率感。教练员应时时提醒，这将在以后训练比赛中受益。

（五）语言法

在技术训练中运用各种形式的语言，指导运动员学习和掌握技术动作的训练方法。其主要作用在于帮助运动员借助语言，明确技术动作概念，纠正错误动作，提高技术水平。

（1）语言法以讲解为主要手段。讲解时应力求目的明确、有的放矢，讲解内容、如何讲解，要根据对象的实际情况、训练阶段的具体任务、内容、要求等，有针对性地解决队员技术上存在的问题。同时简略介绍龙舟竞赛的发展史、竞赛史、轶闻趣事、民间对龙舟的喜爱程度、龙舟精神以及龙舟的发展趋势。

(2) 讲解要富有启发性，使队员看、听、想、练有机地结合起来。根据对象的文化程度和职业，有意识地运用他们所能理解的知识，可采用提问式，积极启发队员思维，使队员知其然，还要知其所以然。

(3) 简述龙舟技术训练任务及目的、船桨的基本尺寸、握桨方法、基本姿势、动作名称、动作要素、技术结构、原理、作用、要领以及船上桨位的分布，等等。

(4) 要注意讲解的时机和效果。教练员应及时指出、并纠正队员的错误动作。对于做得好的队员，应及时予以肯定和赞扬。这对于激发队员学习的兴趣、提高训练的自觉性和积极性，提高训练课的质量具有重要作用。

(5) 讲解简明扼要、生动形象、通俗易懂，符合队员文化程度。要准确表达技术概念和有关技术数据，要能熟练使用专业术语。

(六) 分解完整法

在实际龙舟技术训练中，教练员可综合分解法与完整法来对运动员的龙舟技术来进行训练，由分解练习到完整练习的组合方式大致可分为以下几种。

1. *方法一*

把动作分成四个部分，先逐个练习，然后再将各个部分串起来练习，如图 2-6-1 所示。

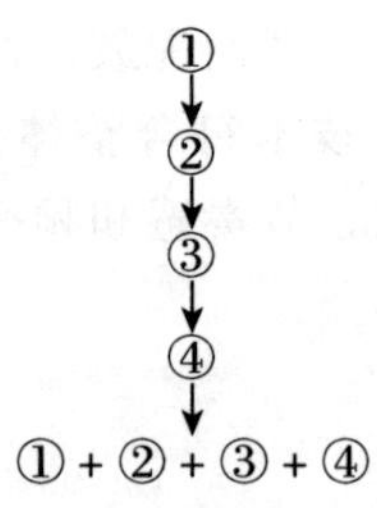

图 2-6-1　方法一

2. *方法二*

把动作分成四个部分，先学第一部分，再将第一部分和第二部分联起来，最后联接第一、第二、第三部分，依次类推。这种方法也叫累进分解法。还可以变化为以某一环节为中心逐渐将其他环节联接起来，具体如图 2-6-2 所示。

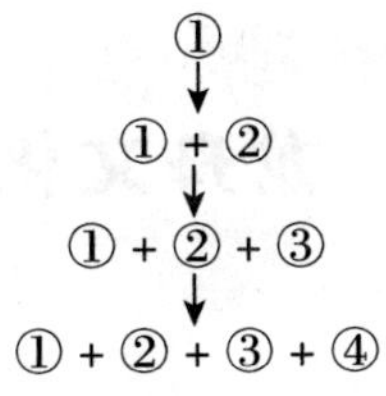

图 2-6-2　方法二

3. 方法三

将动作分成几个阶段，分解练习各阶段动作，最后再联接各阶段的动作成一整体，如图 2-6-3 所示。

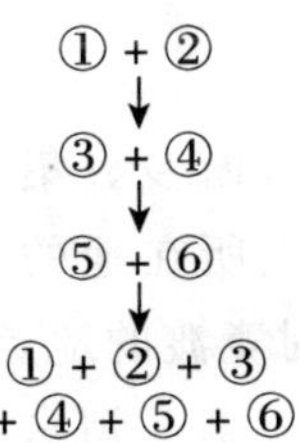

图 2-6-3　方法三

分解法与完整法在训练实践中是相辅相成的。龙舟技术训练应以完整法为主，分解法为辅。在进行完整法练习时也可对错误的动作进行分解练习，逐步过渡到熟练掌握技术。熟练的技术是需要经过反复磨练的。

第三章　龙舟文化竞技论

传统的竞渡方式是指按照传统习惯进行的，与现代体育比赛不同的竞渡方式。本章介绍的龙舟文化竞技论就是以传统的竞渡方式为基础的。

第一节　竞渡地点及人员准备

一、竞渡地点

龙舟竞渡如下文所论，有游乡、集会、比赛等形式。如果是龙舟游乡，对地点是无所谓的，村庄所在地的河流，即是外村龙舟来游乡的地点。如果是集会或比赛，那对竞渡的地点就有一定的要求了。《苗疆闻见录》载："苗民好斗龙舟……竞渡于清水江宽深之处。"可见在清水江，不是每个河段都可以作为竞渡地点，而是选"宽深之处"便于龙舟集会。《武陵竞渡略》载："江南上至段家嘴，下至青草嘴。江北上至上石硊，下至下石硊，面势阔远，堪为赛场。"同样也是选宽阔的河段作赛场。《顺德县志》卷三《舆地略》载："龙江岁五、六月斗龙船、斗之日以江身之不大不小，其水直而不湾环者为龙船场。"这条材料说明了龙舟集会、比赛的河面要不大、不小，直而不弯。河面不太大，能使龙舟较为集中，气氛热烈，也便于群众观看，河面太小、太窄，龙舟无回旋余地，是无法集会、比赛的。

以上只说明了竞渡地点的自然条件，最重要的还有人的条件。龙舟竞渡不只是龙舟的活动，还是观众的活动。龙舟多、观众多，气氛才会热烈，所以比较大而有名的竞渡地点，往往在比较大的城镇附近。湖南省汨罗县的竞渡点在屈子祠前的江面（俗称"民山河里"）和相传屈原投江的沉沙港，以及河夹塘镇（今河市镇）等地。其中河夹塘镇水宽流缓，又是方圆三十里内的大镇，故竞渡规模最大。其它如江西省高安县筠阳镇（县城所在地）、广东顺德县大良镇（县城所在地），都有大小适中的河流穿城而过，将城一分为二。两岸房舍河堤，便于观看；河流平稳，便于划赛，都是附近大而有名的竞渡地点。四川省五通桥镇条件更好。五通桥不但是四川有名的大镇，而且位于茫溪河与涌斯江交汇处。茫溪河五通桥河段水流平稳，两岸绿树成荫，景色优美，竞渡不但可以在茫溪河举行，规模大了还可以发展到涌斯江，所以是远近有名的竞渡地点。《犍为县志》记载："五通桥尤竞行龙船会，……士女游江，舟多于鲫，其盛况冠于治城及沿江各场。"

由此可见，竞渡地点包括了自然条件和城镇条件两大因素。这两个条件优越的地方比较容易形成较大的竞渡地点，而且，这两个条件缺一不可。西双版纳的洛江，解放前曾有过龙舟竞渡，但这里地处边疆，观看的人不多，后来就不再竞渡了。竞渡地点，特别是较大的竞渡地点形成以后，附近的龙舟都到此竞渡，一般很少改变。

二、单只龙舟的人员组成及资金筹集

龙舟的建造和竞渡所需的费用及人员的召集似乎是两件事，但它们之间联系紧密，往往组织单位（或个人）也是资金筹集的单位。所以连在一起论述。

单只龙舟的人员组成及资金筹集有多种形式。1949 年前，中国农村长期以来都是以自然村为单位，许多地方一个自然村以一个宗族为主，或以几个宗族构成，往往都有各自的祠堂，它们是农村基层单位的一种形式。许多地方的龙舟竞渡正是以这种基层单位来组织举行的，这种情况下建造龙舟和龙舟竞渡的费用及召集人员划龙舟等一般都是在宗族内进行，资金由宗族内的人捐赠。船员由本宗族的人担任，或主要由本宗族内的人担任。宗族内有威望的某些人，如族长之类的人员，往往就起到承头召集的作用。

1949 年前，湖南省汨罗县组织制造龙舟的是宗族祠堂，一经族长决定，宗族内的每个家庭都自愿筹集资金。一般用打包封的方式捐赠，还有的人送猪、送材料，统称为"送红"。同样，龙舟上的船员也主要出自本宗族，并代表本宗族参加竞渡。集资的方式在福州又不一样，解放前福州的村庄"四月的时候，乡会联合庙宇向各家搜集一定的捐款。通常这种工作由船妇担任，有锣鼓手同行，她们拿着一些浅竹插着代表船的旗子挨着铺子走去（筹集款项）"。湖南武陵的资金筹集是由头人（承头的人）在竞渡之前数日，用一片画有龙舟，写有词调的梨、枣和麦面饼一起"遍送所隶地方，索报以金钱。亲戚或有力之人，派供酒饭"。广东许多地方的情况也差不多，竞渡费用都主要是由宗族内的人捐赠，也是以宗族为单位参加竞渡。

浙江省余杭县蒋村乡一带，解放前也是以自然村为单位，每个村以一个宗族为主。竞渡是由村内的人家轮流承头召集举办。当地称为“牵头”。龙舟的龙头、旗帜、锣鼓等也是轮流保管。龙舟竞渡时，锣鼓一响，本村的人就会自动来参加，竞渡也与宗族有关。

1949 年前，江西省[illegible]阳镇有 24 个神庙，大多的神庙都各自有一条龙舟，各条龙舟的建造费及竞渡活动费用一般由属于本神庙的人自愿凑集。福建省福州市浦下大队的情况略有不同。解放前龙舟竞渡费用是由大家捐款，不足部分由龙舟田的租子解决。类似的情况地方志也有记载。《杭州府志》卷七四《风俗一》引梁履绳《竞渡》诗：“吾乡竞渡旧张设……敛资打造刻日成，试舟不待端阳节”，同样也是集资建造龙舟。

以上的各种情况，虽有一些差别，但龙舟竞渡的资金来源主要是靠大家捐款这一点是相同的。而单只龙舟的组织建造单位大多是宗族，也有一些是当地其他的基层组织。

贵州清水江畔的苗族缝区情况又有不同。那里一般是“鼓头负责制”。第一年的龙舟竞渡活动结束后，就要推选新的鼓头（有的是轮流担任），同时将龙舟的龙头和鼓送到新鼓头家保管，而在寨子里被选作（或轮作）鼓头是非常荣耀的。但如遇家境不宽裕者或亲戚少，怕做不体面，不愿担任时，也不勉强。当地习惯，龙舟竞渡所有的费用均由鼓头家承担，别人送的礼物也归鼓头所有。船员也由鼓头召集、组织。在龙舟竞渡的几天时间里，鼓头家每天要蒸上一甑糯米饭，备好米酒、肉、鱼、鸭等食品供划龙舟的人食用。如果是划到其它村寨，还须另外用一只小船将食品运上，作为午餐。龙舟竞渡活动结束后。鼓头家还须从礼物中拿出一部分东西来摆酒招待全村的男人。

西双版纳的情况比较特别，解放前是由国王——召片领和首相、议事庭庭长、武官出钱支付龙舟的建造费及竞渡费用。

龙舟竞渡除了用专门的龙舟进行外，还有用平时的生产用船改装的。这种竞渡花费较少，个别的可以说基本不花钱，也不需要严格的组织。例如，解放前四川省五通桥农民的龙舟就是由运输船临时改装而成，竞渡时一般由一人或数人承头联络同村庄或附近村庄的一些熟人，凑足一条龙船的人数即可参加竞渡，所需费用由大家凑集。而安徽省当涂县就更随便了，平时的生产用船装上龙头龙尾即可竞渡，可以说基本不花钱，船也大小不定，竞渡时凑足一条船的人即可。这是一种花钱少而自由组合的形式。

1949 年后，农村的基层单位发生了变化，先后成立了乡、初级社，生产队或生产大队。于是龙舟竞渡的费用支付及组织单位也发生了相应的变化。湖南省汨罗县的龙舟制造、竞渡费用和组织均由乡、初级社或生产大队负责，船员出自本大队，并代表本大队参加竞渡。江西省高安县是由生产队建造龙舟、组织竞渡、支付费用。如[illegible]阳镇凤凰大队第二生产队就有两条龙舟，建造、竞渡费用均自理。浙江余杭县蒋村乡也是以生产队为单位组织龙舟竞渡，当地有 79 个生产队，约 80 条龙舟。

综上所述，第一，龙舟的建造及竞渡费用，解放前主要是靠捐款解决，个别地方还有专门的龙田租相助。解放后大多是由农村的基层单位（生产大队或生产队）承担。第二，单只龙舟的建造及组织，解放前大多是以宗族为单位，也有以农村基层组织为单位的，还有比较自由灵活不固定的组织形式。解放后大多是以生产队或大队为单位组织，也不排除一些地方仍有以宗族为单位组织的现像。

龙舟竞渡大多数地方对艄公和指挥的人（有的是打锣鼓的人）要求较严，均选有技术、有经验的人担任，而对桡手的要求就不那么严格，如果是龙舟游乡或划着玩，则会划桨即可，有时还有小孩上船划水。如果是进行速度比赛，就要选身强力壮的人当桡手。武陵人认为“凡船决赌，以选桡为第一义”。要选“狎巨浪如枕席”的人担任。选桡手的方法是“先遣两桡共一船，相背而划，以知强弱，谓之两头忙。复合十余桡分左右翼，急划数转，如盘蚁封，以观整乱，谓之涡儿漩”，通过这种方法挑选桡手。

三、竞渡前的准备

除了前面所讲的筹集资金和人员的组织外，竞渡前还有许多准备工作要做，大体说来有两方面。第一是龙舟的准备，第二是竞渡前的礼仪。

（一）龙舟的准备

龙舟主要有专职龙舟与业余龙舟两大类，龙舟不一样，准备工作也不同。先谈专职龙舟的准备。

在广州地区，平时龙舟埋在河流水下淤泥中，一般在四月二十日左右，就须派人将龙舟从水下起出，洗净、晒干、涂桐油、上漆以备用。其它许多地方的龙舟平时放在龙舟棚、保管室或神庙（解放前）内。清水江边的苗族，专门在河边建有盖瓦的龙舟棚。福建省福州市浦下大队也有类似的情况。一般是在竞渡前或竞渡的当天早上将龙舟从船棚或保管室中抬下水，装上（或绑上）龙头、锣、鼓及有关装饰（旗帜等）即可进行竞渡了。台湾也是这样，一到端午节，半个月前，备有龙舟的庙宇（大多是靠河岸的庙宇），就要雇人重新把船身油漆一次，以供佳节前后两三天竞赛之用。西双版纳的龙舟竞渡结束后，将龙舟拆散放在缅寺（佛教寺庙）里，第二年竞渡时，将船板用篾条扎好，并用树皮塞缝，以防漏水，再绑上龙头龙尾即可竞渡。

一些地方竞渡前还要试船。《杭州府志》卷七四引梁履绳《竞渡》诗："吾乡竞渡旧张设……试舟不待端阳节"。自注："四月二十五日已试龙舟"。清水江畔的苗族在农历五月二十四日前几天，就要将龙舟涂上桐油，先在村寨边的江中试一试。看看子船、母船、龙头是否绑牢，划船整齐不整齐，预先做好准备工作，到二十四日才进行竞渡。湖南汨罗县每年农历四月底到五月初三，各村的龙舟都要预先操练。主要看划水是否整齐、动作是否正确，龙舟还有什么毛病，以便在操练时纠正。当地操练分三种形式：一、下水操练；二、陆地白天操练；三、陆地夜晚操练。夜晚操练是在无灯光的场地上，按序坐在一样高的条凳上，桨柄上各扎一筹长的香，将香点燃，催桡子的视香火光点纠正动作。可见准备工作之认真，真有争先夺标的气势。

业余龙舟因是用平时的生产用船改装而成，故准备工作较为简单。一般只须挑选比较好划、跑得快的船装上龙头即可。但在云南大理海东区比较特殊。海东区的龙舟均用平时运输的大帆船改装而成，一般是在赛前一个多月，参赛的村庄就要选龙舟。以前，各村选龙舟的方法不太一样，大多是自愿报名，即船的主人报名说今年用自己的船代表本村参加比赛。一般一个村庄只需一条船，如果几条船同时报名，就要到本村的本主庙去烧香、磕头，然后采用抽签或卜卦等方法，确定本年的参赛龙舟。海东区的海岛选龙舟的方法是当年在哪条船上出现过蛇（当地认为是本主变的），这一年就必须用这条船比赛。现在选船已不用这些方法了，大多是本村的主持人看哪条船好，划得快，就用哪条船比赛。到了六月二十四日，各村还要试船，在本村附近的洱海中试划一下，看动作是否协调，划得快不快，船是否还有什么地方需要修理、改动，一切工作准备就绪后，只等第二天正式比赛。

（二）竞渡前的礼仪

许多地方在竞渡前有一系列仪式。这些仪式主要是祈求神灵保佑、划船平安、消灾免难。祈求的对像大都是龙神，一般是到神庙里去烧香磕头。解放前江西高安县筠阳镇的龙舟都是放在神庙里，龙舟下水时，须请道士念经，划龙舟的人去神庙（或在河岸上）烧香、烧纸钱，作揖拜神、拜龙头，求龙王菩萨保佑划船平安。浙江余杭县蒋村乡一带，不到神庙，却是在“牵头”的人家里“请龙”。所谓请龙，就是把龙头放在一张大木桌中央，四周插上香、蜡，放上猪头、鸡、鱼、豆腐干等食物（称为请龙饭），然后敲锣、打鼓、放鞭炮，桌前放有蒲团，划龙舟的人和村庄的人都去磕头拜龙头，求龙王菩萨保佑灾难不来，事事如意，年年平安。

有许多地方拜龙神不是到神庙里去，而是直接在河边祭龙头。解放前四川省乐山五通桥端午节早上，船员上船后，领头的人就在船上点一对蜡烛，烧一点纸钱，杀一只公鸡，将血淋在龙头上，敬一下龙神，认为敬龙神之后划船平安，用当地话说是“图个吉利”。贵州施秉县清水江畔的苗族竞渡前一天，试龙舟时要在沙滩上摆上酒、肉、香、纸和一升米，请寨老一人念经，并放爆竹，杀一只白公鸡祭龙王菩萨，祈求龙王保佑船只平安。施秉县大桥村的人更有意思，龙舟下水后开始划之前，要在河边对着龙头烧香、烧纸钱、放爆竹、拜龙头，划龙舟的主持人边烧香边对龙头讲：“今天到一年了，爬龙船给你洗个澡，干干净净地上天，以后不要天干，保佑粮食丰收，大家有吃有喝，明年又祭你老人家。”这里趁划龙舟之机，求龙王保佑风调雨顺，粮食丰收。

有的地方不但祭龙，还认为龙舟的龙头、龙尾代表龙王菩萨，须把它迎到龙舟上。江西省萍乡“午饭后，赛船之人咸集龙王庙，焚香燃烛，祭祷龙王后，披红巾于龙王首上，然后将龙首龙尾迎下小舟”。广东东莞县“竞渡那天，各乡都有请菩萨看龙船的举动，礼节很是隆重。由乡中的耆老们联（合）到庙里向菩萨拜请后，便由少壮子弟把菩萨扛下船去”。

不只是祭龙、请龙，还有祭其它神灵的。广州黄埔区、东莞县、增城县一带东江水系的龙舟下水前，大多要到南海神庙（又称菠萝庙）去拜菠萝神。所谓拜神，就是点上香、蜡烛，磕几个头，放放鞭炮，烧一些印有八卦、太极图、张天师和写有消灾免难之类字样的黄纸，就算拜神了，临走还要买一对纸糊的小公鸡（当地称为“迎菠萝鸡”），带回去放在船上，认为能保佑行船平安。云南大理海东区是在迎本主农历六月二十五日早上，竞渡之前，将船头对着本村的本主庙，船上的老人和新姑爷（当年的新郎）在船上对着本主庙烧香、烧纸、磕头，意为接本主。行此仪式之后，认为本主就接到了船上，他能督促大家用力划船，保佑划船平安，取得胜利。

在福建漳州南溪洋老洲新桥头一带，1949 年前是去水头社请赛爷、南山寺请马九爷、妈祖（等神）来供奉舟中。请神以前，舟中男女老幼都要沐浴斋戒。请神时，须穿新整的衣服。当船长的须身穿青长衫，头发缠红纱带，拈香前导，男童捶鼓击锣。拥拥挤挤，诚诚恳恳，请神来供奉舟中，可见请神之虔诚。台湾士林人是四月初一、十五及五月初一打预备龙舟鼓、烧香、点火。五月初一迎水神，端午节早上拜龙舟。发誓不做不正不义的事。祈求竞赛得胜，行此仪式之后，就可以竞渡了。

不管是祭龙神、迎龙神，还是祭其它的神，其目的不外是求神保佑，划船平安，进而求神保佑风调雨顺、农业丰收、消灾免难、事事如意，这些不过是用迷信的方式表达人们的心情和愿望。行此仪式之后，人们觉得心理上踏实一点，用五通桥人的说法就是“图个吉利”。

1949年后，这类求神、祭神的仪式发生了一定的变化。有的地方竞渡前已不拜神了，有的虽然拜神，也只是老年人拜拜。年青人不愿拜了，当然也有的地方仍有拜神仪式。江西省高安县[illegible]阳镇解放前的24个神庙，现在一个也没有了。龙舟平时放在生产队的保管室里，竞渡前也不祭神，有的年青人甚至已经不知道有祭神这回事了。浙江余杭县蒋村乡的“请龙”，现在已经不太盛行了，特别是年青人认为这是迷信，只喜欢划龙舟，不喜欢拜龙头，只有老年人还照行不误。

湖南汨罗县的情况又有所不同。正式竞渡前，龙舟都须朝庙。朝庙大多是在五月初一，也有的在初二、初三进行。朝庙时将装饰整齐的龙舟划到屈子祠前的河边。停船后，催桡手或头桡，手捧龙头，带领船员以最快的速度跑上山。如果江水浅，船不能靠岸，船员必须涉水上岸，以示虔敬。进入祠内，首先将龙头供奉在屈原的神龛上（所以，朝庙又称祭龙头），在神龛前案上点燃香、烛，有的还在案上放一点供果（饼干、水果等），朝完庙后带回给小孩吃，认为吉利，并放鞭炮，敲锣打鼓，全体船员面向神龛，磕三个头。屈子祠的主持人将一条红绸挂在龙头上，然后催桡手或头桡抬着龙头，带领船员跑回自己的龙舟。有的还抬着龙头绕神龛一周才回去。可见汨罗人的朝庙，既拜屈原，又拜龙头。屈原是人，龙是神，把两者混在一起加以崇拜，既纪念屈原，又达到了祈求龙神保佑划船平安的目的，可谓一举两得。

第二节　传统的竞渡形式

从许多古文献和地方志的记载看，仿佛龙舟竞渡就是夺标较胜，进行速度比赛。其实这仅仅是龙舟竞渡活动中比较激烈，比较引人注目，也比较集中的场面。从现在所掌握的材料看，龙舟竞渡可分为龙舟游乡、龙舟集会、自由竞渡、有组织的竞渡等形式。

一、龙舟游乡

龙舟游乡是龙舟竞渡中不太引人注目的活动。一般是在龙舟竞渡期间划着龙舟到熟悉的或有亲戚关系的村庄去游玩，有的是专门去游乡，有的是去参加龙舟集会，有的是在竞赛前后顺路或绕道去游乡。一般，龙舟到达后，先在村庄边和村内的河道中游（划）一个来回或几个来回，然后停下，上岸休息吃东西，找熟人亲朋聊天，大家极为亲热高兴，所以当地人认为龙舟游乡是“探亲”“串访”“串门”。休息完毕后，大家又上船划着龙舟离村，龙舟到村边后还须返回村庄，然后才能离去。当地称最后一次龙舟回村为“谢龙”“回龙”。这是一种必不可少的礼节，含有感谢、再见的意思。

游乡时，几条龙舟相遇，有时也会不约而同地比一下谁划得快。当地称为“斗龙”。这种比赛完全具有随机性，没有规定的起点、终点，大家比一段距离，不愿比了，即可停止。

一方面是龙舟到外村去游乡，另一方面本村也须接待外来的龙舟。端午节期间，许多村庄都要成立临时的龙舟委员会，负责接待工作，委员会的人大多是年纪大的男人。同时还要设立接待站。接待站各地不一样，黄埔区庙头乡是利用临近河边的一所大房子接待，房内摆上凳子、茶水等。顺德县大门乡是在村头一个名叫“艾城”的地方接待。这里有一所小房，向河一面没墙。五月初四这天，在房外插上本村的帅旗、罗伞，树上挂一面锣，地下放一面鼓，屋檐下正面和右侧面各挂一幅横檐，将这里布置得很漂亮，接待外村的龙舟。

对外乡来的龙舟并不是同等接待。根据龙舟的村庄与本村的亲疏程度不同，接待的程度也不同。黄埔区庙头乡是请龙舟上的人上岸喝茶，吃糖果、糕点，临走送红包。顺德县大门乡是给每条龙舟一坛酒、二个红包。其亲疏关系的区别就在酒的多少与红包内钱的多少，亲密者多，反之则少。有的还特殊对待，如大门乡与本县的南畔乡互相结为兄弟，关系最亲密，所以当南畔乡的帅府、天后宫两条龙舟到大门乡时，还请船员上岸吃饭，两其它龙舟一般是自己带饭。有时也有与本村没关系的龙舟来游乡，同样也给予接待，不过这种现像极少。

浙江省余杭县蒋村乡也有龙舟游乡的习惯，当地的竞渡活动大多是农历五月初一开始，早的也有四月二十四日开始的。从四月二十四到五月初四这段时间，一般是划着龙舟到其它村庄去游玩，每个村庄就由几名男老人代表本村接待外村的龙舟，同时每户人家至少留一人管接待。外村的龙舟到达后，由这些负责接待的老人把一块红绸披在龙头上，称为“披红”“披彩”，并赠送一坛酒、一两条香烟，一点米（米用木盘盛，这种木盘称为“梯盆”）。如果是关系好的村庄，还请船员上岸吃饭。除掉这种代表村庄的接待外，每家每户留下的人也看来船上有没有自己的亲戚，如果有，就给这人一个红包作为礼品，里面一般包二角钱。

贵州清水江畔的苗族划龙舟主要是串寨子、走亲戚、访朋友。在去集会地点的路上，沿途鼓头的亲友纷纷到岸边接龙，将礼物挂在龙颈的木齿上，或放在母船中。而浙江温州瑞安县，龙舟是划到本村新嫁出去的姑娘所在的村庄，并要这新嫁出去的姑娘招待。湖南汨罗县虽然不是将龙舟划到其它村庄去，但龙舟去集会地点竞渡的路上，本村嫁出去的妇女要在岸边接龙舟，赠送礼物。显然，这是一种探亲活动，与游乡有一定的关系。安徽当涂县的龙舟游乡更随便，夏天没事时，就可划着船到其它村庄去游玩。

龙舟游乡是竞渡中最基本的方式。一般在南方水网地区，人们以舟代步，这类地方的龙舟竞渡大多有游乡活动。而有些地方，虽有龙舟竞渡习俗，但只有一条河流通过，平时人们之间主要是陆地交往，龙舟竞渡就不一定游乡了。

二、龙舟集会与自由比赛

在一些较大的村镇附近，有适合龙舟竞渡的河流、港汊、湖泊，这些地方很容易形成龙舟集会地点。龙舟集会地点，在广州地区称为值景点，许多古文献记载的龙舟竞渡地点，也往往指的是集会地点。比较大的集会地点有广州的车陂，增城县的新塘，顺德县的大良镇，江西高安县的[illegible]阳镇，浙江余杭县蒋村的深潭口，湖南汨罗以前的河市镇，贵州清水江畔的平寨、施洞，四川省的五通桥等等。到了这类集会点竞渡的日期，不仅附近的龙舟前来竞渡，甚至几十里远的龙舟都到集会地点竞渡。《武陵竞渡略》载："划船当郡城之中，远者自渔家港来，沿流十五里。自白沙渡来，溯流三十五里。计一日之间，五十里内旗鼓哄然。"这类大的集会点，前来竞渡的龙舟也较多。如 1984 年五月初三，广州郊区车陂竞渡的龙舟有 139 条，观众约 10 万人；五月十二日广州增城县新塘公社竞渡，有 103 条龙舟参加，观众也是约 10 万人。在这类集会点竞渡，如果不组织比赛，龙舟到达后可以自由在河面上游弋，划到什么时候想走，就可离开。有的集会点有时也接待前来竞渡的船只，特别是接待与本村庄有亲戚朋友关系的龙舟。所以在有龙舟游乡习惯的地方，集会点同时也是龙舟游乡的地点。

龙舟在河面上游弋，不单是划来划去，还有其他引人注目的划法，具有表演的含义。在广州地区，常常可见桡手只将桨叶稍许插入水，然后往上挑水，使水花飞溅，加上船头船尾的人一下一下地随着节拍使劲顿足压船，使龙舟一起一伏，活像游龙戏水。此时龙舟行驶缓慢，甚至停止不前。浙江余杭县蒋村乡，则是船尾的踩艄人用劲把船尾踩低。船尾踩得越低，龙头就翘得越高，船头激起的波浪也就越大，船头的急浪也就能在龙头下颌的压迫下从上下雕空的龙嘴里喷吐出来，于是整条龙舟就像一条游龙在白花花的江河急浪中吞云吐雾前进，显得十分逼真而又壮观。

在无人组织的情况下，虽然龙舟去集会地点竞渡，来去自由，但大多也是集中在某一段时间内。有的地方与当地河水的涨落有关。一般是河水涨到最高峰时，龙舟竞渡也是高峰期。广州地区端午节期间的龙舟竞渡，大多在11点、12点或13点开始，举行三四个小时即告结束。所以在竞渡时间内，特别是高潮期，一些大的集会地点往往有几十条龙舟在河（湖）面上划来划去，鞭炮声、欢呼声，震耳欲聋，群情激奋，气氛极为热烈，场面颇为壮观。这时常常有几只龙舟随意相约，比赛谁划得快，形成龙舟的自由竞速。当然也有一些地方只是龙舟集会，没有龙舟竞速。如浙江余杭蒋村乡的龙舟集会就是如此，竞渡时，如果两舟前后错落而行，那么后者不能强行超前，只有在前边的龙舟礼让退边，并说过请你们先去后方可超越。

龙舟的自由竞速，许多地方是两只龙舟比赛，有的却数量多少不等。广东新塘的自由竞速是船头的指挥者挥舞小旗，招徕对手。两条、三条或更多的龙舟一旦招在一起，刹时间使锣鼓喧天、呼声动地……浪花飞溅，龙舟比赛便开始了。清水江畔苗族地区的龙舟也是三三两两在河面上互相邀请比赛，败了的把桨举起来，比赛就停止了。可见是很自由的，没有一定的比赛形式，龙舟的数量也不限制，其胜负有的地方是以船计算。《武陵竞渡略》载："计路以船，有赶半船、一船路，甚至五船十船者。赢亦如之，谓赢半船、一船路，甚至五船十船路也。"

两只龙舟竞赛也比较自由，多为挑战应战的形式。湖南汨罗县，当两船并行时，一方的招子手对另一方大喊："怎么样？并一船？"若对方招子手认为可与一比，即大声地应答："来!"于是锣鼓齐鸣，比赛便开始了，这种两舟比赛，古文献中也各有记载，《合川县志》卷三十《风俗》载："其以两舟并行，画桡双飞，以角胜负，谓之抢江。"《广西通志·舆地略·风俗》载："二舟相较胜负，迅疾者为胜，则以酒肉红帛赏之，其负者披靡而去。"张建封《观竞渡》诗曰："鼓声三下红旗开，两龙跃出浮水来……雷声冲急波相近，两龙望标目如瞬。"（见《全唐诗》卷五百四十八）。马令《南唐书》载："郡县村社竞渡……俾两两较其迟速。"江西萍乡当二船比赛时，锣鼓声大作，船首执旗者大喊助威，发声极怪，舞旗不已，及至胜负既分，两岸观者，亦大声欢呼。赛胜者上岸饮酒，饮毕复作二次之比赛。

龙舟集会与自由比赛和龙舟游乡不同，它是龙舟竞渡活动中最普遍的活动方式。大体上可以说凡是有龙舟竞渡的地方，就有龙舟集会。

三、有组织的龙舟比赛

这里所讲的有组织的龙舟比赛，与现在作为体育活动的比赛不同，它是指按传统习惯加以组织的比赛，有的仅仅是稍加组织而已。

在江西省高安县筠阳镇，以前的竞渡没有严格组织。对人员、船只均无任何规定。比赛时自由结合，两条船一组从浮桥划到石桥，再回到浮桥，领先为胜。比赛不限定次数，可以自由地和许多船比。台湾的竞赛是将人员分成两队，各划一只龙舟（普通一只龙舟乘15～25个人），出发的信号一经发出，坐在龙头（也是船首）的各队的领队，立即打鼓指挥，作为大家划桨的拍子……比赛的胜负，是以夺取插在远处河上的一面旗子为凭据。划龙船往往连续数天，甚至于由同样的两队在不同的河川竞赛夺标。解放前，四川省五通桥的竞渡活动一般是由当地警察局或哥老会等承头筹办。龙舟竞渡比赛时，在终点处立有标旗，龙舟不整齐地排列在起点处。三声铁铳炮响过，各龙舟奋力向前，争夺标旗。

以上种种不同的比赛，只能说是稍加组织的比赛，不但对船只、人数没有规定，就连稍稍正式一点的比赛规则也没有。下面是顺德县的比赛，就显得严格一些了。

从这长长的一段记载中可见，比赛约定了起点、终点，并“立竿中流以为界，规定了航道。采用层层淘汰的办法，第一天任何船都可参赛，淘汰剩下“三胜者”；第二天“三胜者又与三胜者斗”，剩下“五胜者”；第三天“五胜者又与五胜者斗”，最后赛出第一名。可以说这是一种传统办法的淘汰赛。而且为了防止弄虚作假，主持者还“以两筹书某龙船字中分”自己执两半，将另外两半分别交给比赛的龙船。龙船比赛得胜后，还须将自己所拿的“半筹”与主持者的“半筹”相合，验看是否真实，然后主持者才发给“胜标”并作记录。可见其组织工作的严密、仔细。

不少地方的比赛都是划顺水，也有一些地方是横渡。《武陵竞渡略》载：“赛船……自北而南横江互竞，两船约略齐驱，须到彼岸与否，为输赢。”湖北秭归、四川犍为等地也与武陵一样，都是隔江横渡。

四、抢标、领赏及竞渡结束后的事项

龙舟比赛后，或龙舟到达终点时，许多地方都有抢标的习惯。“标”

有各种各样的东西，大多是观众自己拿出的。在安徽当涂县，龙舟比赛以领先为胜，没有奖品，不过，在终点处必然会有观众将约五寸宽，一米长的红布或绿布条挂在竹竿上，领先的龙船就可抢到布条。人们认为抢到布条是非常荣耀的。有的观众还在布条里包上一头糕，有步步高升的意思。因观众不是一次都把布条拿出来。所以，一天进行几次比赛，每次都有人挂布条。每次获胜，都可抢到一条或几条“标”——布条。谁抢的布条多，就证明这条船划得快。抢到布条后，都挂在船上，炫耀自己的胜利。台湾也有类似的情况。《台湾府志》载：“竞渡……游人置竿船头，挂以锦绮，捷者夺标而去。”

四川合川县却是各马（码）头预备纸扇、彩红，龙舟至，必给之，谓之拜马（码）头。将纸扇、彩红作为礼品赠送，不需要“抢”。但在这里，纸扇、彩红又与礼品不同，含有“标”的性质，是一种荣誉奖，这些观众自己设的“标”没有限制，可以随意变换。《杨州府志》载：“小船载乳鸭往来画舫间，游人鬻之掷水中，龙船执戈竞斗，谓之抢标。又有以土瓶实钱果为标者，以猪胞实钱果使浮水面为标者，舟中人飞身泅水抢之。”鸭能游动；瓶能沉水；猪胞则浮水面，以这些东西作标，含有极大的娱乐成份，“舟中人飞身泅水抢之”的热闹场面可想而知。

另外，在不少地方“标”是由组织者设立的。四川省五通桥解放前的龙舟竞渡是由当地的犍为盐场同业公会办事处或警察局、哥老会等承头学办，当地抢标是在终点处（或作为终点的彩船上）竖立标旗。头标为红旗，二标为黄旗，三标为绿旗，标旗上有一串鞭炮。有时候，标旗上还会有一个红包，红包里装有少量的钱。竞渡时，夺到标旗的龙船是非常荣耀的，显示自己有势力。在江西高安县除夺取标旗外，还要凭标旗领赏钱，也是以领先为胜，胜者得一面红旗。比赛不限定次数，可以和许多船比。因此，划得快的船在几天的比赛中往往能拿到几面，以至更多的红旗。最后凭红旗领赏钱。赏钱的多少由当年捐款的多少而定，捐款多，赏钱多，反之则少。

除了组织者设“标”奖励外，也有官府设“标”的，如西湖竞渡：“帅守往一清堂弹压，立标竿于湖中，挂锦彩、银碗，官楮币，以赏捷者。……诸舟竞发，先至标所者，取赏声喏而退，其余犒钱而已。”《会稽志》也载：“异时，竞渡有争进攘夺之患，自史魏公为帅，堆设银杯、彩帛，不问胜负均予之。”

有的地方，在龙舟比赛以后还有抢鸭子的活动。四川省五通桥抢鸭子，一般是由筹办单位和当地的大盐商，在自己观看龙舟竞渡的彩船上写上甩鸭子的数目，抢标之后，龙舟都分别停在这些彩船附近，彩船上的人将鸭子甩到河里，龙舟看准目标，立即对准目标划去。船上的抢鸭手看准时机，迅速跳水，抢抓活鸭。有时几只船同时驶向一只鸭子。抢鸭手在水中既要防止被船挤伤，碰伤，还要与别人争夺活鸭，是一场机智、勇敢和技术的比赛，鸭子抢到后，就高高地挂在桅杆的木盘上，很远都能看到，以炫耀自己的本事，鸭子抢得越多就越光荣。这种抢鸭子的活动，虽然在抢标之后，但它仍然与抢标有联系。上海黄浦江的龙舟竞渡，就是既抢鸭标，又抢铁标和鱼标。系有红布的鸭标和鱼标在水中固然难捉，沉底的铁标也很难捞。它与五通桥的抢鸭子有相近之处。

龙舟比赛抢标，根本上还是争夺荣誉，有的地方既无奖品，也不抢标，但竞争还是很激烈。湖南汨罗就是这样，当地人说："宁可荒掉三年田，不愿输掉一年船"。认为失败是耻辱（尤以宗族之间的竞赛为甚），有时败者为了显示不甘屈辱，常在五月十五再出舟邀战。四川叙州府（今宜宾地区）也有类似的情况。《叙州府志》卷二十二《风俗》载："两岸观者林立，好事者悬彩扇於江滨，则两船并划，先到岸者得彩，竞以为荣，后者耻之，并划数次乃已。"①

龙舟比赛结束后，大多数地方是把专职龙舟保管起来。业余龙舟则去掉装饰，恢复为生产用船，简单地结束一年的竞渡活动。有些地方龙舟竞渡结束后大家还要在一起聚会，吃一顿饭，才算竞渡活动的结束。清水江畔的苗族是鼓头将所收礼物中的猪、羊、鸭、鹅、鸡等家禽，每样杀一只来招待全村的男人（包括男孩）及龙舟竞渡期间帮助鼓头家做事的妇女，大家欢宴一顿，并在请酒的时候推选下一年的新鼓头。四川五通桥却是将竞渡中抢到的鸭子，杀掉，全体船员在一起吃鸭、喝酒，欢庆一场。云南大理海东区龙舟比赛结束后，还要送本主。即拿着酒肉（肉必须要一个猪头、猪尾、猪足、猪腰、代表一头整猪）去本主庙烧香、磕头，同时将船上的写有本主名字的令旗烧掉，意为将本主送回庙中，然后大家吃肉、喝酒，结束一年宣弓竞渡活动。浙江余杭县蒋村乡则照样还像龙舟下水前所进行的仪式一样，需"送龙"、拜龙头，然后才将龙头保管起来，结束一年的龙舟竞渡活动。

---

① 抢标的"标"多为观众自由设立，其次也有组织者及官府设立的。从"标"的物质内容看，多为彩帛（包括布条）。其次为鸭标、旗子、鱼标、铁标等。而纸扇、土瓶装钱果，猪胞装钱果等东西作标，是随意而变的，总之不管什么标，都是一种荣誉的象征，夺标从根本上讲还是荣誉的争夺。

第三节 划船方法

这部分内容我们从桡手的姿式谈起。一般说来，桡手都是两人并排坐在龙船上，采用坐姿划桨。《叙州府志》载："每船以十余人，执短桡，坐而划之。"但也有一些地方采用其它姿式划桨。湖南汨罗县，平时是坐姿划桨，比赛时桡手的体位则变成低头跪姿，奋力划水。贵州清水江畔的苗族是站立划桨。福建西部地区有单腿跪着划桨的，而湖南株洲市楼扣镇的农民"既能坐划，也能蹲划，又能立划"。虽然有各种划船姿式，但还是以坐姿为主。

一条龙舟少的有十几人，多的近百人，大多为30～70人，这么多人要步调一致，使龙舟行动自如，就须各司其职，统一指挥。一般说来，船上的基本人员为：

(1) 桡手：管划船前进，是船上的动力，须年青力壮的人担任。

(2) 艄公：管船行使的方向，须有技术的人担任。

(3) 指挥者和锣、鼓手：起指挥作用，须有经验的人担任。

《武陵竞渡略》记载的一样："行船以旗为眼，桡以鼓为节，桡齐起落，不乱分毫。乱者黜之，谓搅酱手。"①

上面我们论述了龙舟竞渡的形式有游乡、集会与速度比赛等。竞渡的形式不同，划船的方法也不同。速度比赛时，要求划得越快越好。但游乡或集会时则不一定，有时甚至要使龙舟停滞不前。广州一带龙舟游乡或集会时，常常可见桡手只将桨叶稍许插入水中，然后往上挑水，而不是用力往后划水。此时，水花飞溅，加上船头船尾站着的人随着节拍一下一下用劲顿足，使整条龙舟一起一伏，活像游龙戏水。此时船行甚慢，甚至停滞不前。而龙舟竞速，则要求越快越好。这时，桡手们则是尽力往后划水，使船行如飞。虽然为了越快越好这一目的，其桨法也不是一成不变的。比如有快三桨，慢三桨等等。所谓慢三桨，就是每一次船桨入水深，往后划的动作幅度大，划一桨算一桨，一组三桨。而快三桨的入水不如慢三桨深，动作幅度也不如慢三桨大，但频率较快，仍然是一组三桨，同样也能使船行如飞。总之，桨法是多种多样的，各地也不尽相同。

除以上用桨划船的形式外，还有用竹篙撑龙舟的。在福建漳州南溪洋

① 划船时，指挥者站在船头，手拿红旗（湖南汨罗县的是手拿艾条）左一下，右一下挥舞。锣、鼓手视指挥者的动作敲打，桡手则听鼓锣声划桨（有的地方不用指挥者，则锣、鼓手自己打锣鼓指挥），根据锣鼓声的不同，桡手则随之而变换桨法，使龙舟时快、时慢，随意自如。

老洲新桥头一带，关于划龙舟有这样的记载：“只看那龙舟上站立三十多个勇壮的青年，个个手持二三丈长的竹篙分立两边。只听得硼磅硼磅……的声响，竹篙就齐刺入水去，好像很多算术字‘11’联络成的。……以后各龙舟陆续到齐，就比赛起来了。”江苏泰县也有类似的情况：“泰县有一种特别风俗，清明日，乡下农人，咸备大船几艘，每船约有二十余人，立船之两边，咸执撑篙，在空旷河道比赛，称为撑会船。”用竹篙撑龙舟的材料，在当时仅见这两条。

第四节 变形的龙舟竞渡活动

龙舟竞渡是中国南方的传统习俗，迄今至少已有两千多年的历史了，在它漫长的发展过程中，产生了一些新的活动方式，大体上有游船式竞渡、旱龙舟和夜龙舟几种。

一、游船式竞渡

龙舟竞渡本来是民间的独立的传统活动，但在有的地方，却变成了官方的活动，变成了人们在游玩时用以助兴的附加活动。

从文献方面看，至少汉代就有游船式的竞渡了，《淮南子·本经训》载：“龙舟鹢首，浮吹以娱”，看来是划着龙船和鹢船在水上游玩。司马相如《子虚赋》载：“游於清池，浮文鹢……枞金鼓，吹鸣籁；榜人歌，声流喝”（《文选》卷七），看来也是划着鹢鸟舟在游玩。

以后，这种游船式的竞渡就多了。《西湖老人繁胜录》载：“寒食前后，西湖内画船布满，头尾相接，有若浮桥。头船、第二船、第三船、第四船、第五船、槛船、摇船、脚船、瓜皮船、小船自有五百余只。南山、北山龙船数只。自二月初八日下水，至四月初八日方罢。”这段话说明了从二月初八至四月初八这段时间内，西湖游船的盛况。下面《梦粱录》卷一《八日祠山圣诞》的记载，则说明了人们乘船游湖时龙舟竞渡的情况，“（二月）初八日，西湖……湖山游人，至暮不绝。……正是公子王孙、五陵年少，赏心乐事之时，讵宜虚度？至如贫者，亦解质借兑，带妻挟子，竟日嬉游，不醉不归。”为了增添人们的游兴，官府组织了“龙舟六只，戏于湖中”。龙舟上不但有“十太尉”“七圣”“二郎神”等装饰，还有“闹竿”“鼓吹之类”，划船的人还要戴“大花”“卷脚帽子”，穿“红绿戏衫”，真像在演戏一样。这些龙舟也进行速度比赛，“先进者得捷取标赏”。这六只龙舟虽然进行速度比赛，但它的活动本身只不过是人们游湖时附设的一个项目，从属于游湖活动。与前面所述的传统习俗的龙舟竞渡有差别。所以我们称它是游船式的龙舟竞渡，同时也说明了它根源于传统的龙舟竞渡活动。

古代宫廷中，有时也举行这类的游船式竞渡活动，以供帝主取乐。《旧唐书·穆宗纪》载："九月……大合乐於鱼藻宫，观竞渡"。《旧唐书·敬宗记》载："（宝历二年三月）幸鱼藻官观竞渡"。明确记载了皇帝在宫廷中观竞渡的事，而《东京梦华录》卷七《驾幸临水殿观争标锡宴》详细记载了皇帝在临水殿看先幸池内龙舟竞渡活动的情况，其中供观赏、作乐、演戏、奏乐的就有彩船、乐船、小船、画船之分。另外还有小龙船20、虎头船10只、飞鱼船2只、鳅鱼船2只和1只长三四十丈、阔三四丈的大龙船。这些船（大龙船除外）在一军校的指挥下，先是列队布阵表演，有"旋罗""海眼"等阵，最看"则有小舟一军校执一竿，上挂以锦彩银碗之类，谓之'标竿'插在近殿水中。观旗招之，则两行舟鸣鼓并进，捷者得标……各三次争标而止"。可见这是单纯娱乐性质的游船式竞渡。

比较特别的是云南大理海西的耍海会，康熙三十三年《大理府志·风俗》载："七月二十三日，相传邓诏妻慈善以是日死节，故至今太和、邓，浪皆竞龙舟吊之。"这里是讲"竞龙舟"。但经过实际调查，海西的耍海会属于游船性质，当地耍海会是把平时的渔船或运输船装饰一番，到了耍海会这一天，划到村边的洱海中去游玩。也许康熙年间当地有"竞龙舟"，也许文献上记的"竞龙舟"就是指的耍海会，两种可能都存在。即使是现在的耍海会，可能也受到了洱海东岸龙舟竞渡的影响，是一种变形的龙舟竞渡活动。

二、旱龙舟

旱龙舟，顾名思义，是在陆地上行船，但陆地上怎能行船呢？实际上是人抬着龙舟游行。《南昌府志》记载："五月五日为旱龙舟，令数十人舁之，传葩代鼓，填溢通衢，士女施钱祈福，竞以爆竹辟除不祥。"《江西通志》载："金溪城……每岁五月五日，城内造龙舟，以人装故事其上，一舟数百人舁之，行诸陆地。"《歙县志》载："三月上巳，或造舟陆游。"这些记载都没讲是什么样的龙舟，可能也是木制的吧。

有的地方是用竹做旱龙舟。《琼州府志》载："城中人缚竹为船，用五色纸为饰，鸣钲鼓沿街作竞渡状，名日旱船。"《徽州府志》载："五月五日迎神船逐疫，船用竹为之，袭画状似鳅，以十二人为神，载而游诸市。"

另外还有做旱龙舟给儿童当玩具的。在柬埔寨还有旱龙舟游戏等。总之，都是龙舟竞渡的一种变形活动。

三、夜龙舟

四川省五通桥从 1982 年开始，出现了夜游龙舟。所谓夜游龙舟，就是晚上划着龙舟在河面上游弋。夜龙舟都要装上各种电灯，有的装上霓红灯，有的在龙体内安上电灯，使龙体透亮，有的用彩灯作龙眼，有的还放河灯，再配上五彩缤纷的烟火，真是辉煌夺目。浙江的夜龙舟却是在船上张灯结彩，在水面上设堆堆浮焰，龙舟于其间穿梭而过，争奇斗艳，情景十分动人。浙江的夜龙舟不但现在有，以前也有，在武进县的“夜龙舟之戏”，是“四面各垂小灯，竞渡如白日”。

综上所述，游船式竞渡、旱龙舟、夜龙舟虽然只是某些地方有，不是普遍现像，但却根源于传统的龙舟竞渡。

第四章　龙舟竞赛文化论

本章主要从龙舟竞赛的器材、规则与安全展开论述，以图文结合的形式向读者介绍龙舟竞赛在器材方面的要求、标准以及制造材料。本章重点部分是龙舟竞赛规则与安全，在这一节作者引用了当前最新的标准规范作为参考。

第一节　龙舟竞赛器材

一、传统龙舟与国际标准龙舟

目前龙舟比赛所使用的船体基本有两种，一种是只有我国才有的传统龙舟——长龙。传统龙舟在我国各省、各地区、各民族组织龙舟竞渡时所使用的都不尽相同，有些龙舟船体长 20 多米，有些长 40～50 米；有 15～20 人划的，有 40～60 人划的。虽然各省、区传统龙舟的船体有长有短，划桨的人数有多有少，但船体始终保持有龙头和龙尾，保持着龙的形象，这是龙舟的共同特点。另一种是国际标准龙舟——短龙（图 4-1-1）。这种短龙船体长 15 米，只限 20 人划桨，是我国把龙舟运动推向世界的使用器材。短龙的主要优点是便于运输，便于组织训练，便于上下码头，便于出入船库。目前世界上开展龙舟活动的国家都使用这种规格的龙舟，全国龙舟锦标赛和世界龙舟锦标赛也统一使用这种龙舟。

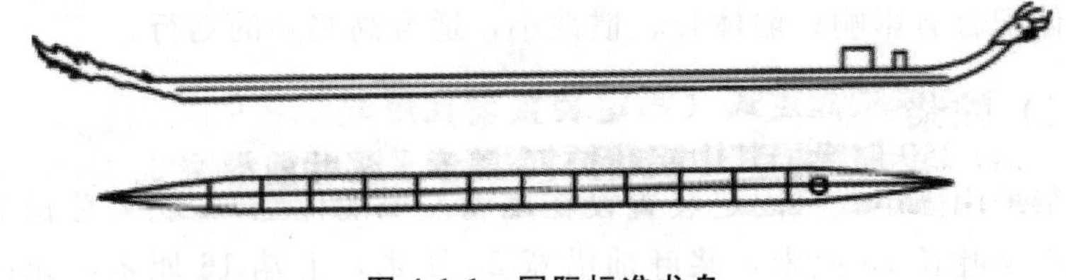

图 4-1-1　国际标准龙舟

二、国际标准龙舟的规格

目前，全国锦标赛和世界锦标赛统一使用的国际标准龙舟规格如下。

（一）龙舟

总长：18.40 米（含龙头、龙尾），允许误差±0.05 米。

舟长：15.5 米，允许误差±0.03 米。

舟宽：1.1 米（最宽处），允许误差 0.01 米。

质量：所有比赛龙舟最重与最轻之间的误差不得超过 5 千克（含龙头、龙尾和舵桨）。

龙舟（含龙头、龙尾）舵桨、划桨的制造材料不加限制，但在同一赛事中，如果竞赛规程规定由大会统一提供的器材时，必须使用同种材料和相同工艺制造。但如果竞赛规程规定各参赛队伍可以自带划桨，则划桨的规格和制造材料可以不加限制。

目前世界上制造龙舟的材料基本上分以下三大类。

1. 玻璃钢

玻璃钢制成的龙舟质硬，质量较轻，不吸收水分，使用寿命长。

2. 木材

制造龙舟的木材有硬木（坤甸木）和轻木（杉木）。用坤甸木造的龙舟质量大，有弹性，起动速度慢，但惯性好；用杉木制造的龙舟船体轻，起动速变快，但惯性差。

3. 夹板

采用九层夹板的龙舟可以接叠，便于收藏和运输，但船体较软，对划桨的集体配合有影响；船体轻、惯性小，适合高桨频的划行。

（二）舵桨

舵桨采用固定式（固定装置设在尾舱左侧船体上），舵桨总长 250 厘米。其中桨叶长 75 厘米，桨叶前沿宽 20 厘米，上端 16 厘米，允许误差±0.3 厘米（图 4-1-2）；桨叶的边缘厚度为 1 厘米。

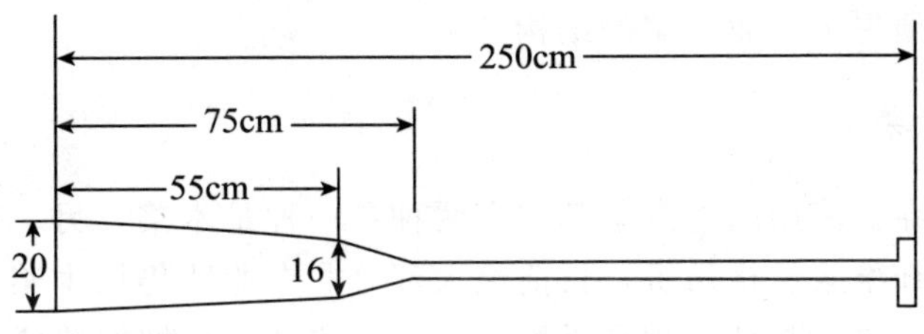

图 4-1-2　舵桨

（三）划桨

划桨的总长度不得超过 125 厘米。其中叶长不得超过 38 厘米，桨叶前沿宽不得大于 18 厘米，上端不得大于 16 厘米；桨叶边缘厚度不得大于 0.7 厘米（图 4-1-3）。

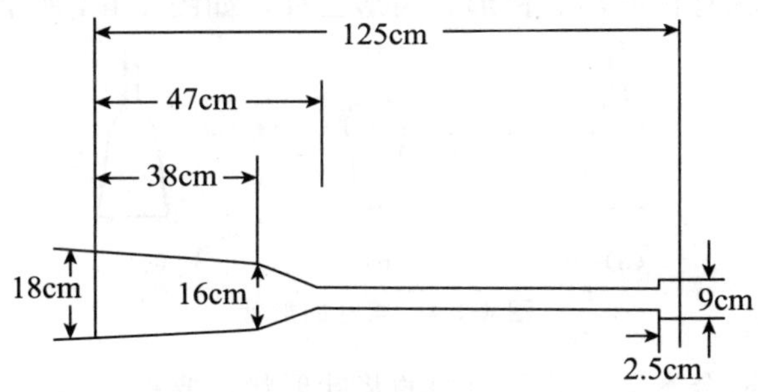

图 4-1-3　划桨

三、标准龙舟舵桨、划桨的制造材料

目前世界上制造龙舟桨的材料基本上有两类：木材和碳素纤维。

（一）木材

用木材制造舵桨必须使用硬木，刚性好，舵桨没有弹性，舵效应明显。用木材制造划桨必须用木质轻、有韧性、不易折断的木材。

（二）碳素纤维

碳素纤维材料较昂贵，但用碳素纤维制造的桨具有质量轻、刚性好、不易破损、不易折断和经久耐用的特点，是专业运动员最喜欢使用的桨。

龙舟的前进主要是通过运动员划动桨叶产生的动力推动前进的。龙舟前进速度的快慢与桨叶运动速度的快慢和桨叶运动路线的是否正确有关，因此我们必须先了解龙舟桨的结构。

1. 单叶桨

目前世界上使用的龙舟桨基本有两种：一种是木桨，另一种是碳素纤维桨。碳素纤维桨价格昂贵，目前绝大部分非专业队仍用木桨。单叶桨由桨杆和桨叶组成，桨杆一端是手柄，一端是桨叶。一把好桨应当是坚实耐用，受力时变形小，质量较轻的。因此最好是用软硬适中的木材制作。桨杆如果太软在抓水阶段动力传递到桨上时，桨杆在桨叶之前运动，使大部分的力消耗在桨的弯曲处，会在划桨循环中引起滞后反应。当划手不用力时桨杆又恢复原位，从而会打乱划桨的节奏，造成桨叶挑水。

2. 桨叶的形状

桨叶的形状有标准形、铲形、勺形三种，如图 4-1-4 所示。

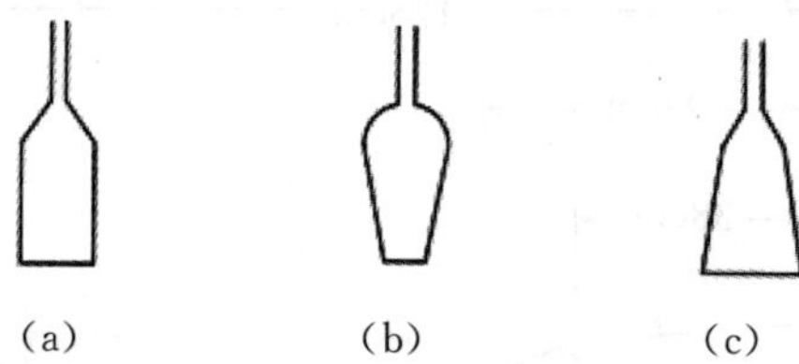

图 4-1-4　桨叶的形状

如何选择适合本队运动员使用的桨叶形状，要根据本队运动员的身体情况和技术情况决定。上述 3 种形状的桨叶划水重心有所不同。一把桨的重心就是通常我们说的平衡点，对桨手非常重要，桨手划起来是否感到舒服的关键在此。桨的重心一般在下臂握桨点下方。标准形桨叶重心在桨叶中部，适合桨频适中的运动员使用；铲形桨叶的重心在桨叶下方，一般个子高、划桨弧度大、力量大、桨频较低的运动员喜欢使用；勺形桨叶重心在桨叶上方，适合桨频高的运动员使用。

3. 桨杆的形状

桨杆的形状有两种——圆形和椭圆形。椭圆形桨杆划水效果较好，桨杆窄面和桨叶成 90°，使运动员握桨时对桨叶有较好角度感。桨杆的长度对每个运动员都很重要，选择一把与运动员技术、身高、体力相匹配的桨不是一种容易的事。一般情况下，个子高、座位高、船舷高、桨频低的运动员使用长桨，相反则使用短桨。

第二节　龙舟竞赛规则与安全

一、龙舟竞赛规则

（一）总则

龙舟运动是一项集众多划手依靠单片桨叶的划桨作为推进方式，运用肌肉力量向船后划水，推动舟船前进的运动。中国龙舟协会的标准比赛龙舟配备有龙头、龙尾、鼓（鼓手）和舵（舵手），以此保持中国民俗传统在传统龙舟比赛中，可考虑设立锣（锣手）。根据区域民俗特点不同，龙舟造型在头尾设计方面包括凤舟、象牙舟、龟舟、虎头舟、牛头舟、天鹅舟、蛇舟等形状，均可保留原有规格和名称，但只要是类似划龙舟的动作，亦统称为龙舟运动。龙舟竞赛的形式、类别、组别以及各组别竞赛距离项目如图 4-2-1 至图 4-2-4 所示。

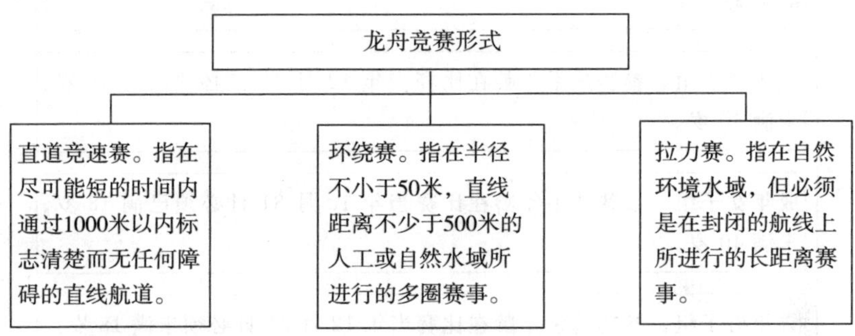

图 4-2-1　龙舟竞赛形式

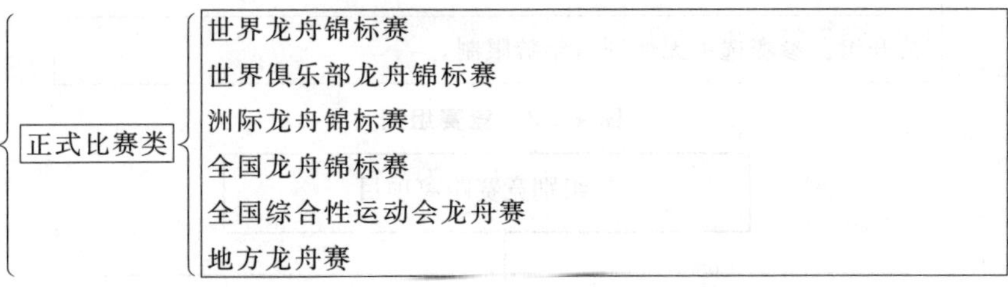

邀请比赛类

- 国际龙舟邀请赛。这是经国家体育总局批准，由中国龙舟协会主办，邀请其他国家或地区队伍参加的龙舟竞赛。
- 全国龙舟邀请赛。这是经国家体育总局批准，由中国龙舟协会主办，由各省、自治区、直辖市、计划单列市体育部门，各行业协会，各大专院校，解放军等单位队伍参加的龙舟竞赛。
- 地方龙舟邀请赛。经当地政府或体育部门批准，由当地所属地区或单位、部门派队伍参加的比赛。

图 4-2-2　竞赛类别

- 男子组。所有参赛选手必须是男性，队员无年龄限制。
- 女子组。所有参赛选手必须是女性，队员无年龄限制。
- 混合组。必须有至少 8 名、最多 12 名女子选手参赛，所有选手无年龄限制。
- 成年男子组。参赛选手年龄在比赛当年 12 月 31 日必须已满 18 岁、未满 40 岁。
- 成年女子组。参赛选手年龄在比赛当年 12 月 31 日必须已满 18 岁、未满 40 岁。
- 青年男子组。参赛选手年龄在比赛当年 12 月 31 日必须未满 18 岁。
- 青年女子组。参赛选手年龄在比赛当年 12 月 31 日必须未满 18 岁。
- 公开组。参赛选手无性别与年龄限制。

图 4-2-3　竞赛组别

各组别竞赛距离项目

- 直道竞速赛：250米、500米、800米、1000米。
- 环绕赛：5000米、10000米。
- 拉力赛。10千米以上。

图 4-2-4　各组别竞赛距离项目

（二）比赛场地、设备与器材

龙舟比赛对场地、设备和器材都有具体的要求，具体如图 4-2-5 至图 4-2-9 所示。

赛场应设在静水水域，各航道都应是同样的宽度，航道线必须与起航线和终点线相垂直。
航道的长度和宽度必须是经过专业人员测量的，并有精确的平面图纸。
根据报名队数和场地条件设 4 条或 8 条航道，每条航道的宽度至少 12 米。
航道的编号以最接近终点裁判为第 1 道，其余以此类推。
禁止使用固定的木桩、竹竿和类似的东西标记航道。航道内不能有水草、暗礁和其他障碍物。航道两边应各留有 6 米以上的安全警界水域。
船道内最浅的地方水深不得少于 3 米。
航道应设置浮标，航道浮标间距不得大于 50 米，使用黄色浮标，每 250 米处使用红色浮标并设立分段距离标准。距终点 100 米范围使用红色浮标，间距不得大于 25 米。最后一个浮标设在终点线内 2 米处。浮标的直径为 0.35 米，它的表面应较薄软。浮标的颜色选用红色和黄色。
起点线和终点线两端延长线上（6 米以外）必须设有高出水面 3 米清晰可见的标志杆。终点线远端则应设置高出水面 3 米、宽 0.50 米（中间 0.1 米为黑色、两边各 0.2 米为黄色）的终点瞄准牌。

图 4-2-5　航道要求

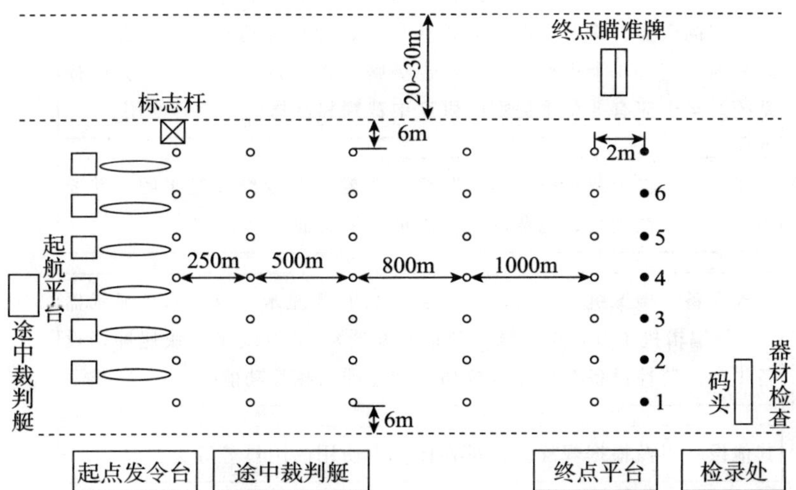

图 4-2-6　竞赛场地平面示意图

码头登舟码头的建造以有利于龙舟靠岸，有利于运动员登舟，有利于裁判的工作为宜。

登舟码头长度一般不得少于40米，可供3组龙舟停靠。通往登舟码头的路面必须平整。

在陡岸设立的登舟码头，必须搭建水上平台码头。每个平台长20米、宽5米，并高出水面约0.25米，平台之间的距离为10米。

起航平台应坚固、稳定，有利于比赛正常进行。起航平台（4条或8条航道）长12米、宽2米、高出水面约0.4米，安置在起航线后约20米处。

起点发令台安置在起航线一侧0米处，距最近航道线6～10米，高于水平面3米，面积约10平方米，并配备遮阳和避雨设施。

终点裁判台根据赛场具体情况确定位置，应清楚可见两个标志杆重合，并设阶梯式工作台。

图4-2-7　场地设施建设要求

通信联络设备。竞赛部负责人、总裁判长、副总裁判长、宣告员及各组裁判长应配备性能可靠的对讲机。

扩声设备。起点设独立扩音设备，起航平台根据航道数量装置4～8个小型扬声器。检录处设独立扩音设备，运动员休息区、集合区和码头附近装置4个小扬声器。宣告员解说扩音设备应接通大会广播系统。至少应有8个手提喇叭供途中裁判和器材检查裁判使用。

交通设备。途中裁判艇2艘、联络艇1艘、总裁判长艇1艘。并要为编排记录裁判长、竞赛部工作人员提供交通工具。

监控设备。摄像机3～4台，25英寸（约63厘米）以上彩色显示器2台及编辑机1台，连接线（包括匹配器）约1000米，快速冲印设备1台。监控设备有立即重放功能和立即出相片功能。

其他设备以及根据规程裁判员在比赛中使用的用具等等。

图4-2-8　比赛设备及要求

龙舟。总长：18.40 米（含龙头、龙尾），允许误差±0.05 米。舟长 15.50 米，允许误差±0.03 米；舟宽：1.10 米（中舱最宽处），允许误差±0.01 米；质量因龙舟制作材料不受限制，龙舟本身质量不设统一标准，但要求同一次赛事使用的所有龙舟最重与最轻之间相差不得超过 5 千克（含龙头、龙尾和舵桨）。

舵桨。舵桨采用固定式，固定装置设在舵左侧舵体上。舵桨总长 250 厘米，其中桨叶长 75 厘米，桨叶前缘宽 20 厘米，上端宽 16 厘米，弧形斜口延伸 15 厘米，允许误差±3 毫米。桨叶的边缘厚度为 0.7～1.0 厘米。桨杆直径下端 5 厘米，上端 3.5 厘米；桨柄长 15 厘米，直径 3.5 厘米。

划桨。划桨长度为 105～132 厘米，其中桨叶长 48 厘米，弧形斜口延伸 12 厘米，其中距离末端 36～48 厘米是桨叶的肩。桨叶前缘最大宽度为 18 厘米，长 12 厘米处宽 16.75 厘米，长 24 厘米处宽 15.4 厘米，长 36 厘米处宽 14.05 厘米，允许误差±1 毫米。桨叶的边缘厚度为 0.4～1 厘米。桨杆直径 2.5～3.5 厘米，桨柄长 57～82 厘米。

龙舟（含龙头、龙尾）和舵桨、划桨的制造材料不受限制。但同一次赛事中，竞赛规程规定由大会统一提供的器材必须用同样材料和相同的工艺制造。

按国家体育总局审定的最新龙舟竞赛规则举办的龙舟赛，由承办单位提供统一规格的标准龙舟和其他配套装置。划桨可由参赛队自备，但赛前须由器材检查裁判检查验收，贴上合格字样（防水）标志后方可在比赛中使用。

每条龙舟必须配有规格一致的龙头、龙尾、鼓和鼓架。龙头、龙尾的造型可自行设计，但必须与龙舟接口严合。

图 4-2-9　比赛器材及要求

（三）桨叶的运动路线

1. 入水

当运动员上身前倾 70°时，双手前伸，迅速将桨叶插入水中，桨叶与水面成 65°～70°顺着桨叶的方向插入水中。采取这种角度入水是因为桨叶从入水到划水只是一瞬间，桨叶以一定的角度插入水中，可以尽量减少由于龙舟前进产生的相对水流对桨叶的影响。

2. 拉桨

划水效果的好坏会直接影响龙舟前进的速度，因此拉桨是所有动作的关键。入水、转桨和划水这三个动作是紧密相连的。当桨叶入水后应立即转动桨叶 90°，桨叶抓住水后立即开始划动，上手支撑、下手用爆发力向后拉，下肢用力支撑蹬腿，腰背也迅速向后，下肢通过蹬腿得到的反作用力通过上身参与拉桨。如果用力过早会形成打水而抓不住水；如果用力过晚就不能使整个划行动作发挥最大的作用，因此这三个动作的协调配合是划桨技术重要一环。拉桨时应掌握以下几方面的要点。

(1) 桨叶在水中划行要保持垂直。一般在划行的后半段容易出现桨叶不能保持垂直的情况，甚至有时会出现挑水现象，这样会降低划水效果，使龙舟产生上下颠簸，甚至增加桨叶在水中的移动。

(2) 桨叶在水中要保持一定的深度，即水到桨颈的位置（满桨）。划水时桨叶在水中跳动，或在划水的前半段和后半段吃水的深度不一致，都会降低划水效果。当然桨叶入水的深度还应根据龙舟的结构、船体吃水深浅、桨叶的面积大小和运动员的体力这四个因素来确定。如果桨叶在水中划起的水花是碎花，而桨叶在水中移位很大，那就是桨叶吃水太浅。如果桨与水面交界处受到相反方向的水流作用，那就是桨叶吃水太深。

(3) 拉桨时用力要均匀。在全部划行过程用力要保持均匀，避免用力出现先小后大或先大后小，两端小中间大或者两端大中间小的现象。这些都会降低划水效果，使龙舟产生颠簸，影响前进速度。

(4) 拉桨过程上身要保持适当的前倾和后仰，使桨叶在水中有较大的划水弧度，也能更好地发挥上身腰腹肌肉的力量。虽然龙舟获得最大的前进力是在桨和龙舟成 90°的时候，但龙舟在划行阶段是加速度运动，而且加速要持续到划水的后半段，直到桨叶出水，龙舟的速度才达到最高点。当然，过分地前倾和后仰加大拉桨弧度也是不利的。

3. 出水

当拉桨到最后时，应立即把桨叶提起，并转动桨叶使桨叶与水面成 130°～150°，以减少桨叶的迎风阻力，同时要防止桨叶拉到最后时出现挑水现象。桨叶的出水动作是极其迅速的，在不到 0.1 秒时间内。要防止挑水以及要转动桨叶到理想角度，运动员的动作要做到熟练和协调是不容易的，必须经过严格和反复的训练。

4. 回桨

在桨叶出水后，把桨叶转动到与水面130°～150°。桨叶离水面约20厘米，平行于水面推回，上身前倾，这种回桨方法可以减少空气对桨叶的阻力。运动员应当在这短暂的回桨时间内争取放松，为划动下一桨做力量准备。

站着划的划桨姿势是两腿站着，膝盖贴紧船旁成半跪式，面向船舷，而不是正对前进方向。握桨方法是上手正握、下手正握或反握。在划行过程中，上身基本都是弯着的，腰背负担很大。因为全体划手都站起来，使整船体重心升高，大大增加了船体不稳定性，极容易造成翻船。同时，因划手站起来，使桨叶离水面距离增加了，桨叶的入水角度和出水深度难以保证，严重影响了划水效果。由于划手面向船舷和侧着上身划行，也会导致桨叶出水时出现严重挑水现象，加重了船体的上下起伏。同时因船体重心升高，对划手集体配合的影响极大，造成各个桨叶入水和出水时间不一致，桨叶的入水深浅也不一致。

但是当坐着划桨时间长了转为站着划，作为转换肌肉的用力方式，使坐着划时疲劳的肌肉得到暂短放松。在由坐姿转为站姿的过程中，全体划手的动作配合要相当熟练，不能影响原来的划桨节奏，否则就会影响龙舟的前进速度。

（四）运动员

1. 参赛资格

龙舟比赛对运动员的参赛资格是有限制的，具体如下。

（1）参赛运动员必须身体健康和会游泳，在没有救生辅助设备情况下，能穿着比赛服装游100米以上。

（2）竞赛规程规定凭身份证确定参赛资格的赛事，运动员必须准备身份证和身份证明文件，以便审查单位在网上查证。

（3）在无年龄限制的组别中，如选手的年龄未达到12岁，则由父母一方或指定责任人在船上陪同，并必须穿上救生衣。

2. 参赛人数

（1）参赛选手24人，其中登舟比赛队员划手20人、鼓手1人、舵手1人、替补队员2人。

（2）上场比赛选手中划手不得少于18人。

3. 服饰要求

龙舟竞赛对服饰的要求如下。

（1）各队运动员服装颜色、式样必须整齐一致，上衣背后有本单位字样或标志。

（2）比赛时可佩戴统一头饰。

（3）因天气原因，运动员在比赛服装外可加透明风雨衣。

（4）若有必要大会为各队运动员提供参赛号码布，运动员则要按报名表登记的号码佩戴在上衣背后。

4. 参赛准则

龙舟竞赛的参赛准则如下。

（1）运动员在所有场合下，须遵守正确的行为规定。

（2）尊重裁判，尊重他人，不得有任何不良行为。

（3）比赛过程中不得对裁判员的决定进行质问和争辩。

（4）不得故意损毁龙舟及其他器材。

（5）不得对他人使用肮脏、威胁、辱骂的语言或手势。

（6）不得用丑化比赛的行为干扰或损害比赛正常进行。

（7）不得纠缠裁判、仲裁和大会工作人员。

（8）不得罢赛。

（9）不得有任何暴力行为造成对他人的伤害。

（10）不得拒绝领奖。

（11）违反上述参赛准则，大会组委会执行委员会、仲裁委员会将视其情节给予谴责、警告、取消参赛资格的处罚，队中其他人员发生违反参赛准则行为处罚与运动员相同。两人以上（含两人）发生上述行为，属于集体行为，处罚对象为参赛队。

（五）裁判员

1. 裁判员守则

裁判员守则如下。

（1）认真学习竞赛规则和规程，明确岗位职责，熟悉裁判工作方法。

（2）执行裁判工作时要严肃认真，公正准确，谦虚谨慎，团结协作。

（3）精神饱满，衣着整洁，仪表大方，举止文明。

（4）遵守纪律，克服困难，尽职尽责，确保比赛顺利完成。

2．裁判员等级制度及管理

裁判员是有其特定的等级制度的，等级的划分及管理如下。

（1）裁判员级别由三级、二级、一级、国家A级、国家资深级、国际一级、国际二级、国际三级（资深）共8级构成。

（2）裁判员须经理论考试和实践考试，通过后才有资格获得相应级别，报考国家级龙舟裁判必须有两次以上担任全国或国际比赛经历，或取得一级龙舟裁判证书3年以上。

（3）第一次参加国家级龙舟裁判考试年龄不得小于25岁，不得大于50岁。

（4）由主办单位通知抽调的裁判员，无正当理由两次不到岗者，取消已获裁判等级资格。需再次担任龙舟裁判工作时，须向批准单位申请，经重新考试合格后恢复裁判级别。

（5）两年内没有参加龙舟裁判工作，须经考试合格后才能上岗。

（6）裁判员上岗时必须着大会统一配制的裁判服装，并佩戴等级裁判胸徽以资识别。

（7）中国龙舟协会执行委员会有权罢免比赛中因职业道德问题、犯有严重错误的裁判员工作职务和取消其龙舟裁判级别。

3．裁判委员会

裁判委员会的设立、人员配备、权利和义务如下 。

（1）全国和国际比赛设立裁判委员会。

（2）权利和义务。在大会组委会领导下主持和监管赛事，全面负责赛事中有关技术性管理的事务；就有关规则和规程以及未尽事宜做出解释；对任何违反规则、规程和参赛准则的行为做出处罚决定；遇天气原因或其他突发情况令赛事不能如期举行时，向大会组委会提出延期的建议。

（3）裁判委员会的人员配备。裁判委员会下设总裁判长1人，副总裁判长2～3人，还包括以下人员：编排记录长1人、编排记录员1人、宣告员1人、裁判联络员2人、成绩公布员2人、电脑操作员2人。

（4）其他各点的裁判员、摄像员、摩托艇驾驶员按比赛规模大小、参赛队数多少，适当配备。

4．职责

龙舟竞赛中各个职位的职责如下。

（1）总裁判长在大会竞赛部门领导下全面负责整个赛事的裁判工作。

(2) 比赛前检查场地、设备和器材是否符合要求，如发现问题应及时解决或协调有关部门解决。

(3) 协调各裁判组的工作和负责与裁判有关事务。

(4) 在领队、教练、裁判长联席会议上报告比赛准备情况和裁判工作方法，解释比赛规则和回答各队提出的有关比赛问题。

(5) 观察和监督比赛，确保比赛如期按秩序册上规定的时间举行。

(6) 根据规则和规程，解决比赛中的有关问题，并就规则和规程中未尽事宜或需澄清的事宜咨询仲裁委员会。

(7) 当裁判员的判定不一致时，深入调查和听取各方面意见，做出最后决定。

(8) 有权撤消裁判员所做出的任何错误决定，对犯有严重错误或不称职的裁判员停止其工作，建议仲裁委员会进一步处理。

(9) 副总裁判长。协助总裁判长工作，当总裁判长因故缺席时，由第一副总裁判代理其工作。

(10) 编排记录长。负责领导和分配编排记录组工作，协助制订裁判学习、实习的有关工作计划；负责绘制场地平面示意图；编制各裁判组工作表格，制订各参赛队赛前训练时间表；根据规程和规则、报名参赛单位和场地（航道）器材等条件编排竞赛日程和竞赛分组表；按秩序册内容收集有关资料、编制秩序册、送印及校稿；接受和审查运动员名单、制作运动员检录卡或参赛人员胸卡；准备抽签用具，赛前组织各队竞赛分级抽签，填写和分发竞赛秩序单；竞赛过程中及时记录和公布比赛成绩，预赛后根据规程和规则条款编排下一轮比赛秩序表。

(11) 检录长负责领导和分配检录员工作。比赛前到编排记录组领取运动员检录卡和竞赛秩序单。提前40分钟到达比赛场地，检查、布置检录处和运动员集合处。每组比赛提前30分钟通知参赛队运动员到集合处报到，进行点名、核实运动员身份和检查服装。将抽签结果交联络员送器材检查组、起点处工作人员、终点处工作人员和宣告员。每组比赛提前15～20分钟、带领参赛队登舟并指挥各队驶离码头。

(12) 器材检查长负责领导和分配器材检查员工作。比赛前检测所有比赛龙舟，按质量和误差最小为原则。将龙舟编排分组。检查大会提供的所有器材装备，发现问题及时解决或协同组委会竞赛部有关人员解决。检查划桨（包括自备划桨），合格后贴上合格标志（防水）。每组比赛前后随机抽查参赛队自备划桨是否符合规则规定。比赛前，提前40分钟到达比赛场地检查龙舟分组排列顺序，排除码头各种障碍。负责发放和收回大会统一提供的器材。比赛龙舟到达终点后，指挥各队回到码头，检查各队人数是否与登舟时相符，检查参赛队有无违禁物品，配套器材有无短缺和龙舟是否损坏。

（13）起点裁判长负责领导和分配起点裁判员工作，每场比赛提前30分钟到达工作岗位，检查布置工作区域。赛前5分钟发令员通知各队进入规定航道，赛前3分钟开始点名，赛前2分钟通知取齐员排队，赛前1分钟通知终点准备接收起航信号，并于1分钟内根据取齐员示旗信号发令。起点裁判长有权对起航时的任何犯规行为出示黄牌警告或取消犯规队比赛资格，助理发令员负责保持与终点及各裁判组的联络，负责查看起航时是否抢航，负责开动起点备用秒表，并在终点裁判长的要求下选择整数时间进行第二次发令，负责龙舟抢航后发出召回信号（鸣锣或鸣枪等大会规定信号）。取齐员负责指挥龙舟在起航线上排位，取齐后举旗示意，在发令过程中龙舟未处于相对稳定则立即放下白旗和举红旗示意。起点裁判员协助龙舟进入航道，并将裁判调船绳（或杆）交给舵手，稳定好龙舟的位置。起航时，如发现本航道有犯规的现象，则举红旗示意。起点摄像完整地摄取各龙舟起航的全过程。

（14）途中裁判长和途中裁判员。途中裁判长负责领导和分配途中裁判员工作。每组比赛前检查航道内有无障碍物（包括各类占道工作船艇），如有障碍物应及时清理并举红旗通知起点，如无障碍举白旗以示可以发令起航。起航时，负责开启途中备用秒表，负责抢航犯规的拦截召回工作。出发后，负责查看各龙舟是否正确行驶，有无其他犯规行为。如发生串道或撞船事件，及时将情况报告总裁判长，取消犯规队比赛资格，并根据情况决定是否中止比赛。各龙舟到达终点后，应根据途中情况向终点示旗。如情况正常举白旗，如有犯规则举红旗，并填写途中检查报告单送总裁判长审定。负责督促各龙舟回到码头接受裁判检查。

（15）终点裁判长和终点裁判。终点裁判长负责领导和分配终点裁判员的工作。终点裁判长在各组比赛中观察全部情况及龙舟到达终点的先后顺序，每组比赛结束负责审核终点名次和成绩。终点裁判完整地记录各组比赛龙舟到达终点的先后顺序，并可将自己的判决结果同终点摄像进行对照，不一致时以终点摄像为准。终点裁判（每条龙舟由2人负责）采用电子计时秒表计取各龙舟到达终点的成绩（时间保留百分之一秒）。每组比赛完毕将成绩登记在计时卡上交终点裁判长审查核实。

（16）终点摄像员应准确无误地摄录各组比赛龙舟通过终点的情况，作为终点裁判判定名次的依据。终点摄像应与25英寸（约63厘米）以上屏幕的彩色显示器对接，作为赛事监控使用，上述设备只供仲裁委员会成员、总裁判长、终点裁判长及有关终点裁判支配。

(17) 终点监控员若发现龙舟几乎同时（相差很小）到达终点的情况出现，立即冲印相片并注明组别、项目后交终点记录员。终点记录员将各组比赛龙舟成绩名次整理复写4份成绩单，送终点裁判长，总裁判长审核签名后连同有关比赛相片交联络员，送宣告员宣告和竞赛秘书长进行编排打印后，在成绩公布栏张贴。

(18) 宣告员。深入了解中国龙舟史和世界龙舟发展史，让观众更了解龙舟运动。赛前走访各参赛队，了解基本情况并写成简介。做好广播器材、乐曲的准备工作，最大限度地调节好赛场气氛。比赛前介绍级别、项目及参赛单位，比赛中介绍各队所处的位置，比赛后宣布该组比赛结果。工作中保持与总裁判长和各裁判长的联系。协助大会维持赛场秩序，播送有关通知，起航前3分钟将起点处的点名、取齐、发令等信号接通大会广播系统。

(19) 裁判联络员。负责将竞赛秩序单送至检录、起点、终点和广播处。负责将检录抽签表送至器材组、起点、终点和广播处。负责将终点成绩单送至竞赛秘书处，由宣告员进行广播和由其他工作人员在成绩公布栏张贴。

(20) 摩托艇驾驶员。确保摩托艇工作性能良好，以及油料充足是摩托艇驾驶员的责任。比赛前按时到位，熟悉工作程序，工作中服从裁判指挥，配合裁判工作。摩托艇分配为途中裁判两艘、裁判联络员1艘、总裁判长（兼备用）1艘。

(21) 医生。应保证有实用的设备和药物用于医务检查及治疗，在比赛场地可以进行紧急治疗，并在运动员的住地提供医疗服务。

（六）竞赛规则

1. 检录

检录规则如下。

(1) 比赛队必须按检录裁判通知的时间到检录处报到，参加该组比赛航道（船号）抽签，接受裁判点名、身份验证和服装检查。

(2) 检录时，若队长声明上场队员有减员时可以允许划手中少2人参赛，但不包括混合组比赛规定的女子划手以及鼓手和舵手。

(3) 参赛队必须按检录裁判的指令上船，不得自选龙舟。检录裁判将确保各队得到抽签或分派的龙舟。

(4) 参赛队不得在龙舟上外加附着物，不得携带通信、动力器材、测速仪、心率表、抽水泵等与竞赛不符的物品登舟。

（5）各队登舟后在裁判指挥下离开码头，按规定的附航道划向起点，不准中途靠岸，不得影响正在进行的比赛。

（6）违规处罚。在规定时间内，超过检录时间 15 分钟仍未到达检录集合区的赛队，将按弃权处理，违反第 2、第 3 条规定，取消其参赛资格。违反第 5 条规定，裁判长给予黄牌警告，警告无效时取消其参赛资格。

2．起航

起航规则如下。

（1）进入起点。赛前 5 分钟各队根据起点裁判的指令进入规定的起航起点处，赛前 3 分钟进行点名，此时未能进入起航位置的队将受到黄牌警告。此警告将作为抢航犯规 1 次计算，赛前 2 分钟取齐员开始排位。

（2）出发准备。各队舵手紧握好裁判调船绳（或杆），指挥好划手按取齐员的要求调整好龙舟的位置，将龙舟（龙头）前沿稳定在起航线上，此时有不服从裁判指挥或有意拖延时间者将受到黄牌警告。此警告也将作为抢航犯规 1 次计算。

（3）起航。各队准备就绪后在赛前 1 分钟时间内，发令员可以组织出发，发令程序为："各队注意"（运动员做好的准备姿势），"预备"（运动员处于静止状态），鸣枪或大会规定的出发信号（笛声），各队出发。发令员通知"各队注意"时，未准备好的赛队鼓手就把手高举过头并不停摆动，发令员将视情况延时发出"预备"口令。此时，如属有意延误比赛也将受到黄牌警告。此警告作为抢航犯规 1 次计算。发令员发出"预备"口令时，舵手才能松开裁判调航绳（或杆），"预备"至鸣枪之间时间为 2～5 秒：

（4）抢航犯规。发令员发令（鸣枪）前，凡划手划动或利用敲鼓、吹哨、呼喊指挥划手者，均判罚为抢航犯规。

（5）抢航信号。参赛队发生抢航后，起点裁判将以连续鸣锣或鸣枪等大会规定的信号以示抢航犯规，途中裁判进行拦截，召集各队回到起点。

（6）犯规处罚。同组比赛两次到黄牌警告的参赛队将被红牌罚下，取消该项比赛资格。每组比赛的起航次数不得超过 3 次。若发令员组织第 3 次起航时仍抢航犯规，该组将不再召回，比赛继续进行，只能通知途中裁判第 3 次起航时抢航犯规的参赛队所在航道，由途中主裁判出示红牌，令其退出航道，取消其该项比赛资格。

（7）发令员发令（鸣枪）后，参赛队不论任何原因延误起航，责任自负。

3. 途中

竞赛途中的规则如下。

(1) 起航后，各队应自始至终在本航道划行，龙舟任何部分均不得超越本航道。若发生串道并以领先优势在其他龙舟之前时，不论相撞与否，实质已对其他参赛队造成了影响，该队将被红牌判罚，取消该项比赛资格。发生串道时串道的龙舟落后于此航道的龙舟，未影响在此航道正常比赛的龙舟队的成绩，并能划回本航道时，判罚规则不在此例，包括中间航道的参赛队处于其他龙舟之后，且确实未曾接触及影响（包括龙舟尾浪的影响）其他龙舟的正常划行，并划回本航道者，可不判犯规。

(2) 各队鼓手应积极、有节奏地敲鼓指挥划手，可以吹哨子配合鼓声指挥划手，未积极敲鼓的参赛队将被罚加时 5 秒，此规定在起航 50 米之后生效。

(3) 各队鼓手、舵手不得持桨划水，包括不得使用划水器械利用一只手划水。如果因此占得优势，该队将被红牌判罚取消该项比赛资格。

(4) 各队有责任爱护比赛器材。比赛中故意将龙舟翻转或损坏，除负责打捞和赔偿外，该队还将被红牌判罚，取消该项和余下项目的比赛资格。

(5) 比赛中如发生两条或两条以上龙舟相撞，根据下列情况判罚和确定是否中止比赛。

(6) 预赛发生此等事件，犯规队将被红牌判罚，取消该项比赛资格，其他队比赛继续。

(7) 复赛至决赛的赛事在比赛半程内发生此等事件，途中裁判长将发出中止比赛信号（鸣锣）并拦截，犯规队将被红牌判罚，取消该项比赛资格，其他队立即回起点重赛。

(8) 复赛至决赛的赛事在此赛过半程发生此等事件，犯规队将被红牌判罚，取消该项比赛资格，其他队比赛继续，由总裁判长指挥确已受到影响的队重赛（重赛时间安排在下一轮赛事之前，该组比赛则以成绩确定名次）。

4. 终点

竞赛终点的有关规则如下。

(1) 龙舟（龙头）前沿到达终点线即为划完全程，由终点裁判根据龙舟通过终点线的先后顺序判定名次。

(2) 龙舟到达终点后，应及时回码头接受裁判员的检查和交还器材，未接受检查之前队员不准上岸，不得与外界接触。

（3）发生下列情况视为终点犯规，成绩无效，名次取消。

（4）龙舟未从本航道通过终点。

（5）龙舟到达终点时所载队员人数与检录登舟时不同。

（6）龙舟上的配套器材、设备短缺。

（7）发现严禁携带的违禁物品。

（七）环绕赛、拉力赛的有关规则

1. 起航

环绕赛、拉力赛起航的规则如下。

（1）根据比赛场地条件确定起航方法，若有容纳所有参赛龙舟相隔5米的排列位置，且直线航道在1000米以上，可采用同步起航，也可以根据起航线距离分组起航或设立起航区单独起航。

（2）以成绩决定名次的比赛应设立起航区，起航区距离为50米，以便每支龙舟队出发都在同一条线上开始计时。

（3）同步起航采用一次性发令，发令程序口令为“各队注意”—“预备”—鸣枪，预备至鸣枪时间约2秒。若发生抢航现象，也无须召回，给抢航队加时5秒。单独起航，以倒计时5秒方式发令，发令程序为“某某队准备，5-4-3-2-1划”。

（4）如因航道原因龙舟不能同时起航，可采取抽签或参照直道竞速赛成绩（名次）的顺序排列，按照成绩最好的队伍为第一出发的原则排列顺序，每间隔10～30秒发一条龙舟的方式起航计时。

2. 途中

环绕赛、拉力赛途中的规则如下。

（1）比赛中不允许带划和接受非参加比赛船艇或其他任何形式的帮助。

（2）比赛时，若一条龙舟超越另一条龙舟时，超越龙舟有义务始终避开被超越的龙舟。另一方面，被超越龙舟不可改变航向给超越龙舟制造困难。

（3）比赛中龙舟碰撞转弯标志（浮标）一般不判犯规，除非转弯点该队未完成绕标。转弯时，龙舟应尽可能靠近由转弯标志标出的航道划行。

（4）长距离比赛中，进入弯道后超越其他的龙舟必须相隔5米以上，从外航道超越，否则发生碰撞后，判主动超越者犯规。前面的龙舟应主动划向内侧航道，以避免碰撞；不让道者，可给予黄牌警告，直至取消比赛资格。

3. 终点

同步起航以各龙舟到达终点的先后顺序判定名次，单独起航以计时成绩判定名次。

（八）仲裁委员会

1. 仲裁委员会的职责和权力

（1）仲裁委员会处理比赛过程中对执行竞赛规则、规程有争议的抗议和申诉。

（2）仲裁委员会有权撤消严重违犯职业道德的裁判员和取消违反参赛准则的龙舟队参赛资格。

2. 抗议、申诉与仲裁

抗议、申诉与仲裁的规则如下。

（1）对裁判员人选的组成或对其他参赛队运动员参赛资格的抗议，必须在领队、教练和裁判长联席会议上或赛前12小时由领队以书面形式向仲裁委员会提出，同时交纳人民币500元作为抗议金，若抗议有效，可获退还。

（2）对比赛中发生的状况，包括对裁判员的裁决持有异议，必须在事发后30分钟内由领队以书面形式向仲裁委员会提出申诉。

（3）领队提出申诉超过规定时间，仲裁委员会不予受理。

（4）提交书面申诉的同时须交纳人民币2000元作为仲裁金，若申诉有效，仲裁金可获退还。

（5）仲裁委员会在接获有关申请及仲裁金后，可在30分钟内进行所需的调查取证和召开仲裁会议，根据《仲裁条例》做出处理，并由仲裁委员会主任以书面形式告知有关领队申诉结果及做出此裁决的原因（若大会有设立运动员资格审查委员会，有关参赛资格的抗议仲裁委员将不受理）。

（6）仲裁委员会的决定为最后决定，不得再提出异议。若因此纠缠使比赛中断15分钟，即为罢赛。罢赛队伍将按《体育法》处理。

（7）仲裁委员会不受理按规则、规程规定应由裁判、裁判长、总裁判长职责范围内处理的有关事宜。

（8）与竞赛无直接关系的违反纪律行为由组委会有关部门处理。

(9) 比赛中若发生与龙舟运动有关的违反法律的行为，即使规则被用来解释这些违反法律的行为，仲裁委员会亦不承担任何法律仲裁和法律责任。

(10) 抗议申诉表。

抗议（申诉）表如下。

抗议（申诉）表

<table>
<tr><td rowspan="2">单　位</td><td rowspan="2"></td><td>事发时间</td><td>收到时间</td><td>返还时间</td></tr>
<tr><td></td><td></td><td></td></tr>
<tr><td>事由</td><td></td><td colspan="3"></td></tr>
<tr><td>抗议或申诉原因及要求</td><td colspan="4">领队签名：　　　　年　月　日　时　分</td></tr>
<tr><td>有关裁判、总裁判长或被抗议的当事人（队）对事件的说明</td><td colspan="4">签名：</td></tr>
<tr><td>仲裁委员会处理意见及原因</td><td colspan="4">仲裁委员会主席签名：　　　　年　月　日　时　分</td></tr>
</table>

注：抗议缴纳人民币 500 元，申诉缴纳人民币 2000 元。

(九) 水上安全条例

1. 龙舟安全标准

安全性能良好的龙舟是保证参赛选手安全和比赛顺利进行的重要物质条件。因此，比赛龙舟必须达到（此标准专指木制龙舟）如下标准。

(1) 龙舟灌满水（与水面持平）后能浮在水上不下沉。

(2) 22 名队员在龙舟上，龙舟灌满水后下沉不超过运动员的颈部。

2. 航行规定

航行规定如下。

(1) 训练中各龙舟应按逆时钟方向航行，当两条龙舟航向交叉时，左边的龙舟应为右边的龙舟让出航道。避让时可采取改变航向，停桨压水等措施。超越的龙舟应从右侧并与被超越的龙舟保持 5 米的间距，决不允许从避让龙舟前面越过。

(2) 环绕赛和拉力赛出现龙舟并行时，要确保龙舟之间至少留有 5 米以上的横向距离。超越时不得影响被超越龙舟的航向，被超越龙舟不得故意改变航向来影响超越龙舟的航行。

(3) 比赛中，向终点航行的龙舟严禁横切航道，包括龙舟抵达终点后不得立即横切航道延长线。要注意后面龙舟划行，避免接触和冲撞。

(4) 在自然水域举办赛事，组委会要协同有关部门对航道进行封闭和加强管理。对有危及安全的漩涡、暗流必须标明和派专门人员进行导航。

3. 救护

(1) 直赛道和环绕赛至少要配备 4 条救护船，每条救护船上配备救护人员 1～2 人。船上还应备有拖绳和竹竿，若发生撞船和翻船事故，立即前往救助。

(2) 拉力赛距离越长，龙舟之间拉开的距离就越大，必须为每 1 条龙舟配备一条跟随的救护船，为龙舟安全航行保驾护航。如果条件允许，还应有一条大型救护船，船上配备医生、医疗设备以及药物。

4. 龙舟在训练时必须注意水上安全

(1) 参加龙舟训练的运动员必须能游泳 200 米以上。

(2) 龙舟训练时，应选择风浪较小和较平静的水面进行训练，不能在船只较多的主航道训练。

(3) 每条龙舟必须有 1～2 名指挥（鼓手或舵手），全体桨手在训练中必须绝对服从指挥的口令。

(4) 遇到龙舟进水后的处理。龙舟进水有以下几种原因。

①龙舟船体漏水。

②遇到大风浪。

③途中遇高速快船产生的大浪。

④舵手打舵不当（高速转弯）。

当龙舟突然进水后，全体桨手不要惊慌，在舵手的指挥下，80％的桨手迅速分两边下水，用手扶船舷以减轻船体质量，以免船体下沉，剩下的 20％桨手应立即在船上排水，待船体上浮后，落水的桨手上船继续训练。

（十）反兴奋剂条例

反兴奋剂条例如下。

（1）在竞赛委员会下设有独立的兴奋剂检查代表，由中国龙舟协会负责聘请相关专业人士担任，并与组委会建立联系，以保证为进行兴奋剂检查提供适当的便利条件，负责所有的有关兴奋剂检查事宜。

（2）反对滥用药物的目的是为了尽一切可能避免服药给正常的龙舟竞赛以及运动员（特别是那些企图人为地提高运动成绩的运动员）的身体和心理带来负面影响。

（3）与国际奥委会兴奋剂检测标准一样，中国龙舟协会对滥用药物（使用兴奋剂）的定义是以这一原则为基础，即严禁使用所有属于《反兴奋剂督查规章》中提到的药物种类的物质。

（4）龙舟比赛的参加者或者申请参赛的人亦不得使用禁用物质与方法，一旦药物检测证明运动员使用了兴奋剂或任何可能干扰分析结果的物质，将按照国际奥委会和国家体育总局的有关处罚条例对该龙舟队进行处罚。

（5）禁止使用血液兴奋剂和药理学、化学或物理学操作方法，对使用者将按使用兴奋剂论处。

（6）不可使用属于禁用药物和禁用方法进行医学治疗。

（7）药物检测的费用由受检测运动员单位按每人人民币 1000 元支付，中国航道要求龙舟协会兴奋剂检查代表出具发票或收据。

（8）抽查名额分配（40 名以内）如下：各组别各项目获第 1 名的队 2 人；各组别各项目获第 2 名的队 1 人；各组别各项目获第 3 名的队 1 人；各组别各项目获第 4 名至第 6 名的队分别抽查 1 人。

（9）对已确定为受检对象而拒绝接受检测，该运动员将被视为阳性检查结果。

（10）在下列比赛中进行强制性药物检测。

①世界龙舟锦标赛（包括世界杯龙舟赛）、亚洲龙舟锦标赛、全国龙舟锦标赛、全国综合性运动会龙舟赛。

②在国内由中国龙舟协会承办的世界、洲际龙舟锦标赛以及主办的全国龙舟锦标赛，均由中国龙舟协会兴奋剂检查代表挑选获得名次的运动员接受药检（对多项获得名次的队伍，只检测参加短距离项目的运动员）。

（11）药检结果阳性或被看作阳性的运动员所属龙舟队将受到以下惩罚。

①取消比赛资格和已获得的名次，给予最少 6 个月、最多 12 个月的

停赛。

②给予人民币 10000 元的罚款处罚（由中国龙舟协会出具发票或收据）。

（12）运动员可向中国龙舟协会兴奋剂检查代表陈述理由，并拥有向中国龙舟协会执行委员会申诉的权利。

（13）若有可能，由龙舟队的医务人员在比赛前列出名单，记录每个队员在比赛前 12 小时内服用的治疗药物与使用剂量以及接受的任何其他医学治疗。

（14）药物检测手段为尿检或血检。备有 A、B 两个容器，当检测某运动员尿样为阳性时，留下 B 容器尿液样本作为该运动员要求复检时使用（复检费用人民币 1000 元，由运动员单位支付）。

（15）地方龙舟赛事可由大会组委会向中国龙舟协会申请进行兴奋剂检测，中国龙舟协会将派出兴奋剂检查代表执行检测工作，相关费用由地方承担。

二、水上安全

龙舟竞赛是一项多人集体水上运动，船上承载的运动员少则 20 人，多则 70～80 人。由于龙舟本身的结构特点，船舷离水面较低，造成船舱容易进水，所以龙舟是带有一定危险性的水上运动项目。因此，参加龙舟活动的人员必须具有高度的组织性和纪律性，龙舟活动的组织者和指挥者在龙舟训练和竞赛时要高度重视水上安全。为了避免在龙舟训练或比赛中出现溺水事故，应制订严格的水上训练安全措施。

（1）凡参加龙舟活动的人员必须懂得游泳，能游 200 米以上，身体健康。

（2）在龙舟中必须有一名指挥者（舵手、鼓手或教练），指挥者在执行训练计划时，应根据当时天气和水面情况指挥龙舟的走向，全体桨手必须听从指挥，统一行动。

（3）龙舟训练应该选择水面较平静，没有流速或流速较小的河面进行，不能在风浪大、水流急的江面训练。

（4）舵手要懂得一些水上航行的基本规则，不能在交通繁忙的主航道上训练。

（5）有条件的龙舟队在训练时，可配备一条小型的快艇作为教学用艇和救生艇。

（6）每条龙舟出航训练时必须配备足够的淘水用的瓢。传统长龙舟每条应配备 20～30 只，标准短龙舟每条配备 8～10 只。

(7) 龙舟在训练时船舱进水后的快速处理。龙舟在训练时往往会涌进大量的水，造成船舱进水的原因很多，如下。

①龙舟船体漏水。

②途中遇到高速行驶的快艇，产生的大浪涌入船舱。

③遇到天气突变，刮起大风，大浪涌入船舱。

④舵手操舵不当，高速急转弯，造成龙舟翻侧或翻沉。

(8) 龙舟进水后的处理措施如下。

①龙舟进水后，全体桨手不要惊慌，应该沉着镇定。指挥者应立即指挥 80%桨手下水，减轻龙舟负载。下水后的桨手不能离开龙舟，要用手扶住船旁，留在船上 20%的桨手立即用瓢向外淘水，快速把船舱内的水淘干。龙舟恢复原来状态后，落水的桨手重新上船。

②当遇到龙舟漏水时，指挥者（即舵手）指挥桨手把龙舟划到最近的岸边或码头，把船舱内的水淘干后即用布条堵漏。

(9) 舵手在训练中靠离码头时的注意事项如下。

①如果龙舟在有水流的河面训练时，靠码头时必须逆水靠，不能顺水靠；龙舟与码头的夹角不能大于 30°。

②龙舟靠码头时，绝对不能高速，只能用慢速靠。

③全体桨手为了配合舵手靠码头的指挥，平时必须懂得倒划、侧划、桨挡水等划桨动作，以及左进右退、右进左退的指挥口令。当遇到水面狭窄，龙舟需要原地掉头时，舵手就发出此口令，左桨和右桨运动员就按要求一边倒划，另一边向前划，龙舟便原地掉头。

④全体桨手上船或离船时必须听从舵手的指挥，为了保持船体的平衡，左桨和右桨运动员双双对称地上船或离船，这样就不会导致船体翻侧。

第五章 龙舟文化内涵论

本章我们将着重对龙舟文化内涵的相关内容来进行探讨，其中包括龙舟精神文化的内涵与社会价值、龙舟运动的发展概况与发展趋势以及龙舟运动的分类与项目。

第一节 龙舟精神文化的内涵与社会价值

一、龙舟精神文化的内涵

站在现代的立场上去看古代的中国，我们可以发现，中国实际上是处在一个相对发达的农业社会，农民在生产生活中需要解决四大问题，如图5-1-1所示。

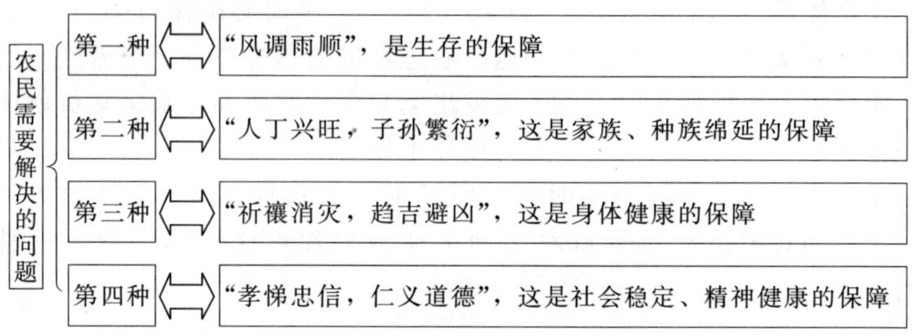

图 5-1-1 农民需要解决的问题

对于屈原这个人想必大家并不陌生，从他的人生经历与个人品质中我们就能够看出，屈原实际上是一个有高尚追求的人。司马迁称赞屈原是"推此志也，虽与日司争光可也"。

屈原是溺水身亡的，这是楚国的悲剧。屈原投河主要是为了抗议当时"变白以为黑兮，倒上以为下"。每年的端午划龙舟. 也是人们对政治清明的美好愿望。因此，龙舟竞渡活动不仅是一种娱乐性的民间民俗活动，还包含着中华民族的情感态度、价值取向和传统文化，表现出历代民众对屈原爱国主义精神的赞赏、尊敬和推崇。

拿到现在社会中来说，龙舟运动以其自身强大的影响力在不断向前发展着，在继承了其娱乐性和民俗信仰的同时，增加了竞技成分。这样，龙舟运动经过分化变迁，形成了两种不同取向的比赛。一种是娱乐性的龙舟比赛。娱乐性的比赛主要是为纪念诗人屈原和丰富人民群众社会生活而进行的，比赛的名次相对来说不是很重要，重在各单位的参与。另一种是龙舟竞技比赛。竞技比赛主要是为了在比赛中取得好成绩，展现各参赛队伍或各国家的龙舟竞技实力和竞技能力。不论哪种龙舟比赛，都使得龙舟竞渡所蕴含的民族文化得以积淀、储存，并传承、保留到现在。

从整体上看我们可以发现，龙舟文化实际上包含了很多方面，其中有划龙舟赛、舞龙、玩龙灯和祭祀龙神等民间习俗和文化娱乐活动，这些是一个非常丰富的特质文化，同时也是中华民族传统文化的一部分。另外，龙舟文化有多种表现形式，比如说龙舟节、龙专祭、龙舟景、龙舟诗、龙舟联、龙舟迷、龙舟鞋等。龙舟文化不仅体现了坚忍不拔的民族精神，同时也突出了民族认同感和民族内聚力。现在，不管是形式还是内容，龙舟文化都得到了蓬勃发展。

下面我们从三个方面来对龙舟运动精神来进行分析，具体如图 5-1-2 所示。

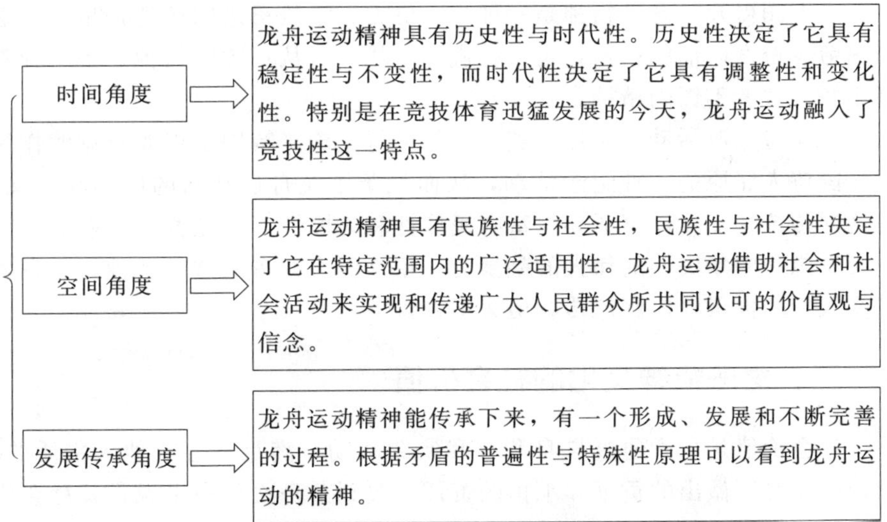

图 5-1-2　龙舟运动精神分析

从发展传承的角度上来看，我们提到了龙舟运动的精神，这种精神主要包含四个方面，如图 5-1-3 所示。

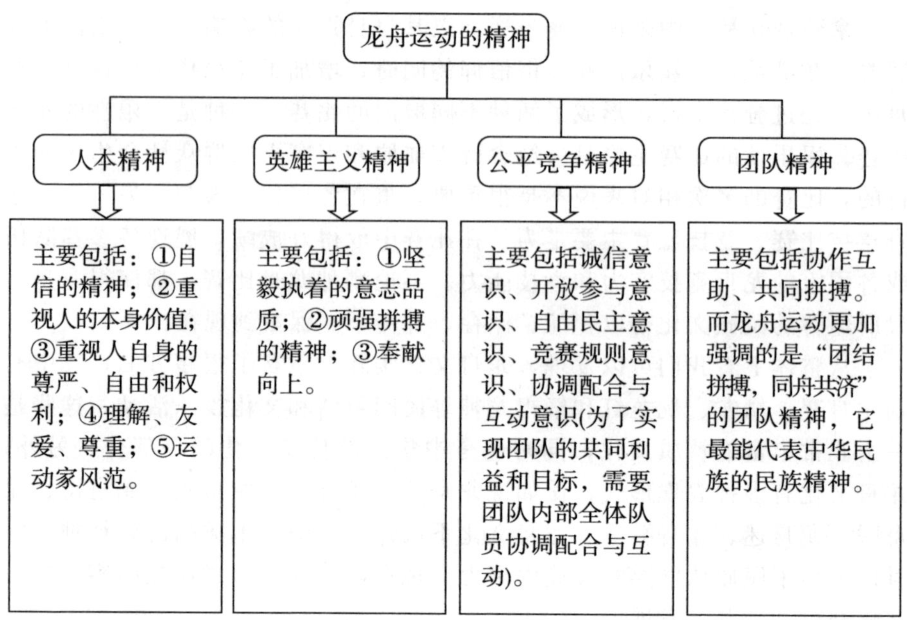

图 5-1-3 龙舟运动的精神

由上图可知，龙舟精神是一种同心协力、激流勇进的精神，是一种吃苦耐劳、奋发向前的精神，是一种遵守纪律、听从指挥的精神，是一种胜者不骄、败者不馁的精神。

以龙舟竞渡活动来对那些英雄人物进行纪念，特别是把龙舟竞渡作为对爱国诗人屈原的一种纪念活动，从而赋予了龙舟运动新的内容和意义，使这项传统的文化体育活动更富有民族性和人民性，更能激发人们的爱国主义思想和中华民族的伟大的凝聚力。正是因为龙舟的这种精神，龙舟才备受人们的推崇，广泛流传，历久不衰。

二、龙舟精神文化的社会价值

社会价值是指人通过自身和自我实践活动，满足社会或他人物质的、精神的需要所做出的贡献和承担的责任。放到龙舟文化中来说，其社会价值主要表现在以下四个方面。

（一）经济价值

龙舟比赛需要专门的服装、器材和设备，比赛时可以吸引大量观众，龙舟竞赛组织者或赞助商可以借助这样的机会进行商业开发，从而带动本地区经济的发展。随着社会的发展，现代社会正步入竞争有序、规范统一的市场经济轨道，人们日益重视发挥传统体育与龙舟文化在市场经济中的作用，将传统体育文化纳入经济活动中，产生了“龙舟搭台，经贸唱戏”的运作模式。在体育竞赛促进情感交流的同时，龙舟竞渡逐渐成为一种可以带来可观经济效益的体育运动项目。在某一特定地区开展龙舟比赛，可吸引大量外地游客前来游玩和观赏，从而拉动当地交通、旅游、餐饮、建筑、邮电、通信、制造等行业的发展，为当地政府刺激消费、搞活经济、吸引投资、扩大就业等多方面带来积极影响。

（二）促进身心成长

在竞争日益激烈的社会中，生活压力、工作压力越来越大，人们需要一定的方式去放松自己，以求得身体和心理上的健康，而较好的方式就是多参加一些体育活动。体育活动是缓解压力、释放感情的较好方式之一，参加龙舟运动是体育活动中消除紧张和减轻压力的一种好方法。因为龙舟运动是一项户外水上运动，人们在参与龙舟竞渡的过程中，可以忘掉生活和工作中的压力、烦恼和不愉快，使全身心都能得到放松，客观现实和种种社会因素对人的心理压力就会降低。因此龙舟竞渡这项运动在减轻人们日常工作、学习和生活中的焦虑情绪方面发挥着一定的作用。

当前社会发展中，在民族传统体育文化的长期影响下，群众对龙舟健身、健心价值的认识存在高度的认同。尤其是在当今社会生活水平日益提高的前提下，人们很少参加户外活动，很少主动锻炼身体，很少与大自然亲密接触。在现代生活水平的不断提高、交通工具的不断发展、人们日常生活中的身体活动越来越少的背景下，追求身心健康是现代人的主动选择，具有独特健身和娱乐价值的传统龙舟运动（图 5-1-4）将会受到广大人民群众的青睐，并以此得到大力推广和普及。

图 5-1-4

（三）交流价值

现如今，文化形式多种多样，各种文化只有在相互交流、相互借鉴中才能维持旺盛的生命力，以此得到长足的发展。龙舟运动要想得到更好地开展，使越来越多的人能够参与到比赛中，就必须加大对龙舟运动及龙舟文化的宣传，使龙舟文化在国际上得到很好的传播，借鉴西方竞技体育的“竞技”这一特色，促进龙舟运动技术的改进和提高，增进各国人民和各民族之间的交流。

（四）增强民族认同感

龙舟运动起源于民间，是一项集体性项目，是需要参与者齐心协力、团结合作的一个体育项目，需要心灵的默契和配合。参与者之间很容易进行感情交流，从而加深对龙舟精神、民族文化的理解与领悟，对民族精神和民族认同感的培养起到了很大的作用。

第二节　龙舟运动的发展概况与发展趋势

一、我国龙舟运动的发展概况

对于龙舟运动的发展概况，我们可以简单将其划分为四个阶段，其具体内容如下。

（一）早期发展

龙舟竞渡习惯上我们又将其称之为赛龙舟、划龙船、龙船赛会等，它是中国历史上一种具有浓郁的汉族民俗文化色彩的群众性娱乐活动，同时也是一种有利于增强人民体质，培养勇往直前、坚毅果敢精神的体育运动。龙舟竞渡，最早有文字记载是西周的历史典籍《穆天子传》；秦之前古籍《大戴礼》记载“颛顼（zhuanxu，传说中上古帝王名）乘龙游四海”；战国时期伟大爱国诗人屈原，在他的诗词中多次描写龙舟：如《九歌·东君》中有“驾龙舟兮乘雷，载云旗兮委蛇”；在《湘君》中有“美要兮宜修，沛吾乘兮桂舟，令沅湘兮无波，使江水兮安流”“驾飞龙兮北征，吾道兮洞庭…‘石濑濑兮浅浅，飞龙兮翩翩”；在《河伯》中有“乘水车兮荷盖，驾两龙兮骖螭”；在《天问》中有“焉有虬龙，负熊以游？”由此可见，当时赛龙舟已经十分盛行了。

（二）停滞与复苏发展

改革开放后，龙舟运动开始受到重视，民间龙舟活动得到恢复和发展。不少乡村把“文化大革命”期间被拆散的龙舟重新安装，有些地方的群众和港澳同胞集资造了一批新龙舟。广东省仅番禺就从2艘发展到1990年的100艘，其中有国际标准龙舟25艘。据1988年调查，广东省已拥有2000多艘龙舟，近15万人参加竞渡，观看比赛人数超过数百万。广东龙舟活动以东莞开展得最为频繁，历时最长，且观者众多。其他省市地区的龙舟运动也得到了相应的发展。这个时期，利用竞赛活动举行盛大集会，其内容越来越充实、丰富，包括丰富多彩的文体活动、相关的学术研讨会、国际国内的经贸活动等。

（三）完善发展

1984年，国家体育运动委员会（现为国家体育总局）决定将龙舟运动列为全国正式比赛项目。1985年6月5日，中国龙舟协会在屈原的故乡——湖北省宜昌市正式成立。中国龙舟协会的成立标志着龙舟运动进入了一个新的发展阶段。中国龙舟协会成立之后，各省区及地区的龙舟协会陆续成立，国内已有30多个省、区、市开展了龙舟运动，中国龙舟协会依靠全国各地方龙舟运动的爱好者、群众、工作者，把中国龙舟运动推向新高潮，使其达到了新水平。这个时期发生了很多重要的龙舟事件。

1984年，龙舟被列为我国正式开展的体育竞赛项目，开始举办“屈原杯”全国龙舟锦标赛；1985年，中国龙舟协会成立；1991年，国际龙舟联合会在香港成立；1992年，亚洲龙舟联合会在北京成立，现有会员61个；1994年，国家体育总局社会体育指导中心成立，全国性龙舟活动朝着规范、规模大型化的方向发展；2005年，成立了中国大学生体育联合会赛艇与龙舟分会，先后多次举办了中国天津国际大学生龙舟邀请赛、大学生全国龙舟锦标赛等重大赛事；2005年，教育部批准了10所高校为龙舟高水平运动队试点校，为大学生龙舟运动的发展起到巨大的推动作用，大学生称为我国龙舟运动发展过程中的一股新生力量。

（四）创新发展

大概是从2005年开始，国家体育总局社会体育指导中心、中国龙舟协会与八个省市政府联合开展“全国龙舟月”活动，表现了举国上下龙舟竞渡的气势，使当代龙舟运动展现出无穷的魅力。

2010年时，龙舟比赛项目首次列入亚运会（广州），标志着龙舟运动进入了一个新的发展时朝。龙舟项目的成功举办标志着龙舟运动的发展日趋成熟。

2011 年 3 月 11 日，为进一步推动中华民族传统体育龙舟运动的发展、文化的挖掘与传承，研究制订中国龙舟运动今后五年的发展规划，中国龙舟协会在海南省琼海市博鳌镇召开 2011 年中国（博鳌）龙舟工作会议。会议就建立中国博鳌龙舟基地、中国博鳌龙舟博物馆规划方案、修订中国龙舟竞赛规则和裁判法、制定中国龙舟协会器材标准、制定中国龙舟协会器材管理规定、编撰中国龙舟协会技术手册和中国龙舟五年发展规划等方面进行了探讨研究。

2011 年 4 月 20 日，中国龙舟协会与中央电视台签订协议共同举办中华龙舟大赛和中国龙舟公开赛。经过中央电视台连续多年的直播，此赛事已经全方位提升，吸引上百万参与者和上亿观众，呈现出一派繁荣景象。龙舟运动已经成为一种集竞技、健身、娱乐、休闲、经济和文化为一体的社会活动。

二、龙舟运动的发展趋势

从龙舟运动的发展趋势上来看，我们对其进行了总结，大致有以下几种发展趋势。

（一）竞技、商业、大众化发展

随着龙舟品牌赛事的推出、媒体的广泛参与、举办城市的大量经济投入，龙舟赛事跨入社会化、商业化阶段。

随着龙舟运动的发展，各个国家、地区相继成立龙舟协会、龙舟俱乐部，亚运会、国际龙舟锦标赛、亚洲锦标赛、全国龙舟锦标赛等大型赛事，龙舟运动由大众化向竞技化跨入。

从国内范围来看，许多城市和地区利用端午节、国庆节、山水文化节及各类旅游节举办龙舟邀请赛，还利用自身的场地条件和民俗风情，举办一些大众参与较多的五人龙舟、冰上龙舟和各类传统龙舟赛。

（二）国际化发展

龙舟竞渡已成为人们非常熟悉的民俗活动，它已不仅仅局限于中国江南河流之中，而成为一种正规性的体育赛事扩大至国际范围，成为一项世界范围内深受人们喜爱的竞技体育运动。随着龙舟项目成功地进入亚运会，龙舟运动发展的国际化、全球化趋势已经形成。

随着民族传统体育文化的融合与交汇，龙舟运动国际化的趋势越来越明显，龙舟运动只有走开拓型、外向型、与国际体育活动相结合的现代化道路，才能不断丰富龙舟运动现代化的内涵。

（三）产业化发展

随着龙舟运动的发展，龙舟赛事产品及赛事服务产品随之应运而生，主要有龙舟器材的产业、龙舟纪念品、比赛服装（图 5-2-1）、平面媒体、电视转播、竞技表演等方面。

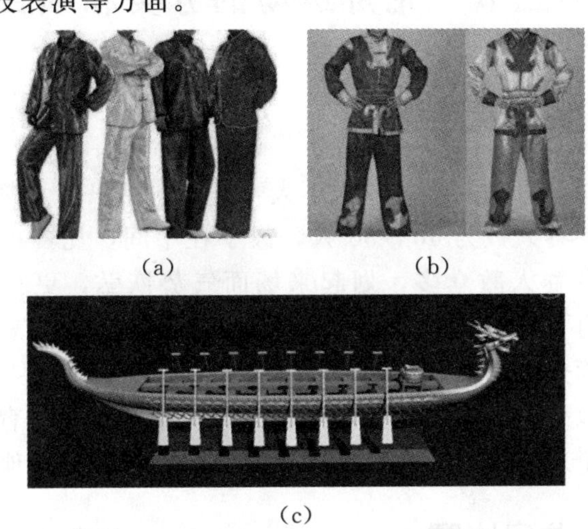

(a)　(b)

(c)

图 5-2-1

（四）多元化发展

随着龙舟赛事运作的革新，中华龙舟大赛与中国龙舟公开赛等品牌赛事的推出，以及亚运会、体育大会、农民运动会、水上运动会及少数民族运动会等大型赛事的成功举办，为龙舟赛事组织的规范化、龙舟器材制作的标准等打下了坚实的基础。

从另一方面来说，根据地域和民俗的不同，龙舟赛事竞赛的方式呈现出多元化，如冰上龙舟、龙舟拔河、龙舟往返赛、沅陵传统龙舟横渡及广东省的五人龙舟等。这些具有浓厚的民族色彩和广泛群众基础的龙舟竞渡，其活动内容已从单一化向多样化转变，当今的龙舟竞渡实际上已经演变成一种以水上龙舟竞渡为核心的集体育、文化、娱乐、旅游、经贸为一体的综合性活动。

（五）科学化发展

随着龙舟运动的发展，科学研究显得越来越重要，主要表现在龙舟制作的工艺与材料的研制；龙舟舟体的各类数据的测算，尤其是12人龙舟；龙舟训练负荷的生物学监控；划桨技术的分析与探索；龙舟赛事组织与管理；龙舟市场的开发与利用等方面。

第三节　龙舟运动的分类和项目

一、传统龙舟比赛

传统龙舟对船只和划桨的要求不大，其要求船只和划桨均自带。通常一条龙舟上的参赛人数为40～80人，鼓手在中间，比赛中秉承了许多传统习俗。由于参赛人数众多，划起来场面气势恢弘，更具民族性和历史性，文化气息也更浓厚，颇具感染力。每年的传统龙舟比赛会吸引众多人前来观看，场面热闹非凡。

除了比赛以外，每年还有围绕弘扬龙舟文化和龙舟体育举办的相关的书画、摄影、论乏、出版、文化交流以及与龙舟相关的其他产业活动等。

二、标准龙舟比赛

当前国际、国内龙舟比赛按规定形式，船只的长、宽、高及重量有严格的要求，划桨的长度，桨叶的长度、宽度、形状都有明确的规定，使得在竞赛中器材标准得以统一。参加人数根据船只的大小有22人制（20名划手，鼓手、舵手各一名）、12人制（10名划手，鼓手、舵手各一名）、5人制（5名划手）等，参赛组别有公开组、男子组、女子组、混合组、青年组、少年组和老将组的比赛，项目上有直道竞速赛、往返赛、绕标赛、拉力赛等。具体项目设置如表5-3-1所示。

表 5-3-1　标准龙舟比赛项目设置

项目 组别	拉力赛			直道竞速赛			往返赛		绕标赛	拔河赛
	200米	500米	1000米	600米	1000米	1400米	2000米	5000米	10000米以上	
公开组	√	√	√	√	√	√	√	√	√	√
男子组	√	√	√	√	√	√	√	√	√	√
女子组	√	√	√	√	√	√	√	√	√	√
混合组	√	√	√	√	√	√	√	√	√	√
青年男子组	√	√	√	√	√	√	√	√	√	√
青年女子组	√	√	√	√	√	√	√	√	√	√
青年混合组	√	√	√	√	√	√	√	√	√	√
少年甲组	√	√	√	√	√	√	√		√	
少年乙组	√	√	√	√	√	√	√		√	
少年丙组	√	√	√							
老将男子组	√	√	√							
老将女子组	√	√	√							
老将混合组	√	√	√							

第六章　龙舟文化拓展论

任何一种形式的文化都要在发展演进的历程中不断地吸收新的因素，扩充自己，才能得以不断地拓展，某些古老文化的消亡从反面证明了这一点。作为中国最古老文化之一的龙舟文化经过千百年的发展以后，在最近几十年中，不仅没有衰亡的迹象，反而进一步繁荣起来。这里最重要的原因当然在于龙舟竞渡活动的最广大的人民性。另外我们还不应排除龙舟竞渡由于植根于群众之中，便利于群众创造新的发展因素。

第一节　龙舟文化的艺术形式

在任何社会，人们都对物质、运动、声音进行想象加工，表达感情价值，因而创造了繁多的艺术形式。龙舟竞渡这项传统活动，也产生了与此相适应，并反过来又表现其文化主旨的艺术形式，如诗词、对联、音乐、绘画、雕刻、纹饰等。这些成为中国龙舟文化中极为灿烂的一部分。

目前，我们已经收集到的咏龙舟的诗词歌赋多达数百首。许多诗歌都出自历代名家之手，如唐代的张说、储光羲、白居易、元稹、刘禹锡、王建，宋代的陆游、范成大，明代的袁宏道、袁中道、杨慎，清代的陈维松等。在历代竞渡诗歌中，大多以缅怀屈原为主题，抒发爱国之情。刘禹锡《竞渡曲》：

“灵均何年歌已矣，哀谣振楫从此起。曲终人散空愁暮，
招屈亭前水东注。”

储光羲《竞渡歌》：

“大夫沉楚水，千祀国人哀”。

“灵均昔日投湘死，千古沉魂在湘水。”

李群玉《竞渡郊外偶成》：有的是祝愿龙舟竞渡后，有一个好年成。徐彦伯《奉和兴庆池戏竞渡应制》：“群臣相庆嘉鱼乐，共晒横汾歌吹秋。”储光羲《观竞渡》：“能令秋天有，鼓吹远相催”。有的则是生动地描述龙舟竞渡的欢乐场面，李绂《金家渡哀竞渡诗》：“夺标一样千人呼，冯夷骇跃天吴怒，东岸江楼数里长，士女欢呼笑相助。”

对联是中国独特的文学艺术形式。近代以来，特别是近十年来，成为表达龙舟文化主旨的有力的艺术形式。每逢龙舟大赛，主席台两侧、进赛场的大门及其他醒目的地方几乎都张贴有寄情寓志的对联。现信手抄来几幅。

1956 年端阳节汨罗河市辕门联（撰者佚名）：

从西到东，夫子倒流三十里；

观今鉴古，端阳竞渡两千年。

1988 年全国第四届“屈原杯”龙舟赛楹联（王自成撰）：

龙舟三十会邕湖，谁为浪里英豪，求索见精神，好倩帝子飘霞，吕仙敬酒；

宾客万方来岳府，愿促寰中兴盛，搞活宜开放，何当屈原颂桔，诗神欢颜。

1990 年端午，汨罗市与日本滋和县龙舟友好使团联合祀屈原仪式献联（曹维纲撰）：

香蒲切玉，角黍包金，箫鼓喧天歌盛世；

稻风舞旗，梅雨润棹，龙舟竞渡吊忠魂。

龙舟文化中的音乐主要有歌曲和鼓乐。凡是划龙船的地方，一般都有歌曲相伴随。较为典型的有湖南的《龙舟歌》，福建的《龙船歌》，贵州的《划龙船歌》。这些歌曲充满了民族特色和地方风味，节奏感极强，有鼓锣伴奏。有的铿锵有力，粗犷豪放；有的欢快恢谐，辽阔宽广。总之，既有南方山寨之秀，又具江水波涛之勇。这里我们着重介绍一下屈原家乡湖北秭归的《龙船招魂曲》。在秭归，龙舟竞渡前要举行祭奠仪式。游江、祭江时有管弦鼓乐相奏，江中鼓乐喧天。龙舟中掌鼓的一人头披假发，扮为屈原的姊姊女婴，这是《招魂曲》的领唱者。他高声吆喝“阿哥回!”并领唱《招魂曲》：“三闾大夫听我讲，你的魂魄不可向东方，东方有魔鬼高数丈，人到那里心受伤”，“你的魂魄不可向西方，西方有浪沙万里长……”一领众和，江中一片招魂声，加上声声“阿哥回！阿哥回!”歌声悠扬悲伤，在那险峻的悬崖陡壁的西陵峡中，群峰也感动得以重重回声相应。《招魂曲》的音阶虽然简单，但其旋律悲切感人。特别是“嘿嗬嗬”不仅描写了划龙船的劳动节奏，而且更渲染了人民悼惜失去屈原的伤痛感情和祭江、招魂的悲怆气氛。据传说，女婴就在这样悲切的招魂声中变为红嘴鸟，依然啼叫“阿哥回!”“阿哥回!”下面是《阿哥回》的曲谱：

阿哥回（起浆）

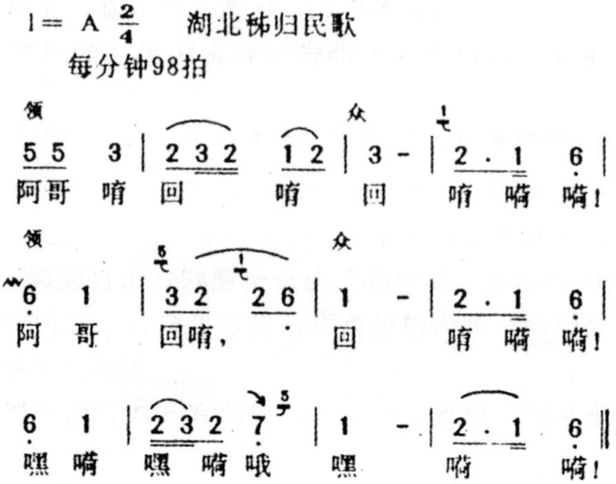

1= A 2/4　湖北秭归民歌
每分钟98拍

领　　　　　　　　　众
55 3 | 232 12 | 3 - | 2·1 6 |
阿哥 唷 回 唷 回 唷 嗬 嗬！

领　　　　　　　　　众
6 1 | 32 26 | 1 - | 2·1 6 |
阿 哥 回唷， 回 唷 嗬 嗬！

6 1 | 232 7 | 1 - | 2·1 6 ‖
嘿 嗬 嘿 嗬 哦 嘿 嗬 嗬！

绘画既是建造龙舟必不可少的技巧，又是表现龙舟竞渡的一种艺术。人们在建造龙舟的过程中，少不了把龙舟装饰一番。这就离不开绘画。有的地方干脆将龙画在船上而成龙舟。

浙江鄞县的龙头，龙尾都是画在船上。云南大理海东区的龙船有的是在船头画上二龙抢宝的图案。台湾台北县松山的龙船“只是在船的两边画上一对彩色的龙凤”。难怪古时有人把龙舟也叫做“画舫”。表现龙舟竞渡的绘画艺术作品，也有很多。这里我们仅介绍著名的《清明上河图》的作者张择端的另一名作《金明池争标图》和元代画家王振鹏的《金明池龙舟图》。

金明池为北宋汴京宫廷池苑。按汴京习俗，每年三月一日，在城西金明池作水上竞技表演，皇帝亲临池上水殿阅视，并准许都城士庶观赏。竞技优胜者可以争得锦彩、银器等奖赏；并受皇帝赐宴。《金明池争标图》详尽描绘了水上竞技活动和金明池的环境、建筑，表现了熙熙攘攘的热闹场面，生动地再现了北都城胜事，而且提供了许多有价值的历史资料。图上人物以千计，虽然细小如蚊蚁，但生动合度，姿态各异。宫殿、桥梁、龙舟、门墙用界画技法，细密工整，结构、比例都准确合理，不失为龙舟文化的一件艺术珍品。

王振鹏的《金明池龙舟图》是画三月三日后宫苑池戏水闹龙舟的故事。全画长卷，楼台千回百折，尽在水中，无地面。楼阁建筑从右至左逐渐繁杂，而以画卷末尾部分最为繁复雄伟。画中有一拱桥将建筑分为两段。画面从右向左展开故事。在右边的宽阔水面上有五艘龙舟错落有致地摆开，楼台也露出它起始的部分。在中间拱桥后面有几艘龙舟竞相争穿拱桥，桥右侧的一座高大楼阁似乎将许多龙舟遮没在背后。穿过拱桥，龙舟逐渐增多，人声鼎沸，橹桨奋动，显示出比赛已进入高峰。末尾部分为全画高潮。从楼阁建筑到文武官员分列两旁及楼台前的比赛设施看，似乎皇帝亲临赛场。几艘快舟已经驰入水中设置的冲刺线，前面热烈的场面转而变得紧张严肃起来，而在这严肃紧张的后面，作者暗示着更为热烈与壮观的场面。全画构思奇妙、结构宏伟，作者巧妙地利用龙舟和舟中众多人物打破了建筑的沉静与大片水面的空白，使画面变得异常紧张、热烈、有趣和生动。画面布局疏密有致，人物建筑的描写都极其工细，确实不愧为一幅佳作。

雕刻与文饰是龙舟文化中又一艺术形式。雕刻与龙舟几乎一开始就联系在一起。中国古文献中有独木龙舟的记载，《太平御览》七百六十九引《拾遗记》说："又刻大桐木为虬龙，雕饰如真象，以夹云舟而行。"这种独木龙舟实际是用一根粗大完整的树，挖成槽形，然后雕饰而成。至今贵州清水江畔的苗族还有用三根粗木挖刻而成，然后捆扎在一起的由"母船""子船"组合而成的"独木龙舟"。另外，龙头也大多用整木雕成，竞渡前再装（绑）在船上。它是龙舟与其他船相区别的主要标志。（图 6-1-1 和图 6-1-2）

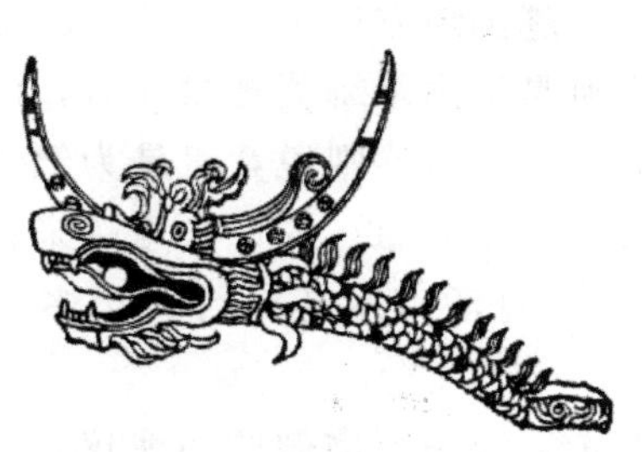

图 6-1-1　清水江平寨龙舟龙头

图 6-1-2　大头狗龙舟龙头

图 6-1-3　傣族竞渡舟头部（上）及尾部（下）左侧饰物

图中虚线示与舟身衔接处

这些构思奇特、形态各异，栩栩如生的龙头，没有高超的雕刻技艺是难以想象的。

龙舟竞渡的纹饰，最具代表性和典型性的是出土文物中的“铜鼓船纹”。铜鼓不但是先秦、两汉时期的一种乐器和重器，而且是一种装饰图案丰富多彩的艺术品。铜鼓上的图案种类很多，其竞渡船纹，当是一幅写实的龙舟竞渡图。

第二节 龙舟文化的底蕴

一、龙舟文化渊源

中国龙舟文化的构成除了宗教因素、神话传说因素、民俗因素、艺术因素以外，还具有超乎于这些文化元素之上的精神因素。

把有意义的活动托之于历史上的英雄，从而达到“寓教于乐”的目的，是中国古代传统文化的特点之一。越国地方传说龙舟竞渡起源于越王勾践，云南洱海的白族则传说龙舟竞渡是纪念杀蟒英雄段赤诚，西双版纳傣族说是为了纪念贤明的领袖新召勐。贵州苗族则说竞渡是为纪念一个杀死恶龙的老人。而尤其是“龙舟竞渡，纪念屈原”的说法为越来越多的人和地区所接受，所传颂。迄今各地在龙舟活动中还流行着很多吊屈原的活动。

屈原家乡湖北秭归举行龙舟竞渡前，要举行虔敬的招魂仪式：首先是进行庙堂祭奠。端午这天中午，参加竞渡的成员排队走进屈原沱边宏伟的屈原庙中站定；参加祭奠的，还有县府里的大小官员、社会贤达等。仪式由知县（县长）主持。他首先致词，然后带领众人向屈原座像三鞠躬，鞠躬完毕后，由他走到神龛（kan，堪。供奉佛象和神象的石室和柜子）前，亲手烧化一叠黄裱纸。此刻钟鼓齐鸣，纸烟与灰袅袅飘空，仪式才告结束。重要的年份还要请和尚主持时间较长的招魂祭。

湖南桃江县城座落在资水之滨，城边的凤凰山传说是屈原写作《天问》的地方。据传他在这里逗留了一段不太短的时间，因而留下的古迹亦多，有天问阁、屈子钓台、桃源洞‘绣英墓。吊屈之风历来较盛。那绣英，传说是屈原的一位钟爱的女儿，不幸在此染病辞世，其墓就在山下曾姓家族的曾家坪，后人封绣英为凤凰神。从前，这里的龙舟队伍，以族姓组成。曾家坪出的龙舟最多，每年都有四至五只，船上都插着绣有金边的红旗。上面分别书写“凤凰一圣”“凤凰二圣”“凤凰三圣”……县城龙舟竞渡前举行游江活动，曾家坪的凤凰神圣龙舟排在队伍的最前面。

在安徽巢县城边，一直屹立着一幢屈原庙，庙里供着一尊木胎的描金屈原坐像。每年到临近端午那几天，所有龙船都要上庙祭拜，拜完了，还得将“屈原像”请到舟子上，让他安坐船中，将船在水上划一阵子，然后才将他“请”上岸，坐回原处。热闹的年份，下水的龙船多，这个“请”了，那个接，甚至还得劳驾知县（县长）来排定先后秩序。

江西靖安县，每年龙舟下水前，划手们都上各自的庙宇中进香致祭，希望赛事平安和在竞渡中胜过它船一筹。在庙宇里，人们一排排坐在神龛前听“马下”（庙祝）念“汨罗屈原经”。晚上、深更半夜还有人在庙前昏暗的油灯下唱颂怀念屈原的民歌：“大夫何处，其声凄婉动人”。

四川奉节的吊屈活动，是在竞渡开始之前，全部龙船都向江心划去，桡手们边划，一边呼喊深沉、悲壮的号子：“哦——嗬嘿！哦——嗬嘿！”据说这号子象征屈原的老伴在江边失声地痛哭，呼号：“我——夫回！我——夫回！”龙船划到江心后，船上的两名旗手从船头上站立起来，共同举起一个“龙珠”——一个用两叁市斤面粉制的大馒头，一个外壳经过彩绘的象征物，一直高高地举过头顶。猛地，沉锣闷鼓乍起，旗手随之把这馒头、象征物投入长江水流中。

上述祭悼屈原的活动反映了人民对一位伟大爱国诗人的纪念之情。

无论怎样，龙舟竞渡由“祭神”到纪念英雄人物是文化上的一大进步。因为一种文化必须具有超乎其他文化元素之上的文化主旨，即国家的、民族的精神。从而达到其对社会成员的行为加以协调和规范化的目的。

不管龙舟竞渡是不是起源于纪念屈原，但以龙舟竞渡纪念屈原，宣扬爱国精神，至少已经有了一千二百多年的历史。它将龙、龙舟、竞渡、端午、纪念屈原这五个文化元素巧妙地搓揉在一起，因而使龙舟竞渡获得了爱国主义精神的文化底蕴，成为了一种真正的民族文化。这不能不说是中国古代文化史上一次令人惊叹的文化整合！

随着龙舟竞渡的文化内容不断丰富，龙舟文化的主旨或精神也逐渐得到形成和发挥。1985 年 6 月发表的《中国龙舟协会成立会议纪要》对此作了精辟的论述。

“龙舟运动在我国源远流长，是深受广大人民群众喜爱的一项传统体育活动。特别是龙舟竞渡与纪念我国历史上著名爱国诗人屈原结合起来已成习俗，这就不仅使它富有民族性、群众性、竞技性，趣味性的特点，具有锻炼身体、增强体魄的作用，而且还能有力地激发人们振兴中华民族的爱国精神。党的十一届三中全会以来，随着农村经济形势的迅速发展，龙舟活动开展得更加活跃。龙舟活动使广大群众增强体质，培养勇敢、顽强的意志和振奋积极向上的进取精神，鼓舞人们齐心协力的搞‘四化’建设。”

据此，我们可以把中国龙舟文化的主旨（或者说“中国龙舟精神”）概括为“团结、爱国、奋进”六个字。而这一精神又是通过龙舟竞渡的组织性、群体性和竞技性来表现的。

中国的龙舟竞渡从一开始就具有组织性，而且越来越严密。古代的龙舟竞渡通常由氏族、宗族祠堂、自然村寨来组织举行的。近代除继续保留上述组织形式外，还有由街道、州、县组织的。最近四十多年来，农村的基层单位发生了变化，一般都由生产队、生产大队或乡政府组织，很快发展到由县、省、国家来组织。随着组织规格的逐渐提高，竞渡规模的逐渐扩大，人们的“集体”概念也不断得到了扩充。

从体育运动的角度来看，中国龙舟竞渡还有两个显著的特点，即比赛的群体性和竞技性。参赛的每只龙舟上，不只是一个、二个桡手（运动员），而是几十个桡手（运动员）。他们扮演的角色不仅仅是他们自己，还代表他们所在的族村，街道、县、市、省乃至整个国家。胜败的荣辱，不仅关系到每只龙舟上的“群体”，更重要的是关系到“她”所代表的更大的“群体”。龙舟竞渡的取胜，主要不取决于单个桡手的个体素质，而是取决于众多桡手的群体素质。这就决定了龙舟竞渡的集体主义精神。龙舟竞渡的“竞技性”，是一目了然的。“竞”者“争”也。传统的龙舟竞渡有两个明显的竞争内容：一是“速度”，用赛龙舟的行话说，就是超先“半船水”或“一船水”；二是“抢标”，即领先到达终点的龙舟，以夺得赛前规定的“标”物为胜。抢标活动往往把龙舟赛推向最高潮。有的地方虽然既无奖品，也不抢标，但竞争同样激烈。湖南汨罗就是这样，当地人说：“宁可荒掉三年田，不愿输掉一年船。”正因为龙舟赛具有竞争激烈，拼搏向上，鼓舞人心的机制，才赢得了人们的喜爱。

二、诗词中的龙舟文化

（一）诗

1. 李适 一首

李适（663—1711），京兆万年（今陕西临潼）人，字子至，举进士，官猗氏尉，武后时预修《三教珠英》，睿宗时迁工部侍郎。《全唐诗》收其诗十七首，多为应制奉和之作。此诗反映了初唐龙舟竞渡的情况，有一定史料价值。

帝幸兴庆池戏竞渡应制

拂露金舆丹旆转，凌晨黼帐碧池开，
南山倒影从云落，北涧摇光写溜回。
急桨争标排荇渡，轻帆截浦触荷来，
横汾宴镐欢无极，歌舞年年圣寿杯。

2. 元稹 二首选一

元稹（779—831）字微之。河南河内（今河南洛阳）人。真元九年进士，任右拾遗，历监督察御史，贬江陵府士曹参军，因与宦官妥协复任至宰相，为时议不值。出为地方长官，终于武昌节度使任所。《竞渡》一诗从竞舟写到万物生存之大竞，力贬竞舟为“蚁斗”。

竞渡

吾观竞舟子，因测大竞源。
天地昔将竞，蓬勃昼夜昏。
龙蛇相嗔薄，海岱俱崩奔。
群动皆搅挠，化作流浑浑。
数极斗心息，太和蒸混元。
一气忽为二，矗然画乾坤。
日月复照耀，春秋递寒温。
八荒坦以旷，万物罗以繁。
圣人中间立，理世了不烦。
延绵复几岁，逮及羲与轩。
炎黄炽如炭，蚩尤扇其燔。
有熊竞心起，驱兽出林樊。
一战波尾焰，再战火燎原。
战讫天下定，号之为轩辕。
自是岂无竞，琐细不复言。
其次有龙竞，竞渡龙之门。
龙门浚如泻，淙射不可援。
赤鳞化时至，唐突鳍鬣掀，
乘风瞥然去，万里黄河翻！
接瞬电艇出，微吟霹雳喧。
傍瞻旷宇宙，俯瞰卑昆仑。

庶类咸在下，九霄行易扪。
倏辞蛙黾穴，遽排天帝阍。
回悲曝鳃者，未免鲸鲵吞。
帝令泽诸夏，不弃虫与昆。
随时布膏露，称物施厚恩。
草木霑我润，豚鱼望我蕃。
向来同竞辈，岂料由我存。
壮哉龙竞渡，一竞身独尊！
舍此皆蚁斗，竞舟何足论？

3. 张祜 一首

张祜（生卒年不详），字承吉，南阳（今河南沁阳）人，为人狂放不羁，以侠客自命，性爱山水，多山寺题咏之作，尤以宫词著称，卒于宣宗大中（847—859）年间，有《张处士诗集》。

上已乐

猩猩血彩系头标，天上齐声举画桡。
却是内人争意切，六宫红袖一时招！

4. 胡曾 一首

胡曾（公元839—?）宝庆（今湖南邵阳）人，自号秋田，成通年间（860 — 873）进士。

汨罗

襄王不用直臣筹，放逐南来泽国秋。
自向波间葬鱼腹，楚人徒倚渡川舟。

5. 余靖 一首

余靖，字安道，韶州曲江人，天圣初进士，累官至天章阁待制，因论范仲淹谪官事，与尹洙、欧阳修同被贬。后累功拜工部尚书，始安郡开国公，卒后谥日襄。有《武溪集》二十卷。端午诗写吊屈原实为自伤。

端午日寄酒庶回都官

龙舟争快楚江滨，吊屈谁知独怆神！
家酿寄君须酩酊，古今嫌见独醒人。

6. 苏辙 一首

苏辙（1039—1112）字子由，号颖滨遗老，眉山（今四川眉山）人，进士，曾任尚书右丞，门下侍郎等职。有《栾城集》。《竞渡》诗伤自身老大无成，思屈子遗恨。

竞渡

使君欲听榜人讴，一夜江波拍岸流。
父老不知招屈恨，少年争作弄潮游。
长鲸破浪聊堪比，小旗迎风殊未收。
角胜争先非老事，凭栏赏目思悠悠。

7. 张耒 一首

张耒（1052—1112）字文潜，号柯山，楚州淮阴人。熙宁进士，与黄庭坚，秦观，晁无咎号为“苏门四学士”。其诗“气格不减老杜（甫）”（《石林诗话》）。著有《柯山集》。这首诗以“冤忠”二字实写屈平悲剧，以泄被贬之愤。

和端午

竞渡深悲千载冤，忠魂一去讵能还？
国亡身殒今何有，只留《离骚》在人间。

8. 杨万里 三首

杨万里（1124—1206）字廷秀，号诚斋，吉州吉水人。绍兴二十年（1150）进士。任过地方到中央的各级官吏，家居十五年不出，终以忧愤卒。其诗初学江西，后学唐人绝句，晚乃师法自然，诗风清新活泼，平易空灵。有《诚斋集》。诗人将《楚辞解》与儒家三部分经典并列，既突出了楚辞的意义，也突出了朱熹《楚辞解》的重要作用。全诗活泼轻灵，幽默风趣，是典型的“诚斋体”风格。

戏跋宋元晦《楚辞解》

注易笺诗解鲁论，一帆径度浴沂天。
无端又被湘累去，去看西川竞渡船。

过弋阳观竞渡

急鼓繁钲动地呼，碧琉璃上两龙趋。
一声翻倒冯夷国，千载凄凉楚大夫。
银梳锦标夸胜捷，画桡绣臂照江湖。
三年端午真虚过，奇观初逢慰道涂。

端午前一日阻风鄱阳湖观竞渡

恶风夜半阻风船，端欲留人作胜缘。
千里携家观竞渡，五湖新涨政黏天。
棹翻波浪山如雪，醉杀儿郎喜欲颠。
得去更佳留亦好，吾曹何处不忻然。

9. 范成大 一首

范成大（1126—1193）字致能，号石湖居士，吴县（今江苏苏州）人，宋高宗绍兴二十四年（1154）进士，累官至四川制置使，参知政事，晚年退居故乡石湖。

夔州竹枝歌
五月五日岚气开。南门竞船争看来。
云安酒浓曲米贱，家家扶得醉人回。

10. 陆游 二首

陆游（1125—1210）字务观，号放翁，山阴（今浙江绍兴）人。南宋最著名的爱国诗人。风格雄浑豪放，表现出渴望恢复的强烈感情。

观江中竞渡
楚人遗俗阅千年，箫鼓喧呼斗画船。
风浪如山横鲛鳄，何必此地更争先。

无题
斗舸红旗满急湍，船窗睡起亦闲看。
屈平乡国逢重五，不比寻常角黍盘。

11. 楼钥 一首

楼钥（1137—1213）字大防，自号攻娩主人，鄞县人（今浙江宁波）人。隆兴元年（1163）进士，历太府宗正寺丞，出知温州。后任吏部尚书，参知政事等职。卒赠少师，谥“宣献”，有《攻娩集》。

湖亭观竞渡
涵虚歌舞拥邦君，两两龙舟来往频。
闰月风光三月景，二分烟水八分人。
锦标赢得千人笑，画鼓敲残一半春。
薄暮游船分散去，尚余箫管绕湖滨。

12. 胡仲弓 一首

胡仲弓（生卒年不详），宋代清源（今属山西清徐县）人，字希圣。进士，曾任县令，不久罢归。浪迹以终。有《苇航漫游稿》。本诗前二句写景，后二句写情；写情能就“醉”“醒”翻出新意，别有韵味。

端午

画舸纵横湖水滨，彩丝角黍斗时新。
年年此日人皆醉，能吊醒魂有几人？

13. 冯子振 一首

冯子振（1253—1348），湖南湘乡人，自号海栗，宋末元初湘籍最著名的文学家之一，擅长散曲，诗赋也为当世推重。

奉皇姊大长公主命题王鹏梅《金明池图》

金明池上张水嬉，百棹贾勇建鼓旗。
按栏切云人俯砌，但觉汹汹鸣春漪。
东西夹岸瞠万目，黄帽长年看不足。
是时恰值宣和盛，消得轻绡写晴渌。

14. 马祖常 一首

马祖常（1279—1388），字伯庸。先祖是色目人，后并入蒙古，延祐元年（公元1314）进士，官至御史中丞、枢密副史。暮年辞归光州（属河南）。著有诗文集《石田集》十五卷。其诗圆密清峻，藻丽、遒劲。

端午效六朝体

修篁发秀林，新荷叠芳池。
彩丝撷雾缕，沙縠含风漪。
蕤宾应乐律，端阳正岁时。
郁郁兰汤浴，滟滟蒲酒持。
汉宫斗草戏，楚船张水嬉。
江心铸龙镜，好用照湘累。

15. 廖大奎 一首

廖大奎（生卒年不详），元代诗人。字恒白，泉州晋江（今福建晋江）人，自号梦观道人。有《梦观集》《紫云开士集》。

五日吊古

楚国大夫去，彭咸从所居。

只今浮水马，何处问江鱼？
异俗悲遗事，《离骚》读旧书。
一觞川上酒，斜日雨疏疏。

16. 何景福 一首

何景福（生卒年不详）元代诗人，字介夫，睦之淳安（今浙江淳安县）人。自号“铁中子”。累辟不赴，先避地武林（杭州市西灵隐山），后长居乡里。诗酒自误，以终其身，有《铁牛翁遗稿》。诗中对比鲜明，字里行间充满了对民生疾苦的同情。

五月五日对雨有作

雷声填填云幂幂，雨打梅头麦穗黑。
老农倚耒向天泣，淤邪水深耕不得。
余生熟知稼穑艰，倚栏对雨兴长叹。
垢衣未瀚生败点，础甓流润无时乾。
天时况值天中节，一举蒲觞仰天说。
民是天民天合怜．天不怜民何降割。
少年饱暖居无何，龙舟槌鼓飞洪波。
锦标夺得竞归去，江平空立怅渔蓑。
一丈戎葵倚绣窗，雨足江南好时节。
五色灵钱傍午烧，彩胜金花贴鼓腰。
段家桥下水如潮，东船夺得西船标。
棹歌声静晚山绿，万镒黄金一日销。

17. 夏原吉 一首

夏原吉（1366—1430），字维吉，先世德兴人，后迁湘阴（今湖南湘阴县），洪武时以乡荐入太学，官户部主事，历仕五朝。成祖时任户部尚书。在朝廷主持财政二十七年，朝廷倚为砥柱。谥忠靖，有《夏忠靖公集》六卷。

汨罗怀古

五月五日天气晴，古罗士庶思屈平。
声金伐鼓集画舰，浩歌竞渡招沈灵。
沈灵不返知何往，楚国萧萧空草莽。
聊将一滴菖蒲浆，洒向清波寄遐想。

18. 李东阳 一首

李东阳（1447—1516），字宾之，号西涯，茶陵（今属湖南）人，以戍籍居京师。天顺八年（1464）进士，其立朝五十年，以台阁大臣，领袖缙绅文章，门生满天下。其诗格律严整，典雅宏丽，影响所及，形成茶陵诗派。有《怀麓堂集》。此诗描写竞渡盛况及赛后相斗和船船置巫得钱的陋习，表达了作者的忧虑。

竞渡谣

湖南人家重端午，大船小船竞官渡。
彩旗花鼓坐两头，齐唱船歌过江去。
丛牙乱桨疾若飞，跳波溅浪湿人衣。
须臾欢声动地起，人人争道得标归。
年年得标好门户，舟人相惊复相妒。
两舟睥睨疾若仇，戕肌碎首不自谋。
严词力禁不得定，不然相传得瘟病。
家家买得巫在船，船船斗捷巫得钱。
屈原死后成遗事，千载传讹等儿戏。
众人皆乐我独愁，莫遣地下彭咸知。

19. 梁汝璧 一首

梁汝璧，江津（今四川江津县）人，赐进士，官南京户部主事。

明嘉靖间（1522—1566）任湘阴知县。曾修葺屈原庙，编辑《悲原录》，此诗激赏忠魂。

七言古诗

湘山兀兀瘴烟起，老蛟吐沫弄湘水。
怀王如醉却如痴，甘信佞臣六百里。
原兮原兮楚骨肉，不忍家邦轻划除。
仰天大叫进忠言，兰茝山椒引和穆。
青蝇玷玉何周章，忍使美人向幽谷。
苍龙俨辔白虎悲，波翻岸拆珊瑚披。
佞言如饧浓如臣，博来腰印悬金斗。
忠言如戟怒如仇，吁吁逐向湘江头。
湘江渔父鼓双棹，一见原兮生大笑：
“尔清世浊何徘徊，人醉尔醒何颠倒?”
原兮长揖向渔父：“人自浇漓我太古。”

一泓湘水许知心，跳水此中探龙薮。
张仪昨去今还来，眼见狼秦废全楚。
楚人痛哭秦人欢，不见当时旧蓝缕。
原兮怒发气甫甫，不斩佞臣有黄土！
土兮覆面终成羞，何如投向湘江流。
湘波百尺自汩汩，原魂万丈光离陆。
秦人霸业今成灰，湘江犹有三闾台。
剪蒲挝鼓龙舟开，江头儿女歌声哀。
原兮一死真雄哉！我来奠汝椒浆杯。
崭新庙貌惊风雷，昂昂峙峙无倾颓。
海边精卫石崔巍，忠魂天地相周回。
吁嗟乎，忠魂天地相周回。

20. 叶襄 一首

叶襄，明末清初人，字圣野，江南长洲（今苏州）人，明诸生，少年聪颖，参加复社，入清不仕。有《红药堂集》，诗风华丽，有六朝风致。此诗写明王朝灭亡后苏州的惨乱景象，抒发诗人的兴亡之感，亡国之悲。

端午

金阊城北熏风缓，万户鳞层井烟满。
笙歌燕舞急芳辰，小屋犹闻理弦管。
异时海甸多承平，驺虞仁洽玉虎鸣。
石榴红刺晶帘影，茉莉香分蕹簟清。
沙盆潭口山塘路，羽葆霓旌竞喧渡。
蛟龙劈浪摇沧溟，鼍鼓逢逢出云雾。
牙樯锦缆绕江洲，珠翠氤氲罨画楼。
幕卷乍呈金跳脱，榜停佯整玉搔头。
十五盈盈羡娇女，笑指邻舟共人语。
倾欹燕尾欲梳风，长裙皓腕当窗举。
晚霞残市草花忙，嘉树重阴荫石场。
杂簇打毬垂紫袖，醉横骑马堕红缰。
凉州一曲音相续，急管繁丝调何促！
俄闻瓦缶寂无声，湖上山青还草绿。
银箭铜壶夜方旦，啼鸟哑哑晨星烂。
艄头小妇若当炉，倦倚中厨客不散。
日照西堂卧初起？又复相邀随燕喜。

朝朝暮暮翻倦游，岁岁年年只如此。
乐往哀来事已赊，腥风黯黯吹黄沙。
娼妇阁中闲宝瑟，吴姬马上怨琵琶。
濠水沉沉长芦荻，绿浪红阑纷瓦砾。
清笳觱篥遍江津，谁吊灵均向湘汨。
桂楫凫车尽马尘，虎丘松柏摧为薪。
空道五丝能续命，荒原落日余青燐。
水咽山光天亦老，昔日龙舟偃莎草。
纷纷邑里乱如麻，富贵荣华岂长保？
闻寻旧事心茫然，太平已往乱始煎。
惟有菖蒲好颜色，依依垂碧临阶前。

21. 顾嗣立 三首

顾嗣立（生卒年不详），字侠君，长洲（今江苏苏州市）人，康熙进士，选庶吉士，改中书，以疾归。博学有才名。喜藏书，尤工诗。著有《秀野集》和《闾丘集》等。

竞渡词

（一）

锣挟鸣涛鼓骇雷，红旗斜插剪波来。
锦标夺到轩腾处，风卷龙髯雪作堆。

（二）

香拨琵琶内府调，紫檀截管玉装箫。
绝怜天上《霓裳曲》，吹遍红阑四百桥。

（三）

鼓翻旗毡跃凫鹢，黄篾推开粉颈齐：
贪看河心龙影乱，忘人偷眼柁楼面。

22. 杨际晓 一首

杨际晓，清代湖南湘阴县人，生卒不详。《竞渡谣》为龙舟诗中最长一首，共85句，591字，细致描写龙舟竞渡的全过程。对龙舟赛之糜费有所贬斥，认为有悖屈子精神。

竞渡谣

罗州人吊水中仙，往古遗风今尚传。
踏青斗草俱不事，年年端午竞龙船。
龙船莫作等闲看，一船费钱数十贯。

挨户索钱未肯饶，他乡贾客居其半。
敛钱入手邀善泅，焚香奠酒祭龙头。
头头香霭成云雾，谁家不矿夺标舟。
矿舟岂得沙棠木，买就杉木大如斛。
兰桨桂楫亦何多，长标砍得湘妃竹。
彩旗花舞悉已齐，拣择桡手较高低。
分门各色称兄弟，撩乱双湖水似泥。
远近来观若云集，烈日蒸人透衫湿。
农工商旅群复群，白面红装并肩立。
南舟北舫一窗窗，临流夸胜倒重缸。
此船湖南推第一，此戏天下称无双。
邑侯之兴复不浅，棹出官航共消遣。
手把银牌招斗争，粽献豚抛未能免。
船船初出各东西，相逢角胜疾如风。
有时或斗或不斗，运谋决策凭艄公。
雷轰电掣风和雨，停桡弃标谁敢舞。
云开日出天气晴，依依江心击金鼓。
双舟睥睨语喃喃，竟忘地下有彭咸。
赢来尺水都称快，动到头桡斗始酣。
两旁助战喊声噪，恨不侬舟即飞到。
手招头点哪知羞，颠狂打破青蒲帽。
再逢再战胆气豪，一舟覆水十家嚎。
鲸鲵喷沫楚天黑，江水无风亦有涛。
横江斗捷犹未已，遥指长江斗长水。
恩波桥下鼓渊渊，拼命直赶乌龙咀。
须臾船到唱船歌，逆流而上将若何。
回舟仍自争先到，见说叮咛无涨河。
薄暮览舟发长啸，街巷闲人相对诮。
某舟曾夺几回标，某舟频输众皆笑。
船输船胜亦平常，缘何相戏致相伤。
神拳固足围朱亥，毒手曾亦饱李阳。
囊空兴尽将舟败，换取青铜还酒债。
龙尾飞去在何方，唯有龙头未敢卖。
往时官禁颇森然，城中城外龙益潜。
龙潜水底无人溺，不闻瘟疫传闾阎。

可怜相习成风俗，斗过端午犹未足。
若个能投太傅书？何人解唱渔翁曲？

吁嗟夫！
三闾大夫屈大夫，千古芳名在兰芷。
此事沉灵知不知，当年何必投江死！

（二）词

1. 柳永 一首

柳永（987？—1053?）字耆卿，崇安人，宋仁宗景祐元年（1034）进士，做过屯田员外郎的小官，世称柳屯田。他一生以词为娱，是北宋第一个专力写词的作家。他的《乐章集》传词将近二百首。这首词上片写池上景象，下片写竞渡争标，极尽渲染。

破阵乐

露花倒影，烟芜蘸碧，灵沼波暖，金柳摇风树树，系彩舫龙舟遥岸。千步虹桥，参差雁齿，直趋水殿。绕金堤，曼行鱼龙戏，簇娇春罗绮，喧天丝管。霁色荣光，望中似靓，蓬莱清浅。

时见。一凤辇宸游，鸾觞禊饮，临翠水，开镐宴。两两轻舟飞画楫，竞夺锦标霞烂。罄欢娱，歌《鱼藻》，徘徊宛转。别有盈盈游女，各委明珠，争收翠羽，相将归远。渐觉云海沉沉，洞天日晚。

2. 王珪 一首

王珪（1019—1085）字役禹玉，华阳（今四川成都）人，徙舒（今安徽庐江）。庆历二年进士，历仕仁宗，英宗、神宗三朝，朝廷大典册多出其手。神宗时，拜尚书左仆射，门下侍郎。哲宗即位，封岐国公。死后赠太师，谥“文恭”。有《华阳集》。

平调发引

上林春晚，曾是奉宸游。水殿戏龙舟。玉箫吹断催仙驭，一去隔千秋。
游人重到曲江头，往事涕难收。空余御幄传觞处，依旧水东流。

3. 黄裳 二首

黄裳（1004—1130），字勉仲，延平（今福建南平）人。元丰五年（1082)进士第一。累官端明殿学士。有《演山先生文集》六十卷。词集为《演山词》，存词五十三首，多写风花雪月。

喜迁莺

端午泛湖

梅霖初歇，乍蕊海榴，争开时节，角黍包金，香蒲切玉，是处玳筵罗列。斗巧尽输少年，玉腕彩丝双结。舣彩舫，看龙舟两两，波心齐发。

奇绝，难画处，激起浪花，飞作湖间雪。画鼓喧雷，红旗闪电，夺罢锦标方彻。望中水天日暮，犹见朱帘高揭，归棹晚，载荷花十里，一钩新月。

减字木兰花

竞渡

红旗高举，飞出深深杨柳渚。鼓击春雷，直破烟波远远回。

欢声震地，惊退万人争战气。金碧楼西，衔得锦标第一归。

4. 毛滂 一首

毛滂（1055？—1120?）字泽民，衢州江山（今属浙江）人，哲宗元祐间为杭州法曹，苏轼曾加荐举，后出蔡卞之门。元符二年（1099）知武康，就县令舍改筑东堂，故以名集。政和中守秀州。与贺铸唱和。词风同受苏轼、柳永的影响，自然深挚，秀雅飘逸，别树清圆明润一格。有《东堂集》《东堂词》。

更漏子

和孙公素汎舟观竞渡

柳藏烟，云漏日，寒满雕盘玉食，风卷旆，水摇天，鱼龙挟彩船。

水边人，波面乐，太守与民同乐。春好处，总随轩，花中谁状元。

5. 杨无咎 二首

杨无咎（1097—1169?），字补之，自号清夷长者，逃禅老人，清江（今江西清江）人。高宗时，因不愿依附奸臣秦桧，累征不起，隐居而终。善画梅，亦能词。文辞华美，描写细腻，有《逃禅词》。第一首词从去岁观龙舟写起，发山林独处之愁，思乡之恋。第二首词则为怀旧之作。

蓦山溪

端午有怀新淦

去年今日，踪迹留金水。乘兴挈朋侪，游赏遍，南峰佳致。崇仙岸左，争看竞龙舟，人汹汹，鼓鼕鼕，不觉金乌坠。

而今寂寞，独处山林里。欲去恨无因，奈阻隔，川途百里，香蒲角黍，对暑悄无言，梅雨细，麦风轻，怅望空垂泪。

南歌子

和东坡端午韵

小雨疏疏过，长江滚滚流。落霞残照晚明楼。又是一番重午，身寄南州。

罗绮纷香陌，鱼龙漾彩舟，不堪回首凤，池头，谁道如今霜鬓，犹自淹留。

6．赵长卿 一首

赵长卿，南宋初期人，启号仙源居士，居南丰（今属江西），是南宋宗室。他不爱荣华，赋诗作词，隐居自娱，其词颇得张先、柳永精髓，在冶艳中复具清幽之致。有《仙源居士惜香乐府》九卷。

醉落魄

重午

淡妆浓抹，西湖人面两奇绝。菖蒲角黍家家节，水戏鱼龙，十里画帘揭。

凌波无限生尘袜，冰肌莹彻香罗雪。游船且莫催归楫，遮莫黄昏，天外有新月。

7．史浩 三首

史浩（1106—1194）字直翁，明州鄞县（今浙江宁波）人。绍兴十五年（1145）进士。孝宗朝，累擢中书舍人，翰林学士，知制诰，历右丞相等，封魏国公，进太师，卒赠会稽郡王，谥文忠。有《郧峰真隐漫录》。

教池回

竞渡

云淡天低，疏雨乍霁，桃溪嫩绿蒙茸。珠帘映画毂，金勒耀花骢。绕湖上，罗衣溢香风，擘波双引蛟龙，寻奇处，高标锦段，各骋英雄。

缥缈初登彩舫，箫鼓沸，群仙玉佩丁东。夕阳中，拚一饮千钟，看看见，璧月穿林杪，十洲三岛春容，醉归去，双旌摇曳，夹路金笼。

花心动

竞渡

迟日轻阴，雨初收，花枝湿红犹滴。玉镫绣鞯，才得新晴，柳岸往来如织。画楼几处珠帘卷，风光遍，神仙瑶席。萃佳景，分明管领，一陂澄碧。忽见洪涛噗激。苍烟际，双龙起为勃敌。桂楫拨云，鼍鼓轰雷，竞夺锦标千尺，恁时彩舰虹桥畔，春容引，宝觥霞液。兴浓处，笙歌又还竞夕。

花心动

端午

槐夏阴浓，笋成竿，红榴正堪攀折。菖歜碎琼，角黍堆金，又赏一年佳节。宝觥交劝殷勤愿，把玉腕、彩丝双结。最好是，龙舟竞夺，锦标方彻。此意凭谁向说。纷两岸，游人强生区别，胜负既分，些个悲欢，过眼尽归休歇。到头都是强阳气，初不悟，本无生灭，见破底，何须更求指诀。

8. 刘镇 一首

刘镇，字子山，号方叔，温州乐清县（今属浙江）人，绍兴十八年(1148）进士，曾任隆兴府通判。存词仅二首。

贺新郎

翠葆摇新竹。正榴花，杜头叶底，斗红争绿，谁在纱窗停针线，闲理竹西旧曲，又还是，兰汤新浴。手弄合欢双彩索，笑偎人，福寿低相祝。金凤艵，艾花矗。

龙舟噀水飞相逐。记当年，怀沙旧恨，至今遗俗。雨过平芜浮天阔，画舰凌波尽簇。沸十里，笙歌声续。好是蟾钩随归棹，任欢呼，船重成颓玉。犹未忍，罩银烛。

第三节　龙舟文化的拓展

一、龙舟文化的风情

（一）汨罗江的龙舟竞渡

洞庭湖畔的汨罗江，是我国龙舟竞渡的主要发祥地之一。公元前278年中国农历五月初五日，世界文化名人，我国伟大的爱国诗人屈原不忍见楚国的日益衰败，抱石自沉汨罗江，以身殉国。沿岸百姓闻讯后，纷纷引舟前来抢救。为祭奠屈原，每年五月端午节，人们都要在江上举行盛大的龙舟竞渡活动。

近百年来，汨罗江上有两种竞渡船只。一种是正式的龙舟，另一种则称，翘划子”。

“翘划子”就是平日用来捕鱼的鱼划子。也有用到湖洲打草的船的（故又名为“草划子”）。在划子前面加“翘”字，是因为选作竞渡用的渔船必须在船身中部装上一对长 1.9m 的翘杠，然后通过它们的顶端交叉处，将一根结实的绳索，分别系在船头、船尾，使头尾翘起以减少行进中的阻办而得名。

“翘划子”没有龙头，也没有橹状的舵，是用船上八尺长的桨片临时安置船尾派用的（只有长乐镇用舵）。船员划水用的桨片则由宗族祠堂（解放后由各基层组织）早早备办好，到了竞渡的时候，取桨上船便可比试。“翘划子”一般长约 5～6 米，宽约 1.2 米。可以载 10～16 位桡子手。锣鼓手是由一个人担任的，再加上一个掌舵人，一般不超过 20 人。

至于正式参赛的龙舟，则从建造到船员的配备，都是十分讲究的。

送红：1949 年前，组织建造龙舟的是宗族祠堂。这是因为当时宗族祠堂最有权威。一般用打红包的形式捐赠。还有送猪、谷、菜的，统称为“送红’，没有硬性的摊派。解放后先后由乡、低级社、生产大队、村出面组建，多采用各家凑钱的方式集资。

设厂：1949 年前，在打制龙舟的过程中是不许妇人观看的。否则“龙舟沾了阴气，将来会变成阴龙船划到河底下去。”故厂房多选择在大门紧闭的祠堂庭院中。在平地上造舟则要用竹篾席团团围住，遮拦视线。这一观念解放后已逐步淡漠。

开工：木匠造龙舟并没有特定的开工仪式。但一旦开始，师傅们就得连续分班王作，不得将工夫暂时停下来。用老百姓的话讲便是“每时每刻都要听到叮叮咚咚的钉船声。”因此，工场里都是通宵达旦地干，力争将船尽早钉好。这里面也有一层“快”的意思。因此，一条龙舟从开工制造到油好桐油，画好（船壳上的）鳞片，一般只要 5～7 天时间。

关头：龙船峻工，装饰就绪，下水前一天晚上举行的仪式，由木匠领班主持。在船头方向置一供桌，领班杀雄鸡“掩煞”：以刀将鸡颤部血管刺破后将血首先滴在龙头上。然后绕船边迅速跑一圈，将舱中各部位淋遍。毕，由礼生或处师行“开光”（龙眼睛张开）、“亮相”礼。再毕，一船里里外外遍置油灯，使船体各个部位都亮通宵，称“亮灯”。这一夜，男女老少都可以来看，宗祠人员及木匠轮班守夜至明。

赞龙头：下水前的仪式。船头必须朝上游方向。桡子都整齐地摆放在舱中。龙舟与江边间的河滩上置一供桌，插三根香、供祭物，取下的龙头亦搁在桌上。首先由木匠领班师傅向龙头磕头，念赞龙头咒语（皆为赞颂龙头、祈祷龙舟取胜且不致出危险的内容）。后又行与关头礼相似的斩雄鸡、淋鸡血礼。礼毕，领班向船内舟外撒饼干——撒饼。这时，所有的船员按下水后的坐次站在自己的舱边，一手抓住船舷，接着，一善游泳者肩扛龙头突然跑步冲向江水中，朝上游划水而去，继之所有船员在一声呼哨下将龙舟拖入江中，然后纷纷爬上龙舟，先尾随龙头后划十余米，然后将龙头安放在船头，礼毕。

龙头：樟木雕成。送往雕匠的工场之前，木料必须锁在祠堂屋中，用高脚凳搁，不许落地。抬送过程中亦不许落地。木头最好是树木分叉部位，这便于雕刻张开的龙口。因为雕匠属木匠一行，所以龙头的尺寸常常与“3”有关；比如龙的上颌长一尺八寸三（大的）或一尺零三（小的）。而下颌总比上颌短三寸三分。龙头的宽度则是一尺三寸三。舌子和眼珠都安了弹簧，能够活动。龙头没有长颈，短颈与船头相衔接处用螺钉旋紧。雕龙头的师傅认为在他开始雕琢的时候有人走进工场，那么这条龙头便会“显圣”，将来下水便会取胜。雕刻时还有三规：一、女人不许触摸龙头；二、工场内绝对不许晾晒衣物，尤其是女人的；三、男性不洗手不许摸龙头。

龙头的咽部有一个类似菩萨“肚藏”的小洞称“口藏”。雕匠将木匠领班送过来的几十粒米、木炭、碎银子、茶叶装入其中。洞中还放两张红纸片，上面分别写着宗祠族长的姓名、生庚年月与打造龙舟的日期。还要放三样中药：蝉蜕、勾屯、连翘。蝉蜕喻龙舟轻如蝉衣；勾屯暗示龙头与船头紧密相连；连翘则兆赛事中连连取胜。上面各物放好之后，雕匠才盖好“口藏”的木盖，并将龙头里里外外油漆点画一新。龙头雕好了，龙舟也打造完毕，择其日午时行交接龙头仪式。先由祠堂组织接龙头的队伍，队伍中有各色大彩旗、锣鼓手、琐呐手，当然还有铳手。队伍由木匠领班带队，行至工场前，金鼓轰鸣，领班先走到雕匠前代表宗祠向他赠送一度红。继之，雕匠家人燃响一串鞭炮，并由雕匠亲自在龙头角上缠挂一条长三尺三寸宽三寸的红布条。尔后将龙头捧给领班。领班接过龙头后必须立即将它扛在右肩上（龙口朝前进方向），然后带领迎龙头队伍迅速跑到已经完工的龙舟边，由领班本人亲自将龙头安置在船头部位。

龙头在赛事结束后一般放在宗族祠堂的神龛上，并用铁链锁住。或放在神龛上的阁楼里。解放后则搁置在相应基层单位的办公室里。龙头不仅是竞赛时的饰物，而且被乡间土民视作神物。

船身：长的约 24 米，中等的 18 米，短的约 12 米。但船的宽度一般为 1 米左右。舱面上还有一根龙骨木贯穿前后，宽约 20 厘米。再由约 16.6 厘米的横木条将大舱分隔成若干个小舱（船员的坐位就是这根横木条）。每舱长约 89.9 厘米，宽约 57 厘米，高约 60 厘米。因而一舱漏水时并不波及整条船。船的外壳一般用油漆在上面绘出龙的鳞片。

船尾：没有龙尾装饰，而是用两条长3米，宽约4厘米的楠竹装点成凤尾。称“龙头凤尾”。相传当年屈原投江之后，他的女儿女婿参加江上的救捞工作，终日坐在船尾用竹片划水而演变成的。楠竹条上还要用红油漆涂成一点一点的红斑，以示当年磨破了手掌出血的女婿在竹片上留下的心血。该竹片尾端不插入水中，颤悠悠的。

桡子：即桨。可用樟，亦可取杉。叶片长约40厘米，宽约18厘米（头桡手用的桡子宽约25厘米）。有柄。柄端有横向手掌宽的短棒做成的“桡头”。桡全长约110厘米，龙船的大小就用“多少皮桡子”表示。最大的龙舟48皮桡子，最小的16皮，一般为34皮。

招子：即舵。呈橹状。取材樟。长约4～5米。行船时提出水面，仅在调整行船方向时下水点拨。

翘棒：又称旗杠、短棒。36皮桡子以上的龙舟要用两副翘棒，以下的则用一副。翘棒每根长1.9米左右。左右两棒的下端抵住船体边缘，而在顶端交叉。然后将绳索或钢索通过其顶端交叉处分系船头与船尾，且将其“吊起”，以减少行船时阻力。索上则张挂彩旗等饰物。

船色：龙舟有黄龙、白龙、金龙……之称，1949年前就是依靠船身外壳上的油漆鳞片所用的颜色决定的。

锣鼓：鼓呈圆柱状。高约60厘米，直径约40厘米。鼓面牛皮上要前后写上“×龙”两个字，然后由左至右分别写“得胜”两个字。锣一面，铜质，直径约40厘米。

汨罗江上的龙舟船员也十分讲究，从来不许女性上船参赛。

催桡子的：即船长。侧身站于船的前三分之一处上方龙骨木上岭、右手握一根粗壮的艾杆，除用着竞渡时指挥外，还用来鞭笞懒惰的桡子手。到了民国时期，艾杆逐渐为红色小旗替代。有的龙舟为减少船上重量，有不要催桡人的，由招子手一并指挥。

招子手：即舵手。由力气大、经验丰富而又谙熟水性的人充当。他对比赛的胜败和争斗的产生有着至关重要的作用。赛后的评论，最后往往集中到他的身上。

桡子手：即划桨的人。坐在船头前四排韵称头桡。后四排的称蔸梢桡。剩卜来，中间的桡子手则称“平头桡”。头桡手与蔸梢桡手都是该船上最优秀的划船手。坐在第一排的头桡手不仅要善划，还要会武术。以便械斗顿起时制住对方（如果本宗姓缺乏这类桡子手，则要想尽一切办法请来）。蔸梢桡手则还要熟悉用招子。在赛程中他们将在必要的时刻告诫、指点甚至纠正招子手的动作。头桡和蔸梢桡在非竞渡的时候都“正襟危坐”在舱板上。手持桡子的柄，将桡头搁在船舷上，使桡子的叶片指向天空，一动不动，显得既整齐又威武庄严。

锣鼓手：站在船体中部击打锣鼓的人。击打的节奏视赛事的紧张程度而定。在江上闲游时为“咚咚咚咚锵”，初赛时为“咚咚锵”，激战时为“咚锵”

服饰：解放前宗族祠堂常黼员置统一的汗背心，但短裤则自己带，不统一，解放后才划一。赤足、光头。从来没有戴斗笠和草帽的习惯。解放后称黄龙、白龙、红龙……是以船员统一杆背心颜色命名称呼的。

汨罗江龙舟竞渡活动一般从农历四月二十四日开始，也有五月初一才下水的。汨罗江下游（河市与民山河段、渔街市一带），只有朝过庙的龙舟才有资格参加当年的竞渡。如果新龙舟下水不朝庙，被看成是亵渎屈子的魂灵。

所谓朝庙，也称祭龙头，指的是竞渡前以龙舟为单位到传说中屈原生活过的玉笥山上的屈子祠进行的祭祀活动。

朝庙的时间为农历五月初一。是日，所有龙舟上的成员按竞渡时的穿着打扮，划着龙舟来到祠前的江岸边。如果当天江水不大，龙舟无法靠岸，大家就会毫不犹豫地跳到江中扑水上岸。船长扛着从船头取下的龙头领队走在前面。身后，一位年纪最大的船员，双手捧着放了香、烛、鞭炮和供品的瓷盘。其他船员则以肩杠桡子，按龙舟上的坐序排成双行，神情严肃地小跑步上山进入祠内，来到中进中厅。船长先将龙头轻轻地放在香案中央，龙口朝入祠的大门，然后，端盘子的长者点燃香火、红烛、摆上供品，在袅袅的青烟中，燃放鞭炮，住祠人擂响了大钟一、大鼓。这时，所有的船员排成两行，一边弯下腰将桡子整齐地放在地上，一边集体向神龛上立着的黑底金字“故楚三闾大夫屈原”的灵牌下跪，毕恭毕敬地磕三个头，然后起立。将桡子重新扛到肩上，在扛着龙头的船长带领下，缓步绕过后进中厅的屈原雕象，然后出庙门小跑步回到河滩边。又一齐跳入滔滔的江水中，将龙头洗个干净。接着大家在河中游泳、洗澡，称作洗“端阳澡”，据说洗“端阳澡”可以托屈子大夫的阴灵，消灾化难、祛病延年。澡毕登舟，将龙头重新安置在船头，整个朝庙仪式才算结束。

汨罗江龙舟竞渡的方式大致有以下三种。

第一种方式：并一船。即当两船并行时，甲方棹子手对乙方棹子手大喊：“并一船!”若对方认为可与之一比，则大声应答“来!”竞渡即开始进行。

第二种方式：不声不响地开赛。即江中两只龙舟在划太平桡子时前后拉开，甲船落在乙船之后，甲船棹子手暗里向桡手通气，赶上去。等并行时，突然头桡手及蔸梢桡手一齐下桡往前划。乙船见状，知战事已开，也一齐下桡竞之。

第三种方式：主要是指解放后由政府出面组织的赛事，这种竞渡活动规范化的程度较高，通常预先划定起点和终点，待信号弹升空后上齐下桡，各行其道，竞相前划。

评定取胜的方式有：

第一，甲船从乙船的船头包抄而过，称为“包龙头”。

第二，甲船与乙船竞渡至一定水域后都不再相赛。看甲船超过乙船多远。通常用船的长度计算或以舱为单位计算，称“快一伞半船长”“快三舱”。

第三，政府组织的赛事以通过单位长度所耗时间决定输赢。

乡民历来都十分看重龙舟竞渡的输赢。民谣称：“宁可荒掉一年田，不能输掉一年船”。竞渡的胜利被看作是本宗祠、本乡、本村的莫大荣光。晚清至民国初年，得胜者的宗祠往往用红轿子将龙头和棹手抬回去。到达祠堂之后还要将龙头祭在神龛上敬香、磕拜。甚至还要请戏班子来唱几本戏，热闹几天，以示炫耀和庆贺。

竞渡败北则被认为是奇耻大辱，尤以宗姓间的竞争为甚。为了显示失败者不甘屈辱，也有在五月十五寄，即民间所称大端午节那天出舟邀战的，不过胜利者在此日都不再出舟应战，这样也就只有等待来年再战了。

汨罗江沿岸的百姓历来都特别看重端午节的龙舟竞渡这一传统习俗。汨罗江沿岸有句民谣”牛歇谷雨，马歇社（即春社日），人不歇端阳逗人骂。”无论多么忙，端午节那天，农夫是不兴下田做工的。因此，观看龙舟竞渡的人特别多。旧时的习俗，端阳看龙舟，必须穿白竹布衣服。因此，当年的龙舟竞渡，放眼望去，两岸一片银白，宛如漫山遍野盛开的梨花，煞是好看。近百余年，即使在推翻清王朝统治的辛亥革命时期，在轰轰裁烈爵北伐战争岁月里，龙舟竞渡活动也未中断过。抗日战争爆发后的1939年端午节，驻扎在汨罗江上游平江县的国民党将领榜森在组织湘北抗日大会战的同时，曾出面组织龙舟竞渡，并买了许多鸭子放至汨罗江中，令竞渡者争相捕捉，以增添热烈气氛。直至抗日战争的中后期，日寇的铁蹄踏进湘东北一带，龙舟竞渡活动才一度中断。待抗战一结束又得以迅速恢复。值得一提的是，1945年8月，沿江百姓为了欢庆抗战胜利，在组织其它文化娱乐庆祝活动的同时，各竞赛点还自发地组织起来，举行了一次别开生面的龙舟竞渡活动，这是近百年来唯一的一次不在端午期间举行的龙舟竞镀活动。解放以后，特别是近十年来，汨罗江的龙舟竞渡活动，一年胜似一年。1980年端午节，省外事办、岳阳行署及汨罗县政府举行的龙舟赛，西德汽车俱乐部、法国飞行社、香港星港旅运有限公司及归侨293人观光，并由香港旅运有限公司林耀祥先生向参赛者及获胜者颁发含金奖杯。1981年，省旅游局、省体委，岳阳行署及汨罗县政府再次在汨罗江举办赛事，参赛龙舟达16艘。两次赛事都引来数十万人观看。

（二）屈原故里龙舟风情

伟大爱国诗人屈原的家乡在鄂西山区万里长江边上的秭归县。长江三峡以瞿塘雄，巫峡雾与西陵险而闻名于世，而西陵峡便在秭归境内。西陵峡险在江面狭窄，水流湍急；主航道上的流水一泻千里，有如万马奔腾，意欲推走群山之势。江中还有巨石横流激起无数浪花有似莲花绽开，有的浪花竞高出水面二三米，喷薄而去。就是在这种天险之处。每年农历五月初五，秭归人民都要举行盛大的龙舟竞渡活动，以表达家乡人民对自己卓越先辈的悼念之情。这种纪念活动至今已有两千多年。

秭归人特别看重端午节，其热闹程度仅次于春节。端午节这一天，人们把菖蒲和白艾扎在一起，挂在大门的两边，用来表示驱邪除毒，祈求平安之意。他们当然还要用雪白的糯米团贴上几片栋叶，然后用蓼叶包成三角形的粽子。棕子外面还用彩色丝线缠成各种各样的图案。姊归民间至今还流传着这样一个谜语：“嘴棱有角，有心有肝，一身洁白，半世煎熬。”真是寓意良深。

端午节这天早饭过后。夹江两岸十分热闹：老人们摇着扇子来了，小伙子穿着节日的盛装来了，姑娘们打着小花伞来了，天真活泼的孩童则挥舞着手申的彩旗、挂着五色的香囊来了。竞渡场面极其庄严而又雄伟：夹江两岸群山巍鬼，眼下是奔腾呼啸而过的江流，岸上黑压压的人群像一座山，又像一条江流。

秭岫的龙舟有红龙、黄龙、白龙、乌龙、鸭蛋青龙、浑江龙……龙舟上的健儿们都扎一色头巾，身着和船色相同的对襟短袖小褂。红里透黑的手臂，随着惊天动地的号子声，节奏地、有力地执浆划破水面。这时，锣鼓声、呼号声、鞭炮声……汇合在一起，在群山间引起强烈的共鸣，震撼着那山山岳岳。这能不引起人们的遐思？这里特别需要一提的，是秭归人民对自己的先祖屈原，有着深厚的怀念之情。听一听水手们在船上唱出的低沉而雄浑的《招魂曲》，就可领略了。号子是由锣鼓手领唱的，桡手们齐声相和。

三闾大夫哟，听我说哟，嘿嗬也。

天不可上啊，上有黑云万里。

地不可下啊，下有九关八极。

东不可往啊，东有弱水无底。

南不可去啊，南有豺狼狐狸。

北不可游啊，北有冰雪盖地。

唯愿屈大夫，快快回故里。

衣食莫须问，楚国好天地。

你应回故乡，你应回故里。

……

秭归端午龙舟盛会分起鼓、祧桡、游江，招魂，竞渡和回舟、抢彩等几个部分。竞渡方法为定点拉靶，顶水启航。古历五月的长江水涨落变化莫测；要能看清水势，把住航向，富有应变能力。

在这里竞渡的船上，艄公是尤为重要的人物。他们多为老年人，每次都要为竞渡付出极大的代价，一场比赛下来常常累得胸肋肿痛，这是因为他们太使劲的结果。比赛时，一般七到九只龙舟一道出发，以穿档先后而定名次。各龙舟都在起点的位置上划一次，以表示机会均等，鼓励竞争，当然，又能使观众多饱眼福。

除上述竞渡以外，屈原家乡的龙舟抢彩，也是别具一格的。其赛是所有的龙舟同时从南岸往北岸划去，划向北岸韵屈原沱沙滩边。沙滩上树着一根长 3 米的竹竿，杆头系着约 3 米长的红彩布，彩布中放着奖品，龙舟头上的第一个人——站头的，在到达沙滩时即冲上前去抢夺，谁抢到便是胜者。这种夺标活动一般只由小型龙舟进行。其场面极其活跃，抢到彩的人高高地举起竹竿向欢呼的人群挥舞、致礼。

秭归的龙舟都是用杉木作材造船。龙头、尾与船身则分别制造，比赛下水前才组合到一起。

秭归龙舟可分大小两种类型：大龙舟舟身长 18.6 米、宽 1.3 米，舱深 0.5 米，加上龙头与龙尾，总长约 20.6 米。艄长 15 米，船底剖面为黄瓜型。桡手 21 对计 42 人，锣鼓手 1 人。站头一人，打腰 1 人，舞尾旗 1 人，艄公 1 人，共 47 人。小龙舟舟身长 10 米，宽 1 米，舱深 0.3 米，船底剖面呈脸盆型。桡手 6 对计 12 人，站头 1 人，锣鼓手 1 人，艄公 1 人，共 15 人。桡片多为杉木或椿木做成。龙舟在下水前船底要抹上一层桐油或猪油。龙舟下水时，岸上的人要同时敲锣打鼓放鞭炮相送。而龙舟离开本地码头之前，必须在码头前水域连续划三圈，以表示即将出征，也表示向送行人的感谢之意。龙舟到了别人码头时也必须在该码头前连续划上三个圈以表示对当地人的礼节，若不如此，则不仅有失礼貌，且有亵渎屈子大夫之嫌。竞渡或抢彩的龙舟归回本地码头，不论是胜了还是败了，都必须象出发时那样划上三个圈。

秭归龙舟上的锣鼓由一人掌之。锣在鼓上面放着，呈 35°斜面，位于第 13 舱，舞尾旗者坐在艄公的外侧，手中的旗长 1 米，宽 1.5 米，旗色与龙舟整体色相同。打腰人又称打腰旗，站在第五与第六舱间。手持两面颜色相同的（一般为红旗）三角小旗，起助威的作用。他的身上常披着一条与船色不一定相同的彩带。龙船上站头的很有特点，除身上斜披一条彩带外，手上还拿着一支长约 1.5 米、较狭的桡片。比赛时，他面对龙头，有时用桡当棍棒飞舞，时而又下水划桡。他是船上除艄公外的第二个权威性人物，多由老桡手担任。

秭归龙舟船员皆取坐式用桡。艄公手中的长橹状舵一般都落在水中，以备随时用之。只在加快船速时稍提出水面片刻，也少见。因为在奔腾呼啸而过的江流上，这是有危险性的。

龙舟竞渡的起点在楚王台前，终点在老屈原庙边约 300 米处的屜原沱。因为西陵峡水深流急，操舟之举非同一般，因而至今没有妇女组队参赛的。秭归龙舟活动相沿成习，每年一届。只在“文化大革命”期间被迫中断。党的十一届三中全会之后，秭归龙舟运动有了长足的发展。1979 年开始打造新船三只。1983 年，全国屈原学术会在秭归召开，七只新龙舟应运而生，并举行了隆重而热烈的竞赛活动，此后，一直到今天，每年都举行竞渡。

（三）陈嘉庚大兴集美龙舟

集美是个风景秀丽的小半岛，位于厦门北部，以高集海堤与厦门半岛相连，是厦门的主要文化区和旅游点之一。

集美先民以渔为业者居多，每当出海谋生或渔归时，多结伴行舟。青年们喜欢显示自己的力量和划技。业余时间常来一段即兴表演，你追我赶，乐在其中。但由于条件不同，谁胜谁负一时难以说清，所以渴望有正式的竞速条件与设施。端午节是我国民间的传统节日，其节庆内容十分丰富，各种传说也十分生动。其中神话故事“白娘子与许仙”流传最广，划舟吊屈原最受欢迎。

以往，集美并无龙舟设备。为了欢度端阳佳节，比试划船的本领，他们便因陋就简地利用日常的生产工具——小渔船，充当造价昂贵、装饰华丽的龙舟，开展这一活动。当时集美的龙舟比赛数上厅角最盛，多在半岛的东海岸举行，并伴有数日的地方戏演出。为了便于在海滩上搭台演戏，竞赛多选择节前小潮的日子。只设左右两航线，每次只供两船竞渡，赛舟按预先的约定，同时从起点出发后，按各自的航线前进，绕过扎有青枝茂叶的插杆后，方可返航至起点，先达起点（亦即终点）者为胜。其分组办法颇独特，以已婚、未婚的组别进行比赛。此后这项活动又有了新的发展，女子冲破封建枷锁，加入竞赛行列，并可与男子争夺总锦标，其办法是男子退让 30 米，闻令同时启航，但每每巾帼不让须眉，锦标均为女子所获。

集美出身的爱国侨领陈嘉庚先生在家乡集资兴学、创办学村，并在东海岸组织了多次龙舟赛。50 年代初期，在学村建成中池，龙舟竞赛从海上转入池内，使参加活动的人数增多。1956 年又在中池的外侧，精心建成了外池（即现在的龙舟池）。池岸周长 1700 余米，可容纳观众 10 万余人。池内可设龙舟竞赛航道十余条。环池岸建有古朴典雅的凉亭五座，配以池内的水中亭三处，构成一幅美丽的滨海景观，成为学子、游客的好去娥学村龙舟池的建造不仅将民间体育引入学校，丰富了学校的教育内容，活泼了校园生活，而且增强了龙舟竞赛的热烈气氛，为集美一年一度的端阳龙舟竞赛，提供了好条件。

在创建与扩建龙舟池的同时，陈嘉庚先生十分注意集美龙糊定型。1953 年，他亲自督造了美丽大方而适用的龙舟十艘，改变了过去以渔船代替龙舟的状况。外池建成后，又对龙舟的造型进行了改进，使集美龙舟在技术和艺术上逐步趋向完美。

1987 年端午节期间，“嘉庚杯”首届国际龙舟邀请赛在厦门集美举行。这届邀请赛准备充分、组织严密、盛况空前。参加本届邀请赛的有澳大利亚龙舟队，日本长崎龙舟队、香港龙舟队、澳门龙舟队、广东顺德龙舟队、福建龙舟队和东道主厦门集美龙舟队等七支龙舟劲旅。与赛会同时进行的还有捉鸭竞赛、放鸽竞赛、摄影竞赛等赛事活动。厦门市邮局为本届邀请赛设计、印制、发行了首日封；由香港集美校友会赞助印制了《盛世龙舟》纪念册；与此同时，赛会期间还举办了规模空前的商展会。百余名中外记者闻讯赶来采访，十数万海内外观众目睹了大赛盛况。比赛结果，广东顺德龙舟队雄居榜首，福建龙舟队获第二名，厦门集美龙舟队屈居第三名。这不仅是我国龙舟史和厦门特区的一件大事，也是集美龙舟竞渡史上的一个高峰。

（四）年轻的顺德龙舟队

顺德地处南国水乡，出门见水，举步登舟。因此顺德的龙舟竞渡，不仅在广东首屈一指，颇有影响，在全国也是威声显赫，名躁一时。顺德男子龙舟队于 1983 年组建，曾先后 112 次夺魁，蝉联了五届全国“屈原杯”龙舟赛冠军。夺得了澳门国际龙舟邀请赛“三连冠”。女子龙舟队，1985 年组建，出师便摘取了第二届全国“屈原杯”龙舟赛桂冠，第三届屈居番禺之后，第四届、第五届“屈原杯”龙舟赛又连连折桂。1986 年，顺德男女双龙赴香港在同日本、新加坡、泰国、加拿大等 21 支劲旅的角逐中勇冠群龙，为我国在国际龙舟赛中分别夺得第一块金牌，为祖国人民争得了荣誉。

香港第一届国际龙舟邀请赛，于 1976 年主办。后来每年定期于端午节后的星期天在尖沙咀东部海岸边举行。1983 年，广东省体委决定派顺德县龙舟队参加香港第八届国际龙舟邀请赛。县委、县政府十分重视，做出“加强领导，组织参加”的批示。县体委立即在全县 10 个镇开展选拔工作。选拔分三个层次：首先，由各乡初选，然后镇选，最后由各镇将 120 名人选集中到县城，经过对划艇速度、身体素质的测试和游泳、体检等指数的比较，认真进行筛选，从中挑选出 26 人，组成顺德男子龙舟队（全部是乡间农民）。

顺德龙舟队组成后，碰到了许许多多困难，但全体队员抱着为国争光的信念，艰苦集训一个多月，凝聚成了一个有觉悟、有纪律、团结拼搏的集体。一九八三年六月十九日，顺德龙舟队一行三十人代表广东省到香港参加第八届国际龙舟邀请赛，全体队员齐心协力，一举夺得“市政局杯”和“国际生力啤杯”两个奖杯。拥有八名奥运会划手的美国划艇会队屈居第二。这下轰动了整个香港，第二天几乎所有的香港报纸都同时刊登了消息和照片，有的报纸还发表了评论。

初战告捷，更加激励了队员们的信心和勇气，他们刻苦训练，顽强拼搏，不断取得优异的成绩，赢得国内外人民的称赞，为祖国争得了荣誉。1984 年香港第九届国际龙舟邀请赛，我国广东东莞队和顺德队分别获第一、第二名，美国划艇队屈居第三。一九八五年第十届香港国际龙舟邀请赛，顺德队获第一名，日本和印尼队屈居第二、第三名。1986 年第十一届香港国际龙舟邀请赛，我国顺德队再获第一，加拿大，印尼队居第二、第三名，1987 年第十二届香港国际龙舟邀请赛，顺德队又获第一，印尼、泰国丹堤队分别获第二、第三名。在此后的 1988、1989、1990 年香港第十三届、第十四届、第十五届国际龙舟邀请赛中，顺德男女龙舟队都获得了较好的成绩。值得一提的是，1989 年和 1990 年日本大阪分别举办了第一届和第二届国际龙舟邀请赛，顺德队仅派男子队参赛，结果两届都夺得了冠军，一下轰动了日本。

中国是龙舟竞渡的故乡。顺德龙舟队从组建开始算起，仅仅只有几年的时间，但历次参赛都取得了好的成绩，它弘扬了中华民族的传统文化，振奋了民族精神。几年来，顺德龙舟队健儿不仅被邀请参加全国各地举办的龙舟竞渡活动，还频频出访日本、加拿大、澳大利亚、新西兰、新加坡等国参赛，屡屡载誉归来，增进了同东南亚各国人民的友谊和相互了解，赢得各国人民的尊重。尤其顺德龙舟队家乡的人民和港澳同胞，对顺德龙舟队更是寄予厚望，倍加关注。每每顺德龙舟队在香港出赛，家乡的父老兄弟总是围坐在电视机、收音机旁，收看收听龙舟竞渡的实况转播和广播新闻，这时顺德城往往是万人空巷。每次载誉归来，顺德县委、县政府都要举行庆功会。华侨、港澳同胞更是希望中国健儿在比赛中获胜。顺德龙舟队每次下香港，顺德联谊总会都成立接待委员会，妥善地安排龙舟队队员的生活，还组织啦啦队为龙舟队助威。1986 年，顺德龙舟队应邀参加澳大利亚举办的国际龙舟邀请赛，香港顺德联谊会还特地组织了一支 24 人的啦啦队赶赴澳大利亚悉尼助威。给队员们以很大的鼓舞。

（五）绍兴泥鳅龙舟

浙江乃吴越故土，河泊纵横、水网交错，有水乡泽国之称。其龙舟竞渡习俗自古遍及水乡各地，世代相传，常盛不衰。其中绍兴的泥鳅龙船，尤以其独特的风姿和快速、灵活特点，深为水乡人民所喜爱。

泥鳅龙船和一般龙船一样，专为竞渡而建。这种龙船的形态近看似龙船，远看象泥鳅，在竞渡中，则往往以快速、灵活，独占鳌头。绍兴自古以来山青水秀，早在春秋战国时期就有“村民社赛”的传统。千百年来，各种社日庆典、迎神赛会和庙会名目繁多，而其中大凡有大江大湖的乡村，总以水会为主。泥鳅龙船就大多在这些节日的水会中表演，一展自己的风姿。

绍兴龙舟的造型，大抵有大、小、花三种。大龙舟又名“楼船”，精雕细刻，描金绘龙，上可演“戏文”；花龙船则单纯用作表演。因而真正用作竞渡的要数小龙舟即绍兴人称的“泥鳅龙船”。泥鳅龙船长三丈六尺（12 米），高 38 公分，中间大、二头小，最阔处为一米，船头及船尾最狭处仅十公分。一般载 13 人（大的船也可增至 22 人），分两排使浆，因此坐在头、尾的划桨者就只能倚在船舷旁弄桨。为此在装船（即造船）时，底和舫都要用上等木料通块制成，造船的木料是：船身以杉树为主，船档用樟木，划桨用楝树，橹需用檫树等。造成的船既要轻巧灵活，能发挥速度，制成流线型，又要结实耐用，便于使桨，有的还要求精雕细刻，装饰华丽。

泥鳅龙船分赛船和篷船两种。船的两端装有木柱，龙头、龙尾可装可卸，比赛时卸去头尾，这叫赛船。若装上头、尾而船身又是精工细作，彩绘描金的则叫篷船。龙船头低尾高（尾高约一米六七十公分）有桨无舵，掌握方向是以一支七米长的橹代舵，此外划头桨（第一把桨）的人也起着转弯作用，因此划头桨及使长橹者往往是一船之首。泥鳅龙船的色彩以龙名而刷各种颜色的漆，如黄龙漆黄色，青龙漆青色，白龙漆白色，但一般以蓝、白色至配居多，蓝色的画成水纹，白色的绘成龙鳞。

龙船桨手的服饰一般也有讲究。摇橹者往往身着耀眼的衣裤（以红色居多）站立船尾；其他划手的服饰的颜色则依船色而定，如黄龙船的划手着黄衣黄裤，青龙船的桨手着青衣青裤，服饰式样一般是上身穿短袖、对襟、无领的“脱爪龙”上衣，下面是赤脚、短裤。有的船服还在领圈及钮扣的边上镶嵌一道“s”形的波浪式白边。

泥鳅龙船表演和比赛的日期大致有五种：(1) 各乡、村出演“社戏”日；(2) 五月初五端午节；(3) 五月二十分龙日；(4) 久旱求雨祈神日；(5) 各种迎神赛会日。古代绍兴乡间区域划分以“社”为名，而早在春秋战国年代，绍兴就有“村民社赛”的活动，所以千百年来绍兴的迎神赛会名目繁多，如三月十二的“朱天会”(纪念明崇祯帝)、六月十六的“包相公会”(纪念包拯)、六月十九的“昌安娘娘会”等，且其中水会较之陆会更为受人欢迎，因此往往水会一开，绍兴古城便万巷人空，热闹非凡。

泥鳅龙船的表演方式大致有以下四种：

(1) 速度比赛。以村为单位，五到八只船一组，在一定距离内（视江河大小，一、二里不等）比速度，以先到者为胜。开赛时一般以锣声为出发信号，信号一发，各船桨手竞相前划，为了统一划船步调，使桨手齐心协力，每条船上各设立一名锣手，有节奏地敲打小锣，既统一了划船步调，又壮了声威。

(2) 翻船表演。比赛开始，划桨者自前至后，一个个先后跃入水中，等桨手全部入水后，便一齐将船掀翻，然后再从水中齐力把船翻过来，众桨手都爬上船去，看哪条船恢复得快，即为胜者。

(3) 跳水表演。后面的人划桨，前面的人交叉跳水，即右边的人向左跃入水中，左边的人向右跃入水中，通过入水、上船，看谁的姿势优美而判为优胜者。

(4)“钻龙”游戏。即每年的五月廿日（旧俗“分龙日”)，各乡、村的救火船（也叫龙船）集中在大的湖或河里浇龙（即浇水)，以比试与检验各条船的救火能力。此时泥鳅龙船便在这众多的船只之间左驶右拐，钻来钻去，以不被浇到或衣服沾水少者为胜。

（六）奉节龙舟旧风情

奉节是一个古老的城市，曾是郡、路、府治地，商贸发达，市场繁荣。当时的主要运输工具是“柏木船”，以厘金关为中心，下起关庙沱，上至白马寺，沿江十余里，挨邦停泊，帆樯林立；民间体育也丰富多彩，十分活跃。端阳节的“龙舟竞渡”，相沿成为历代城乡人民十分喜爱的传统游乐项目，每年都吸引着成千上万的人来参加。

奉节的龙船，无论是在造型、润滑、旗帜、鼓点、装束、竞赛、风俗祭祀等都具有浓郁的地方特色。奉节龙船下河，要在半夜间举行“观头”式。这本来是造船者对其技术的检验，但却被蒙上了一层迷信的色彩：在船上插龙头龙尾，“棹子”分舱放好，在船头点一对“龙凤”大烛，每张棹子上用河泥做烛台，点小烛，掌墨师（龙船的设计者）一手提大红雄鸡，一手持利斧，向“龙”跪拜，祈祷毕，用斧刃划破鸡颈祭旗，绕船一周洒鸡血，把鸡向空抛撒，随着鸡飞，船上敲锣打鼓放鞭炮，彩龙摇头摆尾，龙船被推下水。岸上，掌墨师观着划行状况，鸣放“牛耳炮”。

龙船向江中划去，桡手们喊着“哦——嗬嘿！哦——嗬嘿！”的号子，这是屈大夫的夫人在江边痛哭，呼唤丈夫：“我——夫回！我——夫回！”的声音，故声音哀切，锣鼓轻点，彩龙肃立。

龙船至江心，两名旗手捧起“龙珠”（是用二三斤白面粉蒸的圆形大馒头，上有彩绘）投入江中，祭奠屈原。

龙船划到对岸起坡，要点烛、燃香，化纸钱，跪拜祷祝在历次龙船竞赛中遇难的先辈，祈求保佑，龙船得胜，灾难消除。

奉节城对面的周家坪，有两座龙王庙，是乌红船和黄白船帮修建的。每年划龙船前都要去拜龙王。其他各船也有自己的龙王庙。

龙船竞赛结束要“谢江”：龙船划到江中，拿梢人把梢柄压下，让梢片高离水面，桡手们一齐向后转，倒划船回岸。这有两个涵义，一是与屈大夫告别，一是划龙船闹了龙王，向它表示歉意。这些竞赛前的祭祀活动显示了奉节龙舟赛隆重气氛。

旧时奉节的龙船是以一个码头或一个行业为单位组织的，叫做“龙船会”，又称“屈原会”，多系码头袍哥首领、巨商豪绅或地方军人掌握。每到四月初就由他们指派或推选一人当会首，负责组织船员，下帖聘请“跳头”，梢公、旗鼓手，筹集经费，备办筵席等事。因筹集经费多属强行摊派，所以又称“霸王会”。

参赛龙船有：厘金关，苟家沱的红船，小南门的水红船，龙潭沱，后关的乌船；豆芽湾的黄船；五里铺，朱衣坝的金黄船；大东门的青船；窑湾的兰船；李家坝、白马寺的白船；下关城的也是白船，因它的白龙有翅膀，叫“飞白龙”；解元沱的白船旗帜中间有一个“太极图”，叫“太极图白船”。这些龙船又多附有一只小龙船，大端午划大龙船，小端午划小龙船。据说参赛的还有花船。

大龙船两头尖，成梭子形，全长60尺（1尺≈33厘米），有21～23舱，中宽4.5尺。船细长如柳叶，划船时前后抖摆，要用绳子“绞架”。第一对招子叫“引招”，第二对招子叫“押招”，是帮助转向的。船上有鼓手2人，锣手1人，拿梢、1人，帮梢1人，旗手2人，跳头1人。跳头拿着“挑招”，是船上的总指挥。挑招如长矛，矛旁边有两个钩，可戳、可钩。人上齐了，船舷离水面约只0.4尺，划船时以大腿挡水。因吃水较深龙船易沉，船上备有水瓢，船沉了，一齐下水，舀完水，又爬上船，继续划行是平常的事。

小船平头，平尾，有12舱，长30尺。

龙船每年下水前要进行打抹，使其光滑：用五、六十个鸡蛋清和桐油、猪板油抹遍船底、船梆，再把鲜“仙人掌”烧一会，让水汁变浓后涂抹一层，如粘附在鱼体上的滑液。

赛龙船时，龙船上有专人耍旗。旗帜用2.5尺见方的绸子做成，红船红绸，黄船黄绸，乌船青绸……旗杆套的颜色就是伙计旗帜的颜色。旗杆比旗宽约长0.2尺，旗杆套比旗杆约长0.2尺，可以拿着旗杆绕旗，也可以拿着旗杆套“耍旗”。船上有两面旗，耍旗时一手撑腰，前头的耍右边，后头的耍左边，左、右各三圈，叫“飞蛾闪翅”。远看是彩旗滚滚，见旗不见人。

龙船上的鼓高2尺，鼓面直径1.7尺，鼓腰比鼓面粗。打鼓时两人对站．各顺向前跨一步，甩着膀子，四只鼓槌同时打在鼓上向后拖。

划龙船的人都穿短裤。清末桡手们曾穿布制背心、红船红色、黄船黄色……头上一律缠红帕，肩头斜披红布，但后来都赤膊，头、肩红布不变，因此，开鼓时，各船都要“亮旗”。

竞赛开始，梢拖在水中或拖在岸上临时决定。龙船近岸，跳头人接过旗帜，跑到挑出船头15尺长的跳板头上，借弹力跳到岸上，如对手相继跳头，就赢了一杆旗，如对手没有跳，本船又跳了，就赢了两杆旗。跳头要向斜跳，因船滑力猛，一下冲上岸会把跳头人撞倒，压在船底下“捍面条”。以亮旗为准，但也曾另有规定：跳头后，还要跑到彩楼前去“夺标”。奖励有锦标、银牌，每人一块，叶形，上有花纹，还奖励过针织背心，每人一件，到次年划船时染上单船颜色穿上划船，显得荣耀。因此，划船时又兴起穿针织背心，一船一色。

龙船得胜各游江船要放鞭炮，把一箩箩的鲜桃倒在江中，叫“胜利桃”，都可以在江中捞桃子吃，在江边游泳的孩子更是嬉戏追逐，抢着桃子“踩假水”，在江中吃。有的船还放“胜利鸭”。

岸上也放鞭炮和“牛耳炮”庆贺。

得胜龙船还有小龙船给它送龙头龙尾。

龙船划完还要游街，得胜船上的人把银牌倒插在鬓边红帕下，扛着锦标和裹着金箔的招子，点放“黄烟”，前有龙头，后有龙尾，敲锣打鼓耍旗帜，喜气洋洋，各家店铺点鞭炮相迎，街上硝烟弥漫，黄云滚滚，彩龙摇头摆尾，如在云中飞腾。

1938 年，厘金关的红船依仗袍哥势力不准下关城的“飞白龙”得胜。头年龙船竞赛时，红船就用四支挑棹钩住白船，拖住它不准上前。但在换把的瞬间，白船前进了两舱，最后还是跳头得胜。本来红船就来硬的，不准白船跳头，驻在下关城 41 师的杜营长爱好体育，甚感不平，打开仓库，拿出军用的罗汉服，每人一件，借给他们穿着划船，并派出便衣百余人暗中保护，红船闻讯，不敢出赛。

1939 年小端午，各船祭过屈原，连日来试划选人，进行预赛，不料十二日奉节城惨遭日机轰炸，死亡数千人，县城一片火海，一龙船竞赛无形停止。

1942 年，当局虽然不准划船，但由于警报稀少，有的龙船爱好者组织人员相邀至梅溪河划船，从五里碑至象鼻子顺河上划，两岸行人驻足观看，流连忘返。

1943 年以后在大河划船，但由于物价狂涨，一日数变，城市平民，疲于奔命，乡村农民，租税累累，又要逃壮丁，躲民夫，终日惶惶，只有地主和商店老板才能“欣赏”，游江船更是寥寥无几，再不见“关门上锁，倾城出观”的盛况了。

（七）泸州龙舟竞渡

杨慎在《竞渡曲》里记述嘉靖三十六年（公元 1557）前后他在泸州看到的龙舟是：

昂首竖驰扬髻翼——船头船尾高高翘起，刻为龙头、龙尾的形状，神态飞扬，须鳞毕现。

千桡百桨蚣蝑足——船舷低矮，船身窄而修长，划手左右两行侧身跪坐船舱里，双手划桨，远看有如百足蜈蚣。

五龙青红黄白黑——分别涂成不同的颜色，五彩斑斓。

这种龙舟的建造法式和船身色彩，基本沿袭至今。

近代泸州龙舟是采用上等杉木或楠木建造，船舷低矮，有 34 或 36 个划手的舱位，船底为直径 0.2～0.5 米的贯通首尾的上等杉圆木，称为“龙筋”。龙舟横截面下窄上宽，船的首尾均各高高翘起，船身水下部份呈流线形。与静水中使用的那种船头船尾低而且平底龙舟，大有区别。

龙舟的主要属具是梢和桨，还有硬木圆雕的龙头、龙尾。

这种法式的龙舟，吃水深而平稳，适合在急流恶浪中快速行进。

1985年国家体委颁布《龙舟竞赛规则》后，发来建造龙舟的参考图纸。市体委根据泸州市实际情况，对图纸进行了修改，发厂建造。修改要点是：改原图纸平底为弓形底，增长船身尺寸，提高船头船尾的高度，并增加插在榫穴内的圆雕“龙头”“龙尾”。

除了规定龙舟之外，泸县泰安场等江村野渡，由于财力等方面的原因，每年竞渡期间，揭去普通舢板的篷盖，临时扎成彩色纸糊的“龙头”“龙尾”，插在船上，替代龙舟。20世纪50年代起，泸州城区也有舢板队参加竞渡。

明清以后，泸州城各码头袍哥堂会、行帮商人，各自建造龙舟竞渡，遂成比较固定的龙舟队列：

（1）小青龙。属小市体仁堂码头（今沱江大桥桥头）篾帮公会。船身青色，划手青衣青裤。

（2）新白鹤龙。属小市上码头，船身白鳞白甲。划手白衣白裤、白遮阳帽，划白桨。行进中，船上两面白旗交替飞舞。

（3）张口巴龙。又名“九道箍”，属小市王爷庙码头。

（4）铁板龙。属小市水淹土地码头。30年代以后未再参赛。

（5）小墨龙。属小北门码头捻匠帮（造船业）公会。船身墨黑。

（6）老墨龙。又名大墨龙，属大北门码头。

（7）靖江龙。属小沙湾码头山货帮（土产业）公会，年年重金延聘罗汉场“小船帮”的渡船工人做选手，屡夺冠军。

（8）老龙。属东门口码头，船身通红，划手红衣红裤，划红桨。是泸州市人数最多的龙舟队。

（9）青龙。又名大青龙，属凝光门码头。

（10）烟竿斗斗。又名十二葫芦，蓝色。属耳城码头肥料运输业公会。

（11）金龙。属澄溪口码头条木帮（木材业）公会，船身金黄。参赛选手主要是水上放筏工人。

（12）老白鹤龙。原名白鹤龙。属沙湾码头。划手多系附近乡间农民，着红白相半服装，行驶时红、白二旗交替飞舞。

（13）苋菜龙。属蓝田坝金鸡渡码头，船身淡红如苋菜色。划手主要是附近乡间菜农。

（14）金角老龙。属蓝田坝正码头。船身火红。

（15）胜利龙。属合众码头（今泸州轮船公司二码头），1946年下水参加竞渡。这是当时从事轮船运输的实业界人士，为庆祝抗日战争胜利周年纪念集资修建的。

50 年代初，上述龙舟分别归属各有关单位所有，并更名为各该单位的龙舟队。

1985 年，市体委审定图纸，发交泸州市造船厂统一建造龙舟 12 只。

泸州的龙舟竞渡，历来是有组织，有计划地进行的。千百年来，相沿成俗。其中，泸县通滩的龙船会，可考的即有 24 届，共二百四十多年连续不断的历史。1946 年，为庆祝抗日战争胜利周年纪念，更是“大划而特划”。端午“划了”，意犹未尽，夏历五月十五日（民间称作大端阳），又再举办。1947 年的“水上运动会”，更是盛况空前，金龙七战七捷，勇夺冠军。1959 年建国十周年大庆，泸州市水上运输公司组建了以刘述钞为领队、徐新惠为队长的女子龙舟队，划龙舟横渡长江。1961 年龙舟竞渡，有 21 支男、女龙舟队和舢板队参加，是建国 35 年以来规模最大的龙舟竞渡。1985 年，市人民政府在纳溪县凤凰湖按照国家体委颁布的《龙舟竞渡规则》，举办了 17 支男、女龙舟队参加的龙舟竞赛，驻军空军还出动飞机临空进行了航空飞行表演。

（八）龙舟竞渡在台湾

台湾很早就举行端午竞渡。《台湾通史》说，在淡水、台南和高雄等近海地区，“沿海竞斗龙舟，寺庙海舶皆鸣锣击鼓，谓之龙船鼓。从前台南商务盛时，郊商各据金制锦标，每标值十金，先数日以鼓吹迎之，各选健儿斗捷，观众满岸，数日始罢。”台湾俗谚中的“五月五，龙船鼓，满街路”，说的就是龙舟盛况。

据说台湾的龙舟赛始于台南市。根据民间资料，台湾第一次龙舟竞赛是在清乾隆二十九年，当时台湾知府蒋元君在台南市华法寺的半月池内举行友谊性龙舟竞渡，而且大部分是女性参加。到了日本统治时代龙舟竞渡改由当时的市政厅主办，在五条港——关帝庙港、妈祖宫港、佛头港和水仙宫港举行，并以西罗殿为主办场地，后来竞渡活动一度因故分为两地举行，直到台南运河完工以后，才重新合而为一。台湾地区的龙舟竞渡，以具有一百八十多年竞渡历史的宜兰县礁溪乡二龙村所举办的最值得一提。二龙村是由淇武兰、洲仔尾两地合起来的，相传早年的二龙河经常溺死游水的孩子，上游的淇武兰与下游的洲仔尾村民认为是河神作祟，提议在河中竞渡龙舟来祭拜河神，这个风俗就此传了下来。

二、龙舟文化在发展中的拓展

（一）从小规模的龙舟集会到大规模的龙舟竞赛

旧时龙舟竞渡，一般是在适合龙舟竞渡的河流、港汊、湖泊的村镇附近，以宗祠，村落、街巷、码头、行帮组织的封闭性“龙舟集会”。当然，它也形成了一些比较大的龙舟集会地点，如广东顺德县的大良镇，江西高安县的[illegible]阴镇、四川省的五通桥、湖南汨罗的河市镇、贵州清水江的平寨等地。有的地方到了龙舟集会的竞渡日期，不仅附近的龙舟前来竞渡，有时也有几里、十几里乃至几十里远的龙舟都到集会地点来竞渡。龙舟一多，观看龙舟的人自然也多，据《杭州府志》载：

“五日端阳，各至河干湖上观竞渡，岸上人如蚁。”

《铅山县志》也载，在河岸观竞渡的人“并肩接踵，马者如墙”。但是，这与最近三四十年间所举行的龙舟竞渡相比，真可谓是“小巫见大巫”。据福建省统计，目前全省龙舟赛点有二百多个（包括乡、镇），下水的龙舟多达三千余只，每年的观众达四百多万人。1982 年湖北广济县仅官桥大港一线，便有 145 条龙舟参加比赛，三十里长的大港两岸，竟有十余万观众为之喝彩助兴。

从龙舟所代表的群体看，体现了社会进步的趋势，由部落、宗族性转向国家社会性。传统的单位龙舟只代表某一氏族、部落、宗族，行帮、码头、街道或自然村寨，而现代的单位龙舟往往代表一个乡、县、市、省、乃至某个国家。从龙舟集会所反映的人际结构来看，由现代社会的开放性、社团性逐渐代替了传统社会的封闭性，宗法性。古代观看龙舟竞渡的人一般是以一家大小、男女情侣，祠堂族人，皇后臣妾为单元；现在除前两项继续存在外，增加了诸如社团、机关、生产单位、地区、国家等新的单元，集会的内容也从单一化走向多样化。当代龙舟竞渡的盛大集会，内容越来越充实、完美。图①有丰富多彩的文体活动。1987 年在四川乐山举行的第三届“屈原杯”龙舟赛，就有歌舞、戏剧、花卉展览、书画、摄影、彩灯等相伴随。图②举行相关的学术活动。第三届“屈原杯”龙舟赛后，就地召开了“中国龙舟运动技术研讨会”，今年 6 月举行的“1991 年中国湖南汨罗江国际龙舟节”，将举办国际屈原学术讨论会，深入研究屈原的生平和作品。图③有国际国内的经贸活动。龙舟竞渡期间，人群相聚，宾客云集，实为经济贸易，商品交换的极好机会。1987 年厦门“嘉庚杯”国际龙舟邀请赛，就曾举行过颇具规模的商品展览会。1988 年，在岳阳举行的全国第四届“屈原杯”龙舟赛期间，贸易成交额多达十五亿。当代龙舟竞渡的盛大集会，实际上是多方位、多层次反映一个地区、一个国家的文化风貌。

（二）从禳灾驱瘟到庆祝节日

用划龙舟去“禳灾”“驱瘟”，是科学很不发达时期传统龙舟竞渡的动机和内容之一。《兰溪县志》载：

“端阳节，滨溪诸乡有作龙舟竞渡，以消灾沴渗（灾害不祥之气）者”。

《武陵竞渡略》又记，当地人传说“竞渡禳灾”。其禳灾的办法是：

“于划船将毕，具牲酒、黄纸钱，直趋下流楚酹（把酒倒在地上，表示祭奠。）诅骂疵疠夭札尽随流去，谓之送标”。

认为这样就把灾难送走了。广东增城、黄埔一带划龙舟前，都到南海神庙去祭神。祭神时要烧一种写有消灾、免难等字样的符纸。符纸上面就画有张天师像、八卦、太极图，写有“天生火宫除百害”“八卦水神灭凶灾”“免难”“免灾”“免凶”“平安”“百解”等字样。这是龙舟下水前必不可少的仪礼。“驱除瘟疫”亦是旧时人们爱划龙舟的重要原因。《延平府志》载：“端午……舟人竞渡，俗云逐疫也。”长河也有类似的说法：“端午……坊市造龙舟竞渡夺标，俗以为禳疫。”

民间用龙舟竞渡的方式消灾去病，无疑是源于龙图腾崇拜之根，认为能够借助龙神的力量去驱逐瘟疫。随着政治、经济、科学文化教育的不断发展，逐渐剪除了龙舟竞渡中的宗教迷信因素。从而改变了人们的文化观念，当代的龙舟竞渡根本不是为了“禳灾驱瘟”，而是为了庆祝“国泰民安”和活跃文化体育生活。人们不仅在端午节划龙舟，而且在某一新的节日和某一喜庆活动中也划龙舟。甚至把划龙舟升级为一种新的节日。1986年，广东中山市为欢庆国庆，举行了盛大的龙舟竞渡活动。1984年，湖南省体委将农历五月五日定为全省“农民体育节”，今年又首创了“1991中国湖南汨罗江国际龙舟节”。可见，龙舟竞渡获得了新的文化含义。

（三）从祈求丰收到开展经贸活动

风调雨顺对于古代中国这样一个农业国家来说是至关重要的。在古代中国，人们采用各种活动祈求丰收。龙舟竞渡一定也有着祈求龙神保佑丰收的价值判断。《农政全书、农事占候》记：“端午日雨，来年大熟。”贵州清水江的苗族人民，旧日蜡龙舟时，每人都身披蓑衣，头戴斗笠以示求雨。台湾士林人在船头旗上写上“国泰民安”“风调雨顺”字样，其目的是“祈求五谷丰登”。竞渡与祈求丰年有关，在不少地方志中亦有记载。《浙江通志》引《西吴里语》记：“居民各棹彩舟于溪上竞渡，谓宜田蚕。”《温州府志》记：“端午……各乡俱操龙舟竞渡，祈年赛愿。”昔日的武陵人也认为：“划船不独禳灾，且以卜岁。”由此可知，龙舟竞渡实质上有着深刻的经济根源，只不过被其热热闹闹的表层现象，被其庄严神圣的宗教面纱笼罩住了而已。事实上，古人中的有识之士也早已洞察了这一点。宋人沈括《梦溪笔谈·范文正治饥荒》载：

“皇祐二年，吴中大饥，殍殣枕路。是时范文正领浙西，发粟乃募民存饷，为术甚备。吴人喜竞渡，好为佛事。希文及纵民竞渡，太守。日出宴于湖上，自春至夏，居民空巷出游。又召诸佛寺主首，谕之曰：饥岁工价至贱，可以大兴土木之役。于是诸寺工作鼎兴。又，新敖仓吏舍，日役千夫。

监司奏劾杭州不恤荒政，嬉游不节，及公私兴造，伤耗民力。文正乃自条叙所以宴游及兴造，皆欲以发有余之财，以惠贫者。贸易饮食、工技服力之人，仰食于公私者，日无虑数万人。荒政之施，莫此为大。是岁，两浙唯杭州晏然，民不流徙，皆文正之惠也。

为政精明的范仲淹，在浙西的饥荒之年，通过“纵民竞渡”和“以发有余之财，以惠贫者”，确有高人一筹之处。民国时期，亦有类似的实例。据1933年6月2日《大公报·湘潭龙舟赛记》载：

“潭邑（湖南湘潭）年来因谷价低贱，市场生意萧条，全市皆呈不景气象。县商会遂思得一策，与县政府商酌举行龙舟大竞赛，以呼回潭邑之购买力。果也，自废历四月下旬，至端午节以前，城内各绸缎店生意陡佳。如裕大等家，近日每日仅接数百元，此间接数千元。城内小布店日亦四五百元，市面顿呈繁荣，一班绸布店无不喜形手色，而红男绿女在街头亦如过江之鲫鱼。”

不过，传统的龙舟竞渡直接从经济方面着想，这在小农经济社会里，可是“凤毛麟角”，少得可怜！但当代举行龙舟竞渡，经济的因素则越来越具明朗化、多样化、模式化的特征。中国龙舟协会副主席朱德录同志在《盛世龙舟，别开生面》一文中指出：

“龙舟竞渡开拓了一条体育为两个文明建设服务的新路子。近年来各地龙舟竞渡和物资交流会相结合，也就是用龙舟赛为媒介，运用龙舟竞渡这个手段，促进精神文明，物质文明建设。”这一论断是非常中肯、精辟的。

旧时代龙舟文化的经济因素是潜在的，是人们的一种主观愿望的反映，而现代龙舟竞渡期间同时开展的大规模经贸活动将这一潜在的因素大大地显化了。在这里，人们求助于神，求助于龙，对未来的一种热切希求物化为商品经济时代人们现实的、具体的功利主义浓厚的商业活动。这种转变体现了龙舟文化在不同时代经济背景下完全不同的价值取向。现代龙舟文化的经济因素无疑是现代人附加于龙舟文化之上的，它并非龙舟文化本身必然包容的性格，而是时代的烙印，同时也正因为这种附加，使得古老的龙舟转变为在现代文明条件下仍然可以活跃发展的一项活动。任何一种体育运动都有着推动商业发展的强大助力，龙舟竞渡也是如此。因为每逢举行大规模龙舟竞渡的同时，必然涌来数以万计的观众，在这样的场合，在这样的时机，有头脑的经济活动家必然会利用起来，发布广告，推销商品，从事大规模贸易活动，开拓市场。近年来各地举办的一些规模较大的龙舟竞赛都伴有类似的活动。可以说，龙舟竞渡带来了经济活动的便利，促进了当地的经济发展。同时，经济活动也刺激着龙舟文化自身的更新和扩展，成为与古代龙舟文化在品格、性质、规模上有着巨大差别的现代龙舟文化。这一事实也同时表明了中国正在从传统的农业社会走向为现代社会。

（四）从中国走向世界

“为适应环境的变化，所有文化都会产生相应的变化。在文化的种种变迁中，有些并不具有适应性，考古学的记录就载有。许多被历史淘汰而消亡的文化。而有些变迁却把某种文化推向到一个更高级的能源转换阶段，结构亦更加复杂化。人类学家把这些重大变迁叫作进化性变化。”

这就是说衡量一种古老的民族文化的生命力及其价值，还有一个重要的标尺，即能否被异域文化所接受和学习，从而得到广泛的外向传播，成为一种世界性，为全人类所共同享用的文化成果。龙舟文化是中国的独立发明。然而千百年来，她从来没有停止过向异域的传播，直至当代出现龙舟国际化的趋势。当前，澳大利亚、日本、英国、美国、加拿大、菲律宾、新加坡、马来西亚等国家和地区都很风行龙舟运动。此外，还有印尼、丹麦、意大利、德国的龙舟竞渡也正在兴起。各种国际性的龙舟赛接连不断。从 1976 年起的“香港国际龙舟邀请赛”，还有“澳门国际龙舟邀请赛”，从未间断。1988 年北京举办了国际旅游年龙舟大赛，福建省举办了国际龙舟邀请赛，参赛的有美、澳、日、英等八支外国队。1990 年日本大阪举办了第二届国际龙舟邀请赛。1991 年 3 月新西兰（奥赫兰）也举办了国际龙舟邀请赛。1989 年，香港又成立了国际龙舟组织筹备办公室。对此，张人希先生在贺“嘉庚杯”国际龙舟邀请赛的七绝中，充满豪情地说：“五月龙舟争竞渡，从今不独属中华。”

的确，中国龙舟文化魅力非凡。这一点，只要我们看看它是如何传到日本，又如何渗透到日本文化中去的，就足以为之惊叹了。冯佑哲在《中国饮食，体育文化在长崎》一文中写道：

“据说这种比赛（龙舟竞渡，引者注）是三百多年前江户时代由中国人传到日本的。在长崎第一次举行这种划船比赛是在1655年，当时由于停泊在长崎的中国船员为了超渡亡灵，乞求海神平息风浪而举行划船比赛，后来沿袭下来，成为长崎市民例行的重大活动”。

从此，中国的龙舟竞渡在日本久传不衰。中国龙舟文化传向日本。从表层看来似乎有些偶然性，其实里面有着深刻的文化背景。日本人从中国龙舟文化中借用了他们认为“有价值的文化元素”。日本《琉球国志略》载：冲绳“五月五日竞渡……定吉日祭稻神。”祭稻神的目的，显然是为了祈求一个丰年。日本人自己也认为日本的龙舟竞渡与预祝农业丰收的礼仪紧密相联。可见，日本人吸收中国的龙舟竞渡，是认为中国的龙舟竞渡中有“祭龙神求丰年”的文化内涵，不过是将“龙神”换成了“稻神”罢了。这里我们又一次看到了日本文化善于对外来文化加以学习和改造的品质。

谈起中国龙舟文化的传播，我们当然不应忘记港澳同胞以及海外华侨所作出的贡献。自1840年起，香港就成了中西文化的交汇处。1976年以来，这里连续举行了十五届国际龙舟邀请赛。参赛国与地区1976年为2个，1980年为6个，1987年一跃为17个。从参赛国家和地区的数量增长，可以看出近十多年来中国龙舟竞渡在世界上发展之迅速。海外著名侨领陈嘉庚先生“远见卓识兴龙舟”更是誉满中外。在集美由中国首次举办了国际龙舟邀请赛。此后国际大赛不断，参加国也不断增加，展示了龙舟文化世界性拓展的美好前景。

中国龙舟就象满载着中国文化和中国人民情谊的一艘金舟，正在开进世界文化的海洋。她大大促进了国际社会对中国的了解以及中国与一些国家的友好交往和经济文化交流。正如1985年澳大利亚悉尼市举行首届国际龙舟赛时，周总理的祝词所说：“龙舟赛不仅给悉尼带来了中国文化的伟大传统，同时也给整个社会提供了一个丰富多彩、激动人心的比赛和聚会的机会，”又说，“新南威尔市州与中国人民已有一种特别关系，龙舟赛将更加增加两国人民之间的联系。”

第四节　龙舟文化价值及社会化、现代化

一、龙舟运动的文化价值探析

（一）彰显集体协作精神

龙舟运动是项要求集体通力协作的项目，进行龙舟比赛时，每条龙舟包括队长、舵手、锣手、鼓手、划手等20余人。如果希望龙舟划得更快，龙舟上的每个人必须协调一致，队长负责指挥，舵手掌控龙舟的方向，锣手鼓手掌握好节拍，与划手挥动桨的节奏相互配合，力求实现整个龙舟人员动作的致。唯有如此，龙舟上的人与龙舟融为体，不断挥动的桨好似龙爪，行驶的龙舟好似神龙在水中高速游弋，场而甚为壮观。集体通力配合，协调一致，龙舟才能获得最快的速度，获得龙舟竞渡的最终胜利。如果小注重集体协作，龙舟是断然划不好的。在共同信仰下进行的龙舟运动充分彰显出中华民族的集体协作精神，这是中华民族宝贵的精神财富。

（二）崇尚奋勇拼搏精神

龙舟竞渡作为项运动，奋勇争先，敢为人先，勇争第一是其精神内核之一。当龙舟运动进行时，龙舟上的队员拼命舞动着船桨，配以整齐划的锣鼓声和号子声，加之观看龙舟比赛观众的呐喊声，崇尚拼搏竞技的龙舟运动给民众带来一场视觉与听觉盛宴，让人激动不已，热血澎湃。

中华民族在发展的过程中，不仅面临着来自自然的天灾，还遭遇着外族的入侵，统治阶级的残暴等人祸。中华民族的民众而对如此天灾人祸，没有消极回避，而是不断挑战自然，不断挑战自我。龙是中华民族的图腾，在水中驾驶着龙舟乘风破浪，披荆斩棘，寓意着民众挑战自然，挑战自我的决心与气魄。龙舟运动充分反映出中华民族敢于挑战自然，敢于挑战自我，奋勇拼搏的精神风貌。

二、龙舟运动的社会化

（一）龙舟运动社会化的意义

社会化是人类社会运行及人类文化不断延续和发展的前提条件，社会化的本质在于社会文化的内化。龙舟作为一项传统的体育项目，如果没有

社会化这项体育运动本身及其代表的文化，就不能保持一致性，龙舟的社会化表现在促进人的个性形成和发展，培养完美的自我观念；内化价值观念，传递社会文化；掌握龙舟运动技能，培养社会角色。龙舟文化所折射出的拳拳爱国之心、“富贵不能淫、贫贱不能移、威武不能屈”的意志品质、“举世旨浊我独清”的自信、团结拼搏勇往直前的精神、不畏艰险，力挽狂澜的毅力，对于中华民族的影响是十分深远的。我们华夏儿女所认知的许多崇高的理想、先进的观念、积极的态度和良好的习惯在这一文化中集中体现出来。龙舟竞渡本身所需要的动力就足以众人划桨推大船，营造出百舸争流的场面，无论是运动员还是旁观者都会被这一壮观的场而所感染，这就是社会化的过程。

（二）龙舟运动社会化程度

龙舟运动社会化程度由直接参与和间接参与龙舟运动的体育人口共同决定，对于绝大多数人来说，他们是通过直接观看比赛和媒体宣传了解这项运动，其中更多的人只是出于看热闹的心态。而直接参与这项运动的还是少数。到目前为止我过共有400多个县市举办过龙舟比赛，而且比赛往往几年才举办一次，作为年度比赛的地方非常少。受水域和器材条件的限制，非比赛阶段开展此项运动项目的很少，因此龙舟运动的普及率还很低。加上龙舟是世界上所有集体项目比赛单队人数最多的项目，正规比赛每条龙舟需要23人参加，而且这样的比赛至少也有二三十支代表队，政府作为比赛的主要或者唯一组织者，每组织一次这样的比赛就需要有足够的勇气和体力。龙舟运动表现为龙舟竞赛，而竞赛的数量少又导致了社会化程度较低。

（三）龙舟运动社会化遇到的问题

龙舟运动在全国尚不普及，在我国仅有湖北秭归、四川乐山和广东东莞等少数地方长期开展这项运动；竞赛活动少，地方性的龙舟竞赛主要集中在“五一”和“十一”期间；竞赛市场管理欠规范，地方性比赛尚不规范，竞赛规程执行不严；发展不平衡，这一项目主要集中在经济发达省份和静水水域丰富的地方，广大的西部地区开展这项运动非常困难；竞技水平不高，作为一种观赏性资源亟待进一步开发。

三、文化形态学视角下传统龙舟运动的现代化

现代体育是建立在西方体育文化基础上的。它之所以能在世界范围内

风行，一是现代体育以工业体育文化为基础，依托工业体育文化的强势向弱势文化地区渗透，此外，它还有完整现代的体育答理体制；二是现代体育的产生不同于传统体育文化，它并没有在封闭的状态下独立发展，而是在博采众长的同时吸收世界体育文化的精华，建立了公平竞争的氛围以满足人人参与的需要；三是随着身心健康逐渐成为人们日益关注的中心，围绕体育锻炼形成的体育产业不仅促进了工业社会的发展，也促进了自身的繁荣。在工业社会经济发达的情况下，以西方近代科学的身体观、生命观为理论依抓，以竞技运动为主体，以参与者平等竞争为外在表现形式的体育文化，在当代社会表现出强大的生命力和竞争力。

龙舟运动目前的发展现状有其历史原因，也受当前客观因素制约。借鉴现代体育的理念和发展模式，引入现代体育的文化和制度是帮助龙舟运动实现其现代化发展的重要途径。

第七章　龙舟文化产业论

本章内容中将针对龙舟文化产业的相关问题来进行分析，大致包括龙舟的题材与特点、赛龙舟艺术与审美以及龙舟的制作与竞渡等。

第一节　龙舟的题材与特点

一、龙舟的题材

这部分内容中我们将针对龙舟的题材来进行分析，从整体上来看，龙舟题材共可分为四类，分别是龙舟诗词、龙舟号子、龙舟说唱与龙舟对联，下面我们对其进行详细分析。

（一）龙舟诗词

在众多的传统节日中，与诗歌、诗人关系最密切的莫若是端午。1941年端午节前，郭沫若向抗战的文艺界人士发出倡议：从当年开始，将农历五月初五端午节定为纪念屈原的“诗人节”。倡议得到大家的积极响应。端午节除了赛龙舟、吃粽子，一些地方还会公祭屈原、办诗会。屈原于公元前约278年殉国，但屈原的精神却代代相传，且枝繁叶茂，硕果累累，荫庇和滋养着后人的精神世界。屈原是个诗人，从他开始，中国才有了以文学著称于世的作家。其著作有《楚辞》《离骚》《天问》《九歌》《招魂》等不朽优秀诗篇，他是中国文化史的一个里程碑式的人物。中国历史上杰出的文论家刘勰评价屈原“衣被词人，非一代也”；鲁迅称屈原作品“逸响伟辞，卓绝一世”，所以屈原被后人誉称为中国诗祖，世界文化名人。

另外，还有一些历代著名的文学家、诗人、文人雅士，歌颂、赞美、吟咏赛龙舟，留下了许多脍炙人口的壮丽诗篇。这些诗人基于缅怀屈原的爱国精神，基于赛龙舟的壮观场面，感同身受，写下了不朽的著作，在此我们展示一些比较有代表性的作品。

端午

（唐）文秀

节分端午自谁言，万古传闻为屈原；
堪笑楚江空渺渺，不能洗得直臣冤。

观竞渡

（唐）储光羲

大夫沉楚水，千祀国人哀。
习棹江流长，迎神雨雾开。
标随绿云动，船逆清波来。
下怖鱼龙起，上惊凫雁回。
能令秋大有，鼓吹远相催。

端午竞渡歌

（宋）黄公绍

望湖天，望湖天，绿杨深处鼓薪萧。好是年年三二月，湖边日日看划船。

斗轻桡，斗轻桡，雪中花卷棹声摇。天与玻璃三万顷，尽教看得几吴舰。

看龙舟，看龙舟，两堤未斗水悠悠。一片笙歌催闹晚，忽然鼓棹起中流。

贺灵鼍，贺灵鼍，几多翠舞与珠歌。看到日斜犹未足，涌金门外涌金波。

马如龙，马如龙，飞过苏堤健斗风。柳下系船青作缆，湖边荐酒碧为筒。

绣周张，绣周张，楼台帘幕絮高扬。谁赋珠宫并贝阙，怀王去后去沉湘。

棹如飞，棹如飞，水中万鼓起潜螭。最是玉莲堂上好，跃来夺锦看吴儿。

建云旃，建云旃，土风到处总相犹。朝了霍山朝岳帝，十分打扮是杭州。

蹋青青，蹋青青，西泠桥畔草连汀。扑得龙船儿一对，画阑倚遍看游人。

月明中，月明中，满湖春水望难穷。欲学楚歌歌不得，一场离恨两眉峰。

竞渡曲

（唐）刘禹锡

沅江五月平堤流，邑人相将浮彩舟。灵均何年歌已矣，哀谣振楫从此起。杨桴击节雷阗阗，乱流齐进声轰然。蛟龙得雨耆鬣动，螮蝀饮河形影联。刺史临流褰翠帏，揭竿命爵分雄雌。先鸣馀勇争鼓舞，未至衔枚颜色沮。百胜本自有前期，一飞由来无定所。风俗如狂重此时，纵观云委江之湄。彩旂夹岸照蛟室，罗袜凌波呈水嬉。曲终人散空愁暮，招屈亭前水车注。

岳州观竞渡

（唐）张说

画作飞凫艇，双双竞拂流。
低装山色变，急棹水华浮。
土尚三闾俗，江传二女游。
齐歌迎孟姥，独舞送阳侯。
鼓发南湖溠，标争西驿楼。
并驱常诧速，非畏日光遒。

竞州

（唐）元稹

楚俗不爱力，费力为竞舟。买舟俟一竞，竞敛贫者赇。年年四五月，茧实麦小秋。积水堰堤坏，拔秧蒲稗稠。此时集丁壮，习竞南亩头。朝饮村社酒，暮椎邻舍牛。祭船如祭祖，习竞如习雠。连延数十日，作业不复忧。君侯馔良吉，会客陈膳馐。画鹢四来合，大竞长江流。建标明取舍，胜负死生求。一时欢呼罢，三月农事休。岳阳贤刺史，念此为俗疣。习俗难尽去，聊用去其尤。百船不留一，一竞不滞留。自为里中戏，我亦不寓游。吾闻管仲教，沐树惩堕游。节此淫竞俗，得为良政不。我来歌此事，非独歌此州。此事数州有，亦欲闻数州。

竞渡歌

（唐）张建封

五月五日天晴明，杨花绕江啼晓莺；使君未出郡斋外，江上早闻齐和声；使君出时皆有准，马前已被红旗引；两岸罗衣破晕香，银钗照日如霜刃；鼓声三下红旗开，两龙跃出浮水来；棹影斡波飞万剑，鼓声劈浪鸣千雷；鼓声渐急标将近，两龙望标目如瞬；坡上人呼霹雳惊，竿头彩挂虹霓晕；前船抢水已得标，后船失势空挥桡。疮眉血首争不定，输岸一朋心似火。只将输赢分罚赏，两岸十舟五来往。须臾战罢各东西，竞脱文身请书上。吾今细观竞渡儿，何殊当路权相持。不思得岸各休去，会到摧车折楫时。

龙舟赛事是很多文人骚客捕捉灵感、展示才华的大好机会。千百年来，关于端午赛龙舟的诗词佳句不计其数，展现出端午习俗丰富的文化内涵。

（二）龙舟号子

这里我们所说的龙舟号子可以说是众多普通百姓号子唱和自我激励的民间音乐。龙舟号子虽然没有正式的乐谱，可是传唱千年，已经形成了几十种唱调，而唱词更是随着历史的演变、经济社会状况和人们生活方式的改变逐渐丰富起来。龙舟号子极大地充实了水域环境地区的民间音乐，同时它又是一部活历史：歌词里记载了各时代的生产方式、民风民俗甚至政治状况，反映了不同时期人民的疾苦与渴望。老百姓运用和谐的韵律唱出优美的天籁之音！奉节一带划龙舟的号子丰富多彩：有游江的舒缓慢板，有胜利凯旋欢畅明快的高歌，也有过滩抢先热烈奔放的呐喊。这里我们以竞渡号子为例。

竞渡号子

竞渡号子嗨嗨吆，唉嗨唉嗨吆……
喊起号子扳起艄，一声低来一声高，
标滩好似龙显胜，下水也唱上水谣。

嗨嗨吆，唉嗨唉嗨吆……
滩前众人齐助威，百条船来都争潮，
船头那锣鼓震天响，船在了水面也如枕在了涛。

嗨嗨吆，唉嗨唉嗨吆……
屈子的花都开成浪，屈子的《九歌》都渗透滩号，
屈子的《九章》点染起龙舟，屈子的浪漫传千朝。

嗨嗨吆，唉嗨唉嗨吆……
这边女子包粽子，那头孩子向江抛，
鱼儿都做起驮工，水草也摇姿旋潮。

嗨嗨吆，唉嗨唉嗨吆……

江上一沸腾，舟舟都争先，黄色的褡裢白汗冒，
两岸一沸腾，声声全传威，激烈的号子连水飘。

嗨嗨吆，唉嗨唉嗨吆……
船头我的郎啊，把鼓再响点，争先先争气啊，船头郎啊、眉好！
江边我的妹啊，把歌再飘点，争彩先争靓啊，江边妹啊、嗓翘！

嗨嗨吆，唉嗨唉嗨吆……
大家齐努力，赶潮在潮头，浪尖都是险啊，重重渡难竞先笑！
赢得红花带，末者也披彩，友谊快乐第一，拳拳汉子最德高！

嗨嗨吆，唉嗨唉嗨吆……
平时的爷们奔小康，种地插秧开门面，爽朗面孔汗涛涛，
今天的汉子赛友谊，眉头项背宽脚板，欢乐声声透赛袍。

嗨嗨吆，唉嗨唉嗨吆……
大浪打来摆摆头，甩个跟头练个抛。
号子一喊浪低头，打个寒战山也摇。

通过我们对龙舟号子的了解可以发现，能唱龙舟号子的民间艺人主要分布在四川新津县南河沿岸，都是从小在师傅的传唱下学会的，并在多年的演唱中不断继承和发扬。目前该县已将号子的历史背景、文化渊源以及传承体系等整理完毕，正在申报成都市非物质文化遗产。

（三）龙舟说唱

龙舟说唱是一种民间说唱艺术，起源于清代。其说唱的艺人全为男性，手持一具木雕小龙船或龙舟手杖作道具，胸前持小锣小鼓，边敲边唱，内容多为谐趣故事及平安祝颂语，多在茶楼、乡渡和分村大榕树下卖唱。龙舟说唱在辛亥革命和抗日战争时期起到了很好的社会宣传作用，时称“社会龙舟”“政治龙舟”，艺人所编写的反清、抗日及控诉“三害”（吸毒、赌博、嫖妓）等长篇唱词，对社会产生了深远影响。（图 7-1-1）

图 7-1-1　龙舟说唱

中华人民共和国成立后，龙舟歌在一些

方面也进行了探索与改革，增加了女演员演唱；原只有单人演唱，后增加了双人对唱及群口齐唱，并尝试添加小乐队伴奏等，越来越趋向于多元化。

龙舟歌是一种用广州方言演唱的粤曲清唱形式，粤剧、粤曲常用的曲牌之一，也叫做“龙舟”。其产生有多种说法，第一种说法是在清乾隆年间的顺德区杏坛镇吕地村，一位破落的刘姓大户子弟，因家境衰败贫寒，到广州考举人又没考上，于是，有些音乐天分的他从粤剧中学会一些调子，并融合了一些其他曲艺的特色，首创出龙舟歌来，并以此为生计，编创了这些东西四处卖艺传唱。至今，唱龙舟歌已有260年历史了。

第二种说法是清康熙年间，天地会等组织为方便开展宣传，编创耳熟能详的地方唱腔。

第三种说法，人们认为龙舟歌是由在端午节赛龙舟时向龙王爷祈祷，口唱消灾纳福、驱邪保健的祝颂词演变而成的。

第四种说法，龙舟歌是在木鱼歌的基础上发展演变而来。相传在明朝中叶后期有一落难秀才，由于生活困迫，无奈之下经常到寺庙乞讨，长期在寺庙听和尚诵经念佛。和尚手敲木鱼，口中念念有词，所诵经文如泣如诉十分动听，秀才触景生情，将自己的遭遇编成顺口溜，学着和尚手敲木鱼独自吟诵解闷，从此便产生了木鱼歌。后经过艺人的不断改良和创作，运用声韵节奏规律，外加小锣鼓的敲击伴奏，便产生了龙舟歌。

即兴演唱、简短通俗、朗朗上口是龙舟说唱最大的特点。唱词多以七字句为主，四句为一组，上句仄韵自由，下句必须押韵，有起式和煞尾。诗歌创作的赋、比、兴手法被普遍运用，语言通俗生动，格律自由，曲调简朴流畅，抒情叙事均宜。作品题材多采自民间传说和地方典故，长篇较少，短曲为多，所唱的内容大多是一些劝人为善，或者喜庆吉祥的祝福话。也正因为龙舟说唱具有地区方言的特有韵味，在组织粤语唱词和“问字求强求腔”等方面有较高要求，词曲自编自唱、随编随唱。(图 7-1-2)

图 7-1-2 龙舟即兴演唱

随着现代社会文娱形式的丰富，龙舟歌的原始缺陷逐渐显露：音乐性差，乡土气息浓厚，陈旧落伍和缺乏包装，于是逐渐受到冷落。由于早先民间艺人识字不多，且多为口耳相承，所以流传完整的书籍史料并不多见。至今，整个广东省会龙舟说唱的人已经所剩无几了。

龙舟歌的曲目，部分来自艺人自编自唱，部分直接把木鱼歌唱词改用龙舟歌演唱。中、长篇作品较少，但题材内容多样：有神话、传说、寓言故事类，如《八仙贺寿》《金星戏窦》《仙姬送子》（图 7-1-3）等；有历史故事类，如《昭君和番》《王允献貂蝉》《凤仪亭诉苦》《大闹梅知府》《霸王别姬》《蒙正谢灶》《贵妃醉酒》《三聘孔明》等；有爱情故事类，如《西蓬击掌》《金桥问卦》《柴米夫妻》《云英问病》《桃花送药慰相思》《杨翠喜忆情郎》等；有慨叹人生坎坷类，如《老女叹五更》《赌仔回头金不换》《怨嫁迟》等；有描写社会问题类，如《东兰返村》《朱买臣得志》《碧桃锦帕》等；还有娱乐性、知识性一类，如《七夕赞花》《解携篮》《花木思娇》等。

图 7-1-3　龙舟曲目演出

广东省佛山市顺德区杏坛镇北水村有两位龙舟公，他们正好是师徒俩。师傅尤镇发张口就来龙舟说唱，一唱起“龙舟”，老人显得精神抖擞，七八分钟的说唱，老人口不停，手不歇，边唱边敲，打着另一手抓着的小锣小鼓，如图 7-1-4 所示。

图 7-1-4　龙舟会

我们都知道，尤学尧是国家正式封授的“国家级非物质文化遗产龙舟说唱传承人”，全国有此称号的目前只有他一人，因此，他在杏坛当地亦小有名气。如今他的儿女没有跟他学唱龙舟，村里的年轻人也没一个愿做徒弟。现在龙舟说唱面临的最大困窘是，会唱的人越来越少，而想学的人几乎没有。

据说，学龙舟说唱的人很少是因为人们认为这是个不体面的行当，比乞丐好不了多少。当年街上的流浪者，为了生存，会编一些恭喜祝福的唱词，在喜庆的日子里挨家挨户唱龙舟，主人为图吉利，便会给点利市。不过，正因为唱龙舟可获得一点微薄的收入，一些穷人为了生计，才不断加入这一队伍。逢年过节或者遇到嫁娶、乔迁等喜事时，人们也会请龙舟公唱曲助兴。有朋友说，尤学尧接受采访是要收费的，倒不是他有多穷，而是龙舟说唱艺人走江湖养成的一种“职业习惯”。

目前，龙舟说唱已经逐渐式微，这一日渐式微的民间艺术亟待发展和传承。在顺德杏坛，龙舟说唱的形式相对比较完整，每逢端午、龙母诞等节日，当地村民就会自发组织龙舟说唱活动。当地为了保护龙舟说唱这一艺术形式，成立了龙舟说唱协会，杏坛镇建立了“民俗民间艺术培训基地”，以及让龙舟说唱走进校园等活动，从多方面来保护、开发和传播杏坛民间民俗文化。2006 年，龙舟说唱被国务院批准进入第一批国家级非物质文化遗产保护名录，并公布于世，这个草根艺术终于有望从绝唱的边缘走回来。

在这部分内容的最后，我们以一首优美的赛龙舟说唱歌词结束，是现代版的龙舟说唱，具体内容如下。

龙舟说唱

（现代）吴雁泽演唱；施光南曲；任志萍词

锣声（哟）密密（哟）鼓声稠（哟），
端阳佳节赛龙（啊）舟，赛龙舟。
锣声（哟）密密（哟）鼓声稠，鼓声稠，
端阳赛龙舟，嘿！端阳赛龙舟。
粗胳膊的小伙显身手，哟啰哟唠嗬。
大嗓门的姑娘喊加油，哟唠哟唠嗬嗬。
桨作蛟龙腿呀，旗是那蛟龙头。
江上搏来浪里斗，不夺头名不罢休，
不夺头名不（哇）罢休哇！
哟啰，哟啰，哟啰，哟啰，
不（呀么）不罢休！

挥动（哟）战旗（哟）闯急流，闯急流，
同心争上游，嘿！争（呀么）上游。
十七八青年赛猛虎，哟唻哟唻嗬。
拼搏正是好时候，哟唻哟唻嗬嗬。
胜也不摆尾呀，败也不低头，
汨罗江上五月五，你追我赶赛龙舟，
你追我赶赛（呀）龙舟哇！
哟啰，哟啰，哟啰，哟啰，
赛（呀么）赛龙舟！
哟啰啰喂，喂啰哟，
哟啰啰喂，喂依啰哟，
哟啰嗬，哟啰嗬，哟啰嗬，哟啰嗬，
你追我赶，我追你赶，
加油！加油！加油！加油！
加油！加油！加油！加油！
赛（呀么）赛龙舟！嘿！

（四）龙舟对联

在对联方面，民间也留下了不少吟诵龙舟的佳句，但影响则不及诗词。下面我们出示一些较为经典的龙舟对联。

艾叶吐幽芳香溢四海，龙舟掀巨浪气吞八荒。

结艾钗头轻战虎，夺标船首惯成龙。

艾人驱瘴千门福，碧水竞舟十里歌。

石榴映红日千门喜庆，鼓乐催龙舟万水欢歌。

手执艾旗招百福，门悬千剑斩千邪。

端午池塘菡萏欣喜，石榴房房迎红日千门喜庆；
夏初路畔蔞薇竞绽，锣鼓声声催龙舟万水欢腾。

在多种形式的龙舟活动中，历史上各个朝代不少文人墨客留下了众多赞美龙舟活动的对联，对联与上文中我们所说的诗词、号子以及说唱等都是相通的，其内容都是通过描写端午节赛龙舟的浩大场面，表达了人们对伟大爱国诗人屈原的缅怀和歌颂。

从整体上来看我们能够发现，这些诗联作品集中反映了广大人民群众传承屈原的热爱祖国、热爱人民、修身治国齐家平天下、为国为民勇于献身的精神，热情歌颂了屈原舍身成仁的美好品德。同时这些诗联作品又从另一个角度歌颂了广大劳动人民热爱生活、追求美好家园的情怀，反映劳动人民过端午、赛龙舟的热烈场面，表达了广大劳动人民期望社会安定和谐、国泰民安、生活美满的良好愿望。今天重温这些诗联作品，有助于我们更好地继承优秀传统文化，弘扬爱国主义精神。

二、龙舟的特点

关于龙舟的特点，此部分内容中我们主要针对赛龙舟的特点来进行分析，主要表现在四个方面，具体内容如下。

（一）弘扬民族文化

赛龙舟向世界传播中华文化，在我国台湾、香港、澳门等地，端午节赛龙舟的风俗也十分盛行。受中华文化影响，亚洲地区的韩国、日本、越南等不少国家也开始引入自己的端午活动。近年来越来越多的外国人被中华文化的魅力所征服，国际友人对中国的了解不断加深，对中国传统文化也兴趣十足。一些西方国家虽然不过端午节，但是也开始“热情拥抱”端午节的标志性节目——赛龙舟。赛龙舟随着中华文化日益渗透到全世界，中国古老的传统文化正一步步走进世界各国的视野，在美国、俄罗斯、新加坡等国，赛龙舟正逐渐成为一项广受欢迎的时尚体育运动。目前世界上有 30 多个国家和地区开展龙舟活动，赛龙舟起到了传播中华文化，连接友谊桥梁的作用。

（二）与经济密切相关

我们都知道，我国在抗日战争期间，时局艰难，生存都成了问题，只顾得口顾不得划龙舟。新中国成立后，龙舟的发展在“文化大革命”期间也受到了阻碍，赛龙舟被赋予“牛鬼蛇神、封建迷信”活动，不但竞渡被取缔，连龙舟都要通通销毁，各地的赛龙舟活动因此偃旗息鼓。党的十一届三中全会以来，时局稳定、经济繁荣，人民生活水平普遍提高，对文化娱乐活动也提出了更高的要求，具有悠久传统和深受广大人民喜爱的赛龙舟活动，躬逢盛世，盛世的龙舟更加蓬勃发展。一到每年的端午节，我国的大小江、河、湖、海的沿岸，都好似披上了节日的盛装。群龙闹江如穿梭，岸上观众频喝彩，锣鼓声、爆竹声响彻云霄，到处呈现一派热烈欢腾，繁荣兴旺的景象。

（三）浓厚的巫术特点

从整体上来看，龙舟这种浓厚的巫术特点主要表现在以下四个方面，下面我们分别对其进行分析。

1. 民间传说

据古籍记载分析，龙的身价分化，大概始于明代，很可能是受到了《西游记》《封神榜》等神话小说丑化和贬低龙王的影响，才把龙分为两种：一种是历来象征皇权的善龙；一种是危害老百姓的恶龙。黔东南苗族传说的烧死恶龙报仇故事，只能产生于明代或明代以后，而赛龙舟则很可能起源于史前曾居住在我国东南沿海地区的东夷氏族集团。苗族先民也曾在这个地区居住过，据历史专家分析，他们就是东夷的一个支系，所以最早受到龙舟文化的影响。赛龙舟无疑是先民对生物龙崇拜和对其功能进行模仿的产物。所以，我们认为烧恶龙又祈求它降雨保丰收的传说，显然是次生态巫文化与原生态巫文化的结合。

2. 巫术的主体

山神、祖灵、龙王庙是被作为巫术主体的同盟军来祭敬的，主要是祈求他们保障龙舟的安全，以达到龙舟赛这种巫术的胜利。

3. 恶龙的产生

赛龙舟活动中，被装饰的壮丽、威武的龙舟，不可能像传说中说的是恶龙的工艺化形象，它只能是苗族先民崇拜的、曾经称霸于水域的生物龙的象征。那么，它就应属于对自然力的崇拜的模拟巫术，不可能属于对超自然力崇拜的祈求巫术。

后来为了避免不测，才寄希望于巫术的手段，祈求先民本来就早已对其威力和影响由衷崇拜的生物龙。那么，龙舟竞赛也应是原始渔猎演习与巫术结合演变的遗存。

4. 巫术的本质

巫术不像宗教那样，对客体尊崇备至，诚心充当奴仆，一味屈从拜敬，讨好祈祷，而是一面祭祀，一面要挟，甚至武力征讨，力图影响、征服和控制自然力和超自然力。例如遇到旱灾时，苗族曾往龙潭中撒一种有毒的植物粉末，以此来胁迫龙王降水。尤其是龙舟上那种勇往无前的精神，难道不是充满着一派杀气腾腾的巫术气概吗？不见丝毫宗教屈膝膜拜的奴颜媚态呢？

（四）竞技体育特点

最初，赛龙舟的目的集中在祛病保健康上，到了唐代发展为盛大的体育比赛——夺锦标，如今成为时尚竞技运动。夺锦标不仅要有体力、耐力，而且还要团结协作、机智灵活，更要熟悉水性。

端午竞渡是群众性的水上运动，对强身健体起到很好的功效。同时，古人把赛龙舟与祭祀祖宗神明有机结合起来，把祭祀神明与驱邪除恶、保境安民结合起来，从中获取信心和力量，起到团结和凝聚民心的作用。

第二节　赛龙舟的艺术与审美

一、龙舟艺术

从龙舟艺术的角度上来看，其艺术特色主要表现在造型、宗教与文学艺术三个方面。

（一）造型艺术

用来竞渡的龙舟，旧时的形制比现在烦琐了许多。有人将龙舟分专职龙舟和业余龙舟两大类。专职龙舟是与竞渡有关的船，不作他用；业余龙舟则是以生产用船临时改装而成，竞渡后又恢复为生产用船。专职龙舟又分为竞渡龙舟、游龙、造型龙舟等。根据当今的竞赛规则，则有传统龙和标准龙之分。各种龙舟的构造大致相同，包括：龙身（包括桨梢或橹）、龙头、龙尾、各种装饰物和锣鼓。

1. 龙头

大多用整木雕成。无论专职龙舟或是业余龙舟，龙头都是竞渡前才装上船头的。龙头造型千姿百态，根据各地风俗而定。数百年来珠三角地区的龙头分两类：“鸡公头”和“大头龙”，各具特色。广州西江、北江两江流域，以鸡公头为主；东江流域的东莞、增城和博罗诸地则均为大头龙，南（海）、番（禺）、顺（德）也有，但数量较少。鸡公头长颈平头，古典风雅；大头龙龙头高高翘起，气势轩昂。鸡公头和大头龙均属传统龙，符合国际竞赛标准——属于标准龙。

2. 龙身

标准龙身长为 18.3 米，额定人数为 22 人，只有一个鼓手，一个梢工，简单明了。标准龙是为了普及和推广，符合国际比赛的标准而引入的一个品种。传统龙与标准龙还有一个不同是：前者全为男性，后者有“男龙”和“女龙”，无论“传统”或“标准”，当今“混合龙”也在逐步被人们所接受。

3. 龙尾

大多用整木雕成，充满鳞甲。龙船以外形色彩区分为赤龙、青龙、黄龙、白龙、黑龙等。不论船身、船上的罗伞旌旗等装饰，还是桡手们的服装乃至船桨，都讲究与船体协调搭配一色。

4. 锣鼓

贵州清水江苗族龙舟（图 7-2-1），船首安装硕大高昂的木质雕刻彩绘龙头，船尾插一束象征羽尾的芭茅。值得注意的是：龙舟上的鼓头与水手之间，必坐一位“雄衣”盛装打扮的妇女（现已由男孩乔扮），她的面前有一条蛇形立柱，上面挂着名为铜鼓、今已演变为锣的乐器，她的头上还必撑一把伞；龙舟的龙首之顶要雕一只鸟，这似乎和文献记载的“龙舟鸠首”相合。

图 7-2-1　苗族龙舟

（二）宗教艺术

古时候由于科学的落后，许多民间活动都打上了宗教迷信的烙印。宗教把对事物的误解和歪曲幻想作实际存在的事物本身，就产生了“神有灵”的观念。遂激发起先民们神秘而荒诞的心理因素，并成为他们在功利的行为仪式中，发挥主观能动性的巨大想象力和驱动力。

1. 宗教信仰

古代先民社会生活中的主要矛盾是人与自然的斗争。先民们必须做最大的努力才能保证自己的生存与发展，因而他们的一切活动，都是严格地与个人和集体的功利动机相联系，并受其制约和支配。

那些原始观念中与自己的生存和发展密切相关的事物，往往就成了他们的审美对象和依赖对象，在这种适应和改造的过程中，人们并不会仅满足于龙及龙舟的一般人格化，它还必须按照人们的意愿，来适应人们今天尚未达到、明天必须达到的追求心理的需要，并且在漫长的历史过程中，又打上了新的宗教烙印，比如说道教。于是，人们在创造出各具特色的文化的同时，它所具有的宗教色彩也就深厚了。

2. 祭祀典礼

祭祀的对象大都是以本龙舟的龙神为主，但也须祭祀本团体平日所信仰的神灵。平日里，龙头和龙尾则安放在神庙之中享受香火，江西赛龙舟前要按道教的方式举行礼仪。因为龙头和龙尾代表的是龙的化身，须把它们迎接至舟船上与之结合在一起，才能算作是真正意义上的龙舟。所以祭祀仪典的第一个仪式就是酹酒祭神的“朝庙祭”。旧时飨宴酬酒祭神须由尊者或老者一人举酒祭地，遂谓位尊者或年长者为“祭酒”。本方众信士今天将要请龙归位于舟船，特请求神灵护佑。行三跪九叩大礼后，接下来再为“龙”披红挂彩，然后又在一片鼓乐鞭炮声中由年轻后生将“龙”请出神庙抬至河边，安放在早已准备停当的供桌中央，开始进行“祭龙”仪式。供桌前边摆好香炉，点一对蜡烛，食烹异品，果献时鲜，谓之“请龙饭”。供桌前的地上放有蒲团，划龙船的人都要去磕头敬香。然后须杀一只白色的大公鸡。杀白公鸡祭龙或祭龙船是因为白色洁净、祥瑞。

3. 祈求五谷丰登

在百姓的心目中五谷的丰收靠土地、靠水分。龙主水，而水又是龙的故乡。龙王布云施雨的观念已深入民心，对龙的尊崇以及祭龙，祈求龙保护一方百姓，是体现以农业治国最基本的生产活动的民事活动。国以民为本，民以食为天，亦充分说明了食物是百姓与大自然的根本情结。因而民间的一系列祭祀活动可以说都是围绕着“食”这个主题而进行的，赛龙舟也不例外。

农业是靠天吃饭的，风云雷电都是天上的神，天神支配着人们的一切行动。也就是说收成的好坏都是由天安排并掌握的，他们的命运则是由天定的。因此先民们也把农事与天事联系在了一起，有了收成首先就要祭天，要感谢并祈求龙王。时逢端午，对于生活在水边的农耕者而言，积极投身于赛龙舟之中，表现出他们对水与土的情感，对丰收的重视和眷恋，亦反映着他们对农业生活的良好愿望。

4. 祈求出行平安

凡是在水上行船走水讨生活，甚至是靠水而赖以生存的各行业，以及耕田种地的、打鱼摆渡的都会积极地参与其中。这是生活在“水网”地区的人，在舟楫以通往来的时代，遭受到自然灾害和对许多自然现象无法理解时，为保平安而自然地自发地寻求神灵庇护的精神寄托。这也是他们看重并积极投身于竞渡以悦水神的根本原因。

（三）文学艺术

赛龙舟的文学艺术表现形式有：诗词歌赋、对联、说唱、号子等方式，但影响最大的当数诗歌。在众多的传统节日中，与诗歌、诗人关系最密切的莫若是端午。端午节除了赛龙舟、吃粽子，一些地方还会公祭屈原、办诗会。

一些历代著名的文学家、诗人、文人雅士，歌颂、赞美、吟咏赛龙舟，这些饱浸诗骚的古代文人，在他们的五彩笔端和灵魂深处，久久萦绕着竞渡风景、几多情愫，为后人留下了许多脍炙人口的壮丽诗篇，而歌咏赛龙舟广而多的当推唐诗。

歌咏竞渡的还有储光羲的《观竞渡》、白居易的《竞渡》、刘禹锡的《竞渡曲》及李群玉的《竞渡》等。在文人的心中，悼念和祭祀屈原，意味着透过悲喜两重天的翻转和升华，去追慕感同屈原的狷介和崇高，这些诗词不仅翔实描写了赛龙舟的壮美场景，还深刻表达了对屈原的怀念之情。诗词的内容真实地展现了从古至今，人们对于赛龙舟的内心情感和重视程度，诗词歌赋艺术的表现与升华，是缅怀先人的情愫，也是学习传统文学与艺术的途径，更是中国传统文化与民俗的完美结合。此外对联、说唱、号子等艺术表现形式，也为我国的民族文化传统艺术作出了一定的贡献，在文学艺术的篇章上也留下了浓厚的一笔。

二、龙舟审美

人类创造的龙舟文化，是求知欲所激发出强烈的好奇心使然，是先民为了解答自然事物存在着的神秘感，从而创造出的视觉满足、听觉享受的艺术作品。对于古人而言，赛龙舟意味着一种寄托，一种灵魂深处的求索。如图 7-2-2 中所展示的分别是龙舟木雕艺术、剪纸艺术与竹雕艺术。

(a)　(b)

(c)

图 7-2-2　龙舟艺术

(一) 龙舟的鉴赏美

随着时代的变迁与历史的潮流，龙舟也在不断更新以符合现代人的审美标准。早期创造龙舟之初，人们只是单纯地凭借龙舟来祭祀、纪念、祈福、祝愿，随着赛龙舟的发展，人们已经潜移默化地将龙舟的美与审美标准融入其中。作为一个重要的、具有普遍性意义的美学范畴，审美对于不同事物有不同的标准，但其共同的特点和内涵还是基本相同的。

竞渡中，人们会不自觉地受到竞渡激烈场面的感染，龙舟的造型、桡手的服装、锣鼓的节奏、旗帜的色彩等等，感受现场视觉和听觉的冲击，即是一次审美的过程。

再来看竞渡船上人员的站位结构——上下上，从物理学角度讲，是为了使船身稳定、前进、加速，从美学的角度来说，又是等比例的构图模式。在人们欣赏龙舟飞行的过程中，这项古老的运动与自然环境融为一体的构图，是动与静的交融，是经验与美的结合。(图 7-2-3)

由于人们面对的是很富有吸引力的、启发性的一种美的过程，自然会

图 7-2-3　龙舟鉴赏

唤起对于龙舟的种种联想和想象，会加深感受和理解。人的青春、人的生活、人类的繁衍、人类的进步，本来就是五彩缤纷的，加上龙舟盛装上的强烈对比色，烘托出强烈的情感，和那服饰图腾体系的图像相呼应，这一切都是一种悠远久长，代表着审美意识形态物化的文化复合体，成为赛龙舟审美的典范。

（二）龙舟的原生态美

大江以南，凡是有河流可通船舶航行的，无论大城小市，端午必照例举行赛船。比赛现场是人声鼎沸，场面壮观，充满诗情画意，向世人展现力量与激情的阳刚之美，寄寓着各族人民丰富的感情和高尚的情操。凡是炎黄子孙，不管人在何处，一听到赛龙舟的锣鼓声，那种原始的眷恋祖国之情便油然而生。如图 7-2-4 中所示所展示的就是龙舟竞渡的阳刚之美。

图 7-2-4　龙舟竞渡阳刚之美

赛龙舟这项运动不仅可以调解人们的生活压力，还能够改善相互之间的人际关系。竞渡期间，亲戚好友，欢聚一堂，庆度佳节，共叙友情；老百姓探亲访友，联络感情，对于增加感情的交往，促进人际关系的改善，是很有益的。竞渡是一项集体运动项目，尽管平时有些小矛盾，但是为了本家族或整个团队的名誉，大家都会求同存异。在一起经历胜利、呐喊、挥汗之后，常常会将恩怨得失忘记，一同在这难得的气氛中放任自我，与团队群体一起欢聚。

第三节 龙舟的制作与竞渡

一、龙舟的制作

(一) 龙舟的质地

关于龙舟的制作，从其质地用料上来看，经历了四个历史阶段，其具体内容如下。

1. 第一阶段

从其时间上来看大概是在民国之前。用料主要是格木、柚木、坤甸木，格木分布于我国浙江、福建、台湾、广西、广东等地，木材坚重，耐水耐腐，为造船上等的良材。所以古人也知道选择孔隙性密实、材质坚固耐用的木料，造出的龙舟身重体沉，吃水深，但划行阻力较大。

2. 第二阶段

从其时间上来看大概是在民国以后到改革开放之初。用料主要是松木、樟木，这些材料容易获得，成船重量减轻，船速有所提高。

3. 第三阶段

从其时间上来看大概是改革开放以后至20世纪末。选择用料已基本改为杉木，随着制作工艺和科技水平的提高，纯手工技术逐渐向机械规模化制造转变，造舟成本也在大大降低，龙舟的科技性能也在逐步提高。

4. 第四阶段

从其时间上来看大概是21世纪至今。各种高科技含量的合成材料面世，特别是近两年，碳纤维、玻璃钢等合成材料的运用，改变了过去以木料为主的造舟工艺，合成材料以其更加优良的物理性能，节省了大量木材，而且造出的龙舟质地轻，外观美，寿命长，耐保养，划行快。

几千年的龙舟制造史，经历了手工制作和机械化制作两个时期。手工时期，锯树、劈板、刨木等重体力工序，只能依靠人手，劳累繁重；进入20世纪80年代后，繁重的体力工序已为电动机械所代劳了。早期龙舟用料尺寸，师傅全凭经验和记忆，且手艺一般是师傅带徒弟，不轻易外传；到20世纪90年代，新型的龙舟现代化工厂从设计、下料、生产到成品出库，已完全使用电子化机械设备来完成。

龙舟制作非常讲究，宽度仅能容纳两个人并排坐下，首先，要充分考虑力学原理，使舟在划行时阻力要小，划手坐在舟上还要保持龙舟重心平稳，不至于倾斜翻倒；其次，在各种恶劣的水域环境中，龙舟会不断受到波浪横向冲击及上下拍打的巨大冲击力，导致船体破裂，船毁人亡。所以船体的刚性必须能够抵御各种强风恶浪，坚固耐扒。

（二）龙舟制作的工序

具体来看，龙舟的制作工序大致可分为三个步骤，分别是选料、建造与造龙仪式，具体内容如下。

1. 选料

从龙舟的选料上来说，造船的木头要求有足够的纤维，木材大、匀称、轻巧。这样造出来的龙舟表面光滑，在水中行进才能减少阻力。各地造船的选料存在差异，有些地区多选用坤甸木，取其结实耐腐；有些地方多用杉木，取其轻便；有些地方用樟木，取其防虫防蛀；也有些地方选用混合木料，升板、底板，即船帮和船底多用轻便木料。造大龙舟，最困难的是寻找木材。要寻找25米长以上的整木，将其切分成5片接成船底，这样造出的龙舟才会坚固结实，水上人家有句俗语“一日造船，千日过波”，意寓造出的船必须坚固美观，还要经受风浪考验。

图 7-3-1　龙筋

竞渡龙舟的建造与普通船只建造过程有所区别，普通船只直接用锔、用钉、用卡子连接木板而成，竞渡龙舟一般要求轻便、易划，故外形比较窄长，为了在行船时船身平稳不晃动，多数的龙舟都有龙骨（一根长的方木穿过船底），俗称龙筋（图 7-3-1），多选用楸木、红椿木、樟木。竞渡龙舟是先按照龙筋的形状打造出“龙骨架”，然后再把木板安装上去。个别地方还要用麻扎竹篾绕船，目的是使船身更稳固。

湖南制作竞渡龙舟还有些特殊的习俗，制作龙舟首先偷树，以前制造龙舟都选用上等优质木材，所以龙舟也能够使用数十年甚至百年以上，不可能年年偷木料造龙舟。因而此俗也只是象征性地“乘”主人不备，顺手牵羊“拿”几节零散材料，用于每年竞渡前修补龙舟之用，或者做个桡片什么的。

2. 建造

传统龙舟的整体建造结构包括：龙头、龙尾、龙骨、龙肠、面板诸部分，活动部分有木桡、龙梢、龙船鼓、双（前、后）铜锣、龙棍及龙旗等各种装饰物等。

竞渡龙舟外形，是两头窄，中间宽，船头正面上窄下宽呈梯形斜平面状。有些船头正中处装饰有一圆球形凸出物，谓之“龙蛋”；船尾呈“V”形燕尾状；船底呈圆弧状，形若黄瓜，故谓之“黄瓜底”。船长五丈九尺，包括龙头尾，约合 16.5 米，寓意龙有九五之尊；前后舱为三尺二寸，约合 0.896 米，寓意三平二满；中间舱为五尺五寸，约合 1.539 米，寓意龙船用于重五节。

一般来说，龙头与龙尾属于木雕工艺，大多用整木雕成。制造龙头工艺比较复杂，有选料、开料、勾画、放样、雕刻、打磨、抛光、上色等十几道工序。根据不同的地方特色，每件龙头的须、眼、角、鼻、嘴、牙、唇、眉、腮、腭等均有不同之处，其大小、外形、质地也不尽相同。只有在竞渡前才安装在船上，这是龙舟与其他船只相区别的主要标志。

除了上文中所说的木雕龙头外，解放前四川省成都市五通桥还有用纸扎的龙头、龙尾。浙江余杭县五常乡金家塘村的龙头用纱布做成，称为“乌龙头”。每年做一次，赛龙舟之后烧掉。浙江鄞州区的龙头、龙尾都画在船上。云南大理海东区的龙船有的是在船头画上二龙抢宝的图案。台湾台北县松山的龙船，只是在船的两边画上一对彩色的龙凤，台湾士林人也是将龙画在船上。

龙尾大多情况下是用整木雕而成，刻满鳞甲，各地虽然也有一定的差别，但它不是龙舟的主要标志，显得不那么重要，故此有的地方比较简单，如江西高安县云阳镇的龙尾一般是用两块有花纹的木板，一边插一块在船尾即可。有些地方的龙舟甚至只有龙头，没有龙尾，如广东大头狗龙舟就是这样。

赛龙舟前还要调校龙舟的“刚度”——根据桡手总重量而确定船两头翘起的高度。在“龙肠”与“龙骨”之间，每隔 80 公分左右，有一篾结相连，中间插入一木楔，木楔插入紧些，结便抽紧，船两头随之翘起，船的刚度便可随意调校。现代龙舟上还有龙桩，长舟上前中后各有一个，它们的作用是把龙骨与龙筋紧紧相连，使船整体更加牢固。每个龙桩由三块板子构成。

3. 造龙仪式

打造龙舟是一件神圣的事情，因而也就有许多庄重的礼仪和必要的规矩。打造龙舟过程中的礼仪或者所谓祭祀规矩在千年流传中产生了许多变异和分化。人们只能依据仅存的习俗附会上种种想象，并以讹传讹发展至今。据说，锯好树种后将其搁置在木架上，由领头的请一个木匠掌脉师，选一个良辰吉日，举行祭木仪式。在开工前三日开始沐浴斋戒，禁女色，禁食鱼类海鲜。祭木仪式大体上与龙头祭仪相同，祭木时间一般选在子时，制龙舟不像雕龙头神秘，但在祭木时，要封禁，除领头的和掌脉师等在场以外，其余闲杂人员不准在场，特别是女人不准偷看。领头的和木匠掌脉师都要顶礼朝拜，念神咒，掌脉师最后反身将斧头劈在树上。祭木之后，掌脉师按龙舟划手人数计算下料，全手工锯木切割，要求计算精确，船上划手等人位置比例匀称协调，船上的装饰和搁置空位一应俱全。船边的水平线以中点为标准，误差在一寸三分（4.33 厘米）的范围内，水平线过低船就慢、水平线过高船就会沉。小龙舟的制作速度非常快，一般不超过三天，有时一天一晚即可。

在闽南地区，龙舟通常是某个自然村的公共财产。水上人家有句俗语“一日造船，千日过波”，意即造出的船必须坚固美观，才能经受风浪，故造船的重要性丝毫不亚于岸上人家建房，“礼路”丝毫马虎不得。钉船板犹如建房的奠基，还要举行“奠基典礼”，摆上供品祭拜。特别是在“点睛”这一重要环节，还必须举行隆重的仪式。

二、龙舟竞渡

在龙舟竞渡这部分内容中，我们主要针对传统龙舟竞渡的相关内容来进行分析，其具体内容如下。

（一）龙舟竞渡比赛方式

从龙舟竞渡的比赛方式上来看，大致可将其划分为三大类别，分别是竞速、非竞速与夺标，具体如图 7-3-2 所示。

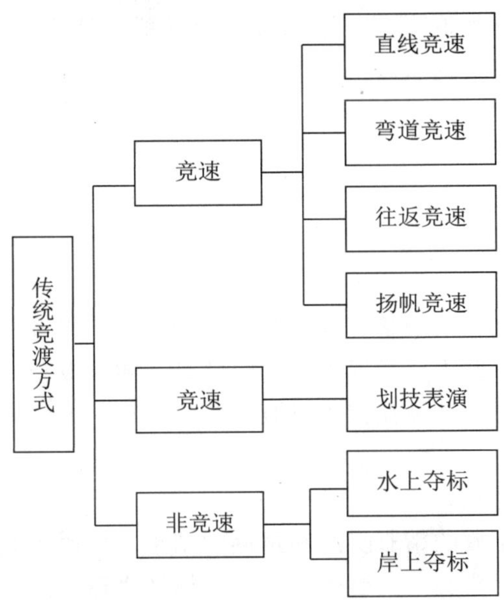

图 7-3-2 龙舟竞渡方式

1. 直线竞速

在宽阔笔直的水域进行竞渡比赛，是龙舟竞渡千百年来最普及、最传统、最流行的竞渡方式。在全国开展龙舟竞渡的水域，主要的竞渡方式都是直道式。

2. 弯道竞速

包括包龙头、拖长水和绕圈竞渡三种形式。拖长水，又称“斗长水”，其实质是没有终点的竞渡。当两船悄无声息地靠近开始竞渡后，落后的一方不认输，便在江河中不间断地彼此追赶。只有一方认输后才能终止竞渡。绕圈竞渡，根据特定的水域环境，按照约定的圈形水路和规定的圈数竞渡。

3. 往返竞速

具体来说有两种方式。第一种是龙舟不掉头，而是划手换向。由于龙舟长，河道窄，不能转弯，船达到目标时，最前头的桡手竖起桡板示意，鼓手迅即擂鼓，所有桡手听鼓声齐齐闸桡，使龙舟骤停，然后迅速起桡齐转身掉换方向，原来在后的桡手变在前，原来在前的桡手变在后，接着听鼓齐齐挥桡，如此往返竞渡。第二种是掉转船头往返，当船到达目标后，龙舟绕目标掉转船头返航。

4. 扬帆竞速

船上有帆的龙舟竞赛。新中国成立后，这种龙舟已极少见。

5. 划技表演

比赛的内容是桡桨的整齐程度和节奏的协调，以及桡手划水的技巧和表演的精彩程度。并不计较速度，讲究的是文明和友谊，以谦逊礼让为风尚，竞速角胜的意义逐渐让位于竞渡表演。

6. 夺标

夺标是龙舟竞渡的精彩瞬间和角逐的结果，旧时也是获胜的奖品，后被广泛引用为获得头奖，获胜的标志。夺标和直道竞速有着密不可分的历史渊源，有了夺标的精彩刺激，龙舟竞渡这一传统风俗才得以高潮迭起、引人入胜。

（二）龙舟竞渡比赛形式

从许多古文献和地方志的记载看，仿佛赛龙舟就是夺标角胜，进行速度比赛。其实这仅仅是赛龙舟活动中比较激烈、引人入胜、具有代表性的场面。除此之外赛龙舟还有龙舟游乡、龙舟集会、自由竞渡、有组织的竞渡等其他传统比赛形式。

1. 龙舟游乡

这种形式的竞渡可以说是赛龙舟中不太引人注目的活动。一般情况下来说是在赛龙舟期间划着龙舟到熟悉的或者有亲戚关系的村庄去游玩，有的是专门去游乡，有的是去参加龙舟集会，有的是在竞赛前后顺路或绕道去游乡。

2. 龙舟集会

赛龙舟活动中最普遍的活动方式，大体上可以说凡是有赛龙舟的地方，就有龙舟集会。在一些比较大的村镇附近，有适合赛龙舟的河流、码头、湖泊，这些地方很容易形成龙舟集会的场所。在无人组织的情况下，虽然龙舟去集会地点竞渡，来去自由，但大多是在竞渡集中的某一段时间内。有的地方集会与当地河水的涨落有关，一般是河水涨到最高峰时，赛龙舟也是高峰期，集会的龙舟也是最多的。

3. 自由竞渡

龙舟的自由竞速，许多地方是两只龙舟来进行比赛，有的数量多少不论，自由组织发起邀请赛。在江西省高安县云阳镇，以前的竞渡没有严格组织。对人员、船只均无任何规定。比赛时自由结合，两条船一组从浮桥划到石桥，再回到浮桥，领先为胜。比赛不限定次数，可以自由地和许多船比。

4. 有组织的竞渡

这里我们所说的与现在作为体育活动的比赛不同，它是按传统习惯加以组织的比赛，有的仅仅是稍加组织而已。重庆忠州古城，任何一艘龙舟如果认为自己处于劣势，都可以随时掉转船头，重新选择时机，不存在弃权的问题。已经划出的龙舟少了对手，也就得依照不成文的规矩掉转船头，把船划到下游，重新开始。这样几经反复，直到三方都认可了，竞渡才真正开始。整个过程自始至终都没有一个统一的起点。假如某一方始终不能定鼓出发，甚至到了非出发不可的时候还不定鼓，就叫做“输了码头”，这是奇耻大辱，不仅要受到其他码头，也要受到本码头和岸上观众的耻笑，习惯上人们都是宁输名次不输码头的，硬着头皮也要定鼓出发。

（三）龙舟竞渡的步骤

做任何事情都有先后顺序，龙舟竞渡也不例外，从整体上来看，龙舟竞渡大致可分为竞渡选址、挑选龙舟以及试水操练三个步骤，其具体内容如下。

1. 竞渡选址

龙舟游乡，对水域的要求是无所谓的，村庄所在地的河流、小溪、水潭、码头，都可以是各村龙舟游乡的场所。如果是集会或比赛，那对竞渡的地点就有一定的要求了。从相关文献的一些记载中我们就能够总结出龙舟竞渡选址的一些要求：龙舟集会、比赛的河面要不大不小直而不弯。河面不太大，能使龙舟较为集中，气氛热烈，也便于群众观看，河面太小，太窄，龙舟无回旋余地，是无法集会、比赛的。

上文中我们所说的这些关于龙舟竞渡的选址只包含了一些地址的自然条件，除此之外，最重要的还是要有人气，赛龙舟不只是龙舟的活动，还是观众的活动，龙舟多，观众多，气氛才会热烈，所以比较大而有名的竞渡地点，往往在比较大的城镇附近。湖南省汨罗市的竞渡地点多选在屈子祠邻近的江面，以及相传屈原投江的沉沙巷、河夹塘镇等地。其中河夹塘镇水宽流缓，又是方圆 30 里内的大镇，故竞渡规模最大。

竞渡地点包括自然水域和城镇河流两大因素。这些水域条件好的地方比较容易形成较大的竞渡地点，可见人气和水域环境二者缺一不可。西双版纳的洛江，解放前曾有过赛龙舟，但这里地处边疆，地广人稀，观看的人不多，后来就不再竞渡了。竞渡地点，特别是较大的竞渡地点形成以后，附近的龙舟都会到此竞渡，逐渐形成规模效应。

2. 挑选龙舟

除了专门用做竞渡的龙舟，还有一些平时生产用船改装而成的业余龙舟，也积极踊跃参加传统的赛龙舟。组织者一般会挑选比较好划、轻盈跑得快的船，装上龙头即可。

在云南大理海东区挑选龙舟还有一套程序。海东区的龙舟大多数是用平时运输的大帆船改装而成，一般是在赛前一个多月，参赛的各个村庄就要挑选龙舟。以前各村挑选龙舟的方法不尽相同，大多是自愿报名，即船家的主人报名申请今年用自己的船，代表本村参加比赛，一般一个村庄只需要一条船，如果是几个船主同时报名，就要到本村的老庙去烧香、磕头，然后采用抽签或卜卦的方式，确定本年的参赛龙舟。如图 7-3-3 中所示为凤凰县城的兼职竞渡龙舟。

图 7-3-3　凤凰县兼职竞渡龙舟

3. 试水操练

在实际竞渡中很多地方并没有试水操练这个步骤，其主要目的是看龙头、龙尾有没有装好，船体是否漏水，桡手划水是否整齐，暗暗操练，整装待发。

清水江畔的苗族在农历五月二十四日前几天，就要将龙舟整修一新，先在村寨边的江中试一试，看看子船、母船、龙头是否绑定，划船整齐不整齐，预先做好准备工作，到二十四日才进行竞渡。湖南汨罗市每年农历四月底到五月初三，各村的龙舟都要预先试水操练，主要看划手是否整齐、动作是否正确，龙舟还有什么毛病，以便在操练时纠正和补救。

（四）传统龙舟竞渡技术

从传统的龙舟竞渡技术方面来说，在竞渡中扮演的不同角色其技术也是不同的，下面我们就对其进行详细地分析。

1. 赛龙舟要领

习惯上我们也将其称之为斗龙经。竞渡时，首先看划手间的整体技术配合，所有划手应紧靠两侧船舷发力，所有划手的划桨路线应该是两条并行前进的直线；其次看鼓手与划手整体的技术配合，鼓点体现整个队伍的战术策略，必须一呼百应、全体配合；最后是舵手与划手整体的技术配合，舵手的作用于无声处见真功，行家里手也往往是观察舵手的表现。各地的地域特点和龙舟的形制不同，斗龙经也是不同的。浙江温州地区的龙舟迷总结了六条斗龙经：一曰鼓要响；二曰桨要齐；三曰艄要正；四曰缆要紧；五曰掉头快；六曰腿贴（船沿）紧。

2. 划姿

一般说来，桡手都是两个并排坐在龙舟上，采用坐姿划桨，也有一些地方采用其他姿势划桨。湖南汨罗，平时是坐姿划桨，比赛时桡手的体位则变成低头跪姿，奋力划水；贵州清水江畔的苗族是站立划桨；福建西部地区有单膝跪着划桨；江西临川县为跪姿划水；而湖南株洲市楼扣镇的农民“既能坐划，也能蹲划，又能立划”。虽然有各种划船姿势，但还是以坐姿最为科学和常用。如图 7-3-4 所示为站姿龙舟。

图 7-3-4　站姿龙舟

3. 鼓手

当龙舟竞渡中没有旗手时，鼓就是指挥的口令。所以俗语说："鼓是令，艄是命。""听鼓下桡、锣听鼓响"，湖南汨罗江一带游江划"太平船"，鼓点节奏是"咚，咚咚咚!"贵州清水江是"咚咚咚咚咚!"台湾是"咚咚咚!"(图 7-3-5)

图 7-3-5　鼓手

赛龙舟开始时，鼓点是"咚咚!"当竞渡进入白热化时，鼓手将两槌交替敲击改为双槌同时猛击。冲刺时，几乎所有龙舟的鼓点都只是一声

“咚!”而且急如骤雨，和急促的锣声相应。安徽巢湖相邀竞渡，是由鼓点传达信息的。“咚咚咚咚咚咚!”连击六下，便是向对方挑战。“咚咚咚!”三击一组，那是挑衅的声音。岳阳地区，古代以“咚! 咚! 咚!”三声鼓响发令开始比赛。(图 7-3-6)

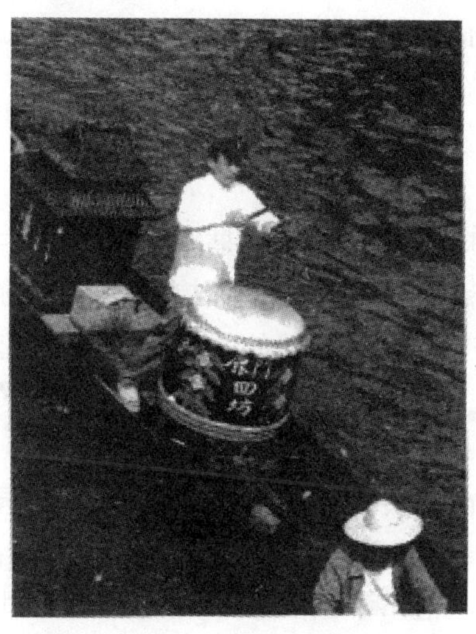

图 7-3-6　鼓手在比赛中

4. 船员

传统龙舟少的有十几人，多的近百人，传统龙舟最常见是 30～70 人，这么多人要步调一致，让龙舟行动自如，就须各司其职，服从统一指挥。一般说来，船上的基本成员如图 7-3-7 所示。

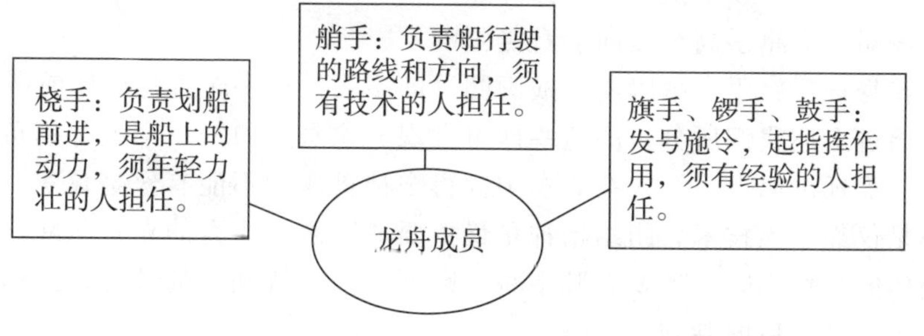

图 7-3-7　龙舟船员构成

5. 舵手

龙舟上舵手的地位当然不容忽略，掌舵要有相当的技巧。一方面使龙舟保持正确直线方向驶向目标，并使船头略为翘起以加快速度；另一方面在遭遇强猛水流冲击时，必须把持得住，否则船一偏斜，不但影响速度，还可能造成倾覆的危险。

6. 旗手与旗语

头、尾旗手是龙舟的两只眼睛，是赛龙舟活动中的灵魂人物。旗语是用来联络全体船员互相配合默契的一种信号。竞渡前，旗手要熟悉水文情况，准确视察前方水道，根据不同的水域和流速，选择有利方位和航行水道，以避开暗礁湍流。竞赛时，全体船员全靠旗语联系，统一行动，步调一致。

传统龙船中，站在船头挥旗的叫头旗，站在船尾挥旗的叫尾旗，头、尾的旗语相同，击鼓者时刻盯紧头、尾旗的指挥。当赛龙舟时，岸上水上锣鼓喧天，鞭炮齐鸣，哨声不断，旗手此时临危不乱、从容镇定，旗语手势单手左右挥舞；当龙舟疾如箭镞般穿过惊涛骇浪，旗手站立在窄而尖的船头上，稳如泰山、气定神闲，旗语手势单手左右挥舞改为双手上下挥舞，活像大刀凌空猛劈。号子声由一呼一应，变为众口齐呼，鼓点与旗手合拍，号子与船桨齐下。手旗扬起，全船大喊："嗨!"手旗劈落，全船大喊："佐!"气势磅礴夺人，节奏由缓转向急促，冲向终点。

常用的几种旗语如下。

左转弯——旗手执旗向左方挥点。

右转弯——旗手执旗向右方挥点。

停船——旗手高举旗向上直竖画圈。

转身——旗手高举旗向上横画圈（即圈头：桡手转身将尾作前端）。

通过上述我们所分析的这些即可发现，龙舟上的每一个人都担负竞赛胜负的责任。船上每个人在竞赛中都得全神贯注，不能有丝毫疏忽。赛龙舟不是仅靠个人技术，团结精神是最主要的因素。优秀的龙舟队除了能做到集体的合作无间，还要有胜不骄、败不馁，坚持到底的精神，这种队伍才能争取到最后的胜利。

第八章　龙舟文化发展论

古越人以舟楫为家，既是生产工具，又是安身立命的住所，龙船则是珠江三角洲人的生命载体及理想之神，自然成了文学艺术作品的不朽题材。因此，广东民间艺人就有了许多相关的龙图腾崇拜和龙舟节庆文化的艺术创作。本章我们就对龙舟文化进行详细解析。

第一节　丰富多彩的龙舟文化

一、《赛龙夺锦》天下传唱

2008年北京奥运会，女子举重48公斤级比赛在北京航空航天大学体育馆举行，广州番禺籍选手陈燮霞以抓举95公斤、挺举117公斤，总成绩212公斤的优势为中国代表团夺取了第一枚金牌，并创造了新的奥运会纪录。赛事组委会当场奏响广东音乐《赛龙夺锦》以示庆贺（图8-1-1)。《赛龙夺锦》是广东音乐的不朽之作，在中国乃至世界乐坛都有相当火的影响。这首乐曲通过表现龙船竞渡的情景，描述广东番禺龙舟竞赛的欢腾热闹场面，表现水乡人民勇猛、奋发、向上的精神面貌。

图8-1-1　《赛龙夺锦》演奏会

《赛龙夺锦》诞生于广州番禺沙湾镇。沙湾有着灿烂的民间文化，这里有鳌鱼舞、飘色、广东音乐等等，琳琅满目，一年四季各项民俗活动种类繁多，这里是“飘色之乡”以及“广东音乐之乡”。沙湾的众多姓氏当中，何是大姓，纵横数百里，何氏族人富甲一方，当时流传一句谚语：“沙湾何，有仔唔忧没老婆。”也正是这个姓氏，诞生了沙湾音乐的“何氏三杰”，即何柳堂、何与年与何少霞，很多广东音乐中的名曲都是出自他们之手。

清代的沙湾人尤其喜欢吹拉弹唱，他们常常聚集存一起，自由组合演奏音乐和唱粤曲，称为“八音班”“锣鼓柜”，鼎盛时有三四十个之多，还组建了剧团，每逢节日纷纷表演助兴。加上沙湾位于沿海一带，毗邻港澳，不少人旅居海外，因此很早就开始接触西方音乐。沙湾人将平时生活中所遇到的真实体验融汇于音乐之中，形成了具有岭南特色的广东音乐。《赛龙夺锦》正是在此过程中创作而成，凝聚着何柳堂与祖父何博众的心血（图 8-1-2）。

图 8-1-2　水色广东音乐

何博众在家中排行第四，因此又被称之为“博众四”。他善于诗词作对，又好琴棋书画，对于粤讴、南音、杂曲等岭南艺术更是精通，常常与朋友一起，弹唱谱曲。他精通十指琵琶，清代道光末年开始，就与一班志同道合的人一起，在沙湾开展创作活动。多年的乡间生活，让他的音乐创作有取之不尽的源泉。端午节时候的龙船竞渡、雨夜的芭蕉树、乡间小道上的摇铃的瘦乌，这些通通成为何博众音乐创作的题材，《赛龙夺锦》《雨打芭蕉》《饿马摇铃》等岭南名曲的初稿正是由此而来。只可惜，何博众并没有将这些曲谱以书面形式记载下来，只是以口传身教的形式让这些曲目流传开来。直到若干年后，即民国初年，《赛龙夺锦》才被何博众的孙子何柳堂用乐谱记下来，并加以提高，成为了广东音乐中的名曲。

何柳堂生于 1874 年，他自幼聪明好学，但是对学文不感兴趣，喜欢习武。1903 年广州府召集所有习武者在广州东较场举行乡试，考试的项目当中有骑马射箭，何柳堂神采奕奕，跃马拉弓背靶而射，连中七箭，成为武秀才。当何柳堂带着武秀才的称号回乡谒祖，却被乡人戏称为“武牛”。

在沙湾这个崇尚读书、遍地鸿儒的地方被称为“武牛”，何柳堂的心隐隐地不舒服，加上祖父的盛名，何柳堂更觉脸上难堪。终于决定发奋读书，摆脱“武牛”之名：他潜心研究音律诗词，努力学习诗书，渐渐地在音乐上颇有建树。1914 年他在香港的一些音乐社担任粤乐、粤曲教员，参加筹建香港钟声慈善社，先后与钱广仁、吕文成、尹自重、何大傻、沈允升等粤乐名家切磋交流。

何柳堂在社会中与名家的交往、家乡丰富多彩的生活使他的眼界变得更广阔，他的音乐创作思路大开，他回忆了祖父所写的一系列广东音乐，决定将它们用笔记录下来。当他对《赛龙夺锦》重新整理谱曲时，想起他曾一次次地在端午节观龙船景，看斗景的热烈场面，特别是有一年端午节，在市桥搭船返沙湾，在渡口刚好看到市桥龙舟与沙湾龙舟的竞赛，两条长龙，随着催人振奋的锣鼓，桡手们拼尽全力．奋勇向前扒，他们的壮实肌肉拧成一条条麻花，桡起一阵阵飞溅的水花，两岸的呐喊声、助威声交织一片，两条龙舟同时哗哗地像在河上飞，几乎分不出高低，好呀！最后冲刺了，是家乡沙湾的龙船抢在前头，看，沙湾龙舟夺标了！人群沸腾起来，在一片欢呼声与呐喊声中，家乡龙舟的桡手举起锦旗向众人致意……

何柳堂回到家里，当时龙舟竞赛的热烈场面仍在脑海浮现，他的创作灵感如泉涌，借鉴祖父口传下来的乐句，何柳堂一气呵成，将《赛龙夺锦》创作谱曲，让这首振奋人心的广东音乐重新发出光芒。可以说，“赛”和“夺”是整首曲的灵魂，一开始就以雄壮的引子“21356……26435”，鲜明地表现了龙舟竞赛这一岭南特色，也突显了主题，比赛的号角吹响，龙舟上的健儿跃跃欲动，两岸的观众屏息等待，渴望着紧张的龙舟竞赛的来临。随着急促而有节奏的鼓点，精炼简洁的乐句，把江河上摇桨翻飞、水花四溅的龙舟竞赛的场面展现眼前。随着竞赛的展开，乐章在重叠升级，描写了参赛健儿在水中逐浪，不断加劲。乐章继续伸延，几个排比乐句，把水上竞赛的奋勇、进取、你追我赶和岸上喝彩、鼓劲、喧哗震天的场面尽情渲染。进入决赛，急促有力的乐句把竞赛推上高潮，节奏越来越紧凑，赛龙的桡手鼓起全身劲——终于夺冠。夺冠后，一种轻松的、流畅的乐句“65435”表现了胜利者的喜悦和观众的欢呼。最后一段是龙船上的桡手举起手中的锦旗，游龙回来，接受观众的敬意和表示谢意。一曲《赛龙夺锦》，十分形象生动地描绘了珠江三角洲赛龙舟的盛况，通过地方色彩浓烈的旋律，丰富多变的节奏，精炼好听的旋律，将赛龙舟中的同心协力、奋发向前的民族英雄主义都具象地、动感地、淋漓尽致表现出来。

《赛龙夺锦》既有黄钟大吕的磅礴气势，也有奇峰突起，动人心魄的乐章，使它当之无愧地成为广东音乐的金字招牌。1958 年 8 月，由国家文化部、中国文联和中国音协联合举办的“中国第一届音乐周”在北京开幕，由广东省各地音乐工作者组成的“广东民间乐团”上北京参加演出。当《赛龙夺锦》在“21356，26435”的引子下奏响，让所有的嘉宾和听众为之精神一振，这竟然就是印象中委婉清幽的广东音乐？人们听得如痴如醉：第二天，首都的各大报刊关于《赛龙夺锦》的报道漫天飞舞，几乎全国各地的乐团都引进了这个曲目，此后，不断有人将《赛龙夺锦》借鉴、编辑、配乐，在国内外获得声誉无数。世界上很多人就是从这支曲子开始认识广东音乐，也认识了广东的赛龙舟（图 8-1-3）。

图 8-1-3　清末的陶塑龙船

二、民间工艺三雕船

广州民间工艺象牙雕、玉雕、榄雕以独特镂空、透深的雕刻技法闻名于世，这三项传统的中国民间工艺都以南国水乡的龙舟为主要题材，数百年来创造了许多闻名中外的精品，以牙雕、玉雕、榄雕等材质创造的龙船艺术品成为广州工艺美术雕刻类最具特色的品牌（图 8-1-4）。

图 8-1-4　骨雕龙船

先说象牙雕刻的牙船，雅称“画舫”。它大气典雅，华丽精美，如诗如梦般的繁华，巧夺天工的创想，承载着广东水乡人童话般的理想。请看看广州博物馆珍藏的一条清代象牙御船。这是一条用象牙镂空雕刻而成的龙船工艺品，是广东送给慈禧太后生日的祝寿贡品，作品长 93 厘米，宽 17.5 厘米，高 53 厘米。龙船由龙头、龙身、龙尾三部分组成，船舱上下三层，各层布局得体，构思巧妙。整船窗扇、廊柱，均以透雕手法表现缠枝葡萄通花，通透精致，是典型的广式牙雕的镂雕风格。整船龙骨横担，丝丝入扣，龙船两侧各有八名仙童分立划着桨，船楼上的仙女捧酒献桃，载歌载舞仙乐飘飘，人物鬓发可见，形神兼备，龙船头有八仙和万寿吉祥旗帜的引领。该牙船把祝寿贺喜的喜庆和仙船出巡的气派表现得淋漓尽致。越看越觉得这是《广东新语》文中所载的豪华“大洲龙船”的化身，创造此龙船的广州牙雕的能工巧匠，在这艘豪华型的“画舫”上，寄喻了珠江三角洲水乡人民的理想愿望，表现了迎祥纳福、欣欣向荣的景象。

象牙龙船最具观赏和收藏，多为朝廷的贡品，如今成为世界各大博物馆的收藏品和国家元首的礼品。象牙船如今已经成为广州牙雕的一大品牌。广州工艺界还成就了一位牙雕船王潘楚钜，三十多年来，他创造的各种龙船花舫约一千多条，1996 年，国务院发展研究中心评选“中华之最”，大新象牙工艺确认为“全国同行业雕刻象牙球、象牙船技术最精的专业生产厂家”，这有船王潘楚钜的一大功劳。

同样的，传统工艺品玉雕龙船因寓意“吉祥喜庆”而受到大众的欢迎（图 8-1-5）。在一些宾馆、企业的大堂，玉雕龙船经常被作为重要的装饰品。

图 8-1-5 如意龙舫 潘楚钜

玉雕龙船主要取材于纯天然独玉、岫玉、和田玉、汉白玉、米黄玉、各种彩玉、南玉等名石珍玉。玉雕龙船参考了古今中外官船、楼船、龙船等造船艺术，糅合了园林、亭阁、桥塔、宫灯、龙凤、花草、走兽等雕刻图案特点，用浮雕、圆雕和镂空雕相结合的技法，精雕细刻，令人叹为观止。最值得广东人纪念的是庆贺香港1997年回归，为表达9000万广东人民迎接香港回归的深情厚谊，广东省人民政府送的贺礼就是一艘大型玉雕龙船《一帆风顺》。龙船是伟大中华民族的象征，喻示古老华夏繁荣昌盛，坚不可摧；炎黄子孙团结一心、乘风破浪。这艘玉龙船设计独具匠心，由三帆龙船、玉球和基座三部分构成，上雕有“一帆风顺”“国泰民安”“繁荣稳定”三面风帆；龙船上牡丹、红棉环抱着紫荆，象征香港回到祖国怀抱；飘带和56个灯笼映衬着明珠，寓意中国56个民族笑逐颜开，欢庆本世纪末最隆重的民族盛典——香港回归。基座为方形，玉球为圆形，基座和玉球的构成喻示九州方圆，象征香港这颗明珠有中华民族大家庭做后盾，在中华大地上将会发展越来越繁荣昌盛。整座玉雕重2390公斤，高（连基座）288厘米，玉龙船长288厘米，宽128厘米，谐香港市民“易发发”音，象征香港繁荣昌盛、财源广进、百业兴旺！整座玉雕全部以南玉为原材料，象征“南玉无瑕、晶莹剔透，尽显彼此爱心。粤港有缘，一衣带水，缔结手足情深。”龙船造型逼真，神韵生动，有勇往直前和向上腾飞的雄伟气势，用意祝愿香港特别行政区扬帆搏浪，驶向辉煌！该龙船说得上是件稀世珍品，荣获香港国际博览会金奖，被香港市民誉为“最佳礼品”。

2008年列入国家非物质文化遗产保护名录的广州榄雕（图8-1-6），主要品牌也是龙船画舫。广州增城一带自古盛产乌榄树，乌榄树上的乌榄核大而仁小，虽然长不过三四厘米，形似纤细，内实宏大，适合雕刻，从而孕育了广州榄雕这门精妙的民间手工艺。明清时期，广州的榄雕艺术就已

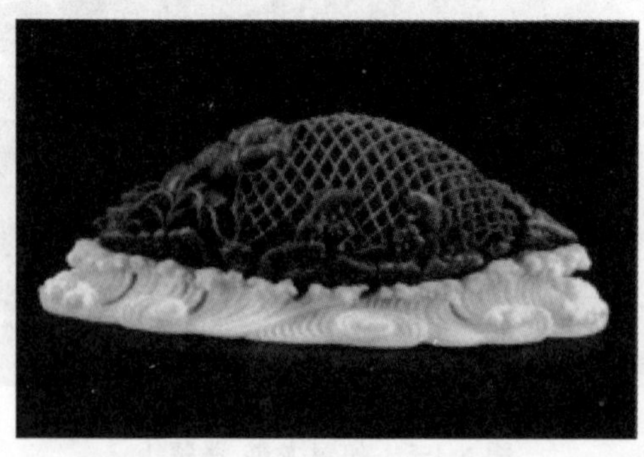

图8-1-6 榄雕渔获 伍鸿章

达到相当高的水平，不仅在民间流行，而且走进了宫廷，成为贡品。核舟是广州榄雕中最具传统意义、最精工细致也是最具价值的一类。榄雕最恒久的题材也是龙舟，不少传世经典之作都是以这一主题为创作题材。

清乾隆年间来自广州的宫廷艺人陈祖章创作的《东坡夜游赤壁》核舟，现藏于台北故宫博物院，上海文化出版社的《国宝大观》这样描述："此舟呈稍深的橘红色，高 1.6 厘米，长 3.4 厘米。舟上设备齐全，舱中备有桌椅。舟中人物的衣冠、桌椅等完全符合宋代的社会生活，而人物的神情、动作也恰当地体现了每个人的身份、性情和当时的心情。最令人叫绝的是，两侧的船窗皆可开启，靠的是仅 1 毫米粗细的活雕门轴。同时，核舟下部的《后赤壁赋》全文，同样大大增加了该作品的艺术含量。"

清咸丰年间增城新塘的榄核雕刻艺术家——湛谷生（又称菊生），传承发展了此艺，所有刀凿皆亲自炼精铁煅打而成，创作精品的榄核龙舟《苏东坡夜游赤壁舫》，工艺十分精巧，据民国时期根据清代版本整理的《增城县志》记载："中为舱，前为船头，后为尾舱，中置一桌，三人据案坐旁，有僮方扇茶，后有柁工把柁。计凡为人五，为桌一，为座三，为杯三，为炉、为吊、为扇、为柁各一。舱两旁有窗，窗八扇，皆可开合。船底刻赤壁赋，可谓奇矣。"此榄核龙舟如今是广州增城博物馆的镇馆之宝。

再看当代的榄雕巧匠曾昭鸿用 200 颗榄核雕成 6 层中华世纪龙船画舫，这艘龙船画舫约长 19 厘米，高约 9 厘米，用 200 颗乌榄核镶嵌而成，船上两栋亭台楼阁，甲板上和楼阁的每一层都站满了神态各异的人物，仔细一数，约 200 多人，分别站在雕龙画凤的栏杆旁，楼梯盘旋而上，上面竟然还有如米粒大小的、开合自如的窗户，船头的龙根须分明，还有船身的锁链环环相扣，楼阁屋檐上还挂着铃铛，每个精美的细节让人目不暇接。纵观整件作品，却未发现一处拼接镶嵌的裂缝痕迹，榄核之间无缝连接，浑然一体。曾昭鸿从事榄雕艺术已有 30 多年，创作过二层、三层、四层龙船，为创造这六层榄雕龙舟，从构思到完成作品花去他 4 年时间。

榄雕龙舟在过去的几百年中，一次又一次地在世人面前展示过其"鬼工"般独特的艺术魅力，甚至有不少传世之作至今流传海外。作为这门工艺的发源地之一的广州，继续传承和发展这种微雕工艺，便是保护了一项中华民族的非物质文化遗产，具有重要的社会意义。

还有其他种类的艺术创作，如陶塑、广州彩瓷、木雕、砖雕等都有大量以龙舟为题材的作品（图 8-1-7），在此不一一列举图。这里特别要提及佛山剪纸艺术家林载华创作的一幅剪纸艺术装饰画《赛龙舟》（图 8-1-8）。这是一幅刻绘结合的剪纸精品，画面采用平视构图，线条连结紧密，有规律的龙舟与波浪以横线条表现，人物与船桨用斜线表现，两岸景物垂直线构成，几种线条的对比变化，给人一种充满奋进韵律的装饰美。画面采用金线加彩绘，颜色更加醒目，显得灿烂多彩，整幅剪纸表现了赛龙舟的热闹紧张和欢乐的节日气氛。

图 8-1-7　石湾龙舟 潘丽珠

图 8-1-8　林载华剪纸《赛龙舟》

综观数百年，艺术家们从源于现实生活到高于生活，“龙舟”题材成为广州工艺美术种类中最具现实主义、理想主义与浪漫主义的品牌。

三、歌谣对联与传说民间歌谣

对于歌谣对联与传说民间歌谣主要有龙船节歌谣、端午龙舟节对联和龙舟的传说三种详述如下。

（一）龙船节歌谣

龙船节的传说故事和诗词歌赋也很多，在民间流传的民谣也不少，这里略举几首如下。

囡囡（团团）转，菊花圆，炒米饼，糯米团。亚妈叫、我睇龙船，我唔（不）睇，睇鸡仔。鸡仔大，捉去卖。卖得几多钱？卖得三文六分钱。

五月五，过端午，划龙舟，敲锣鼓，一二三四五，你来划船我打鼓。

初一龙船起，初二龙船忍，初三初四游各地，初五龙船比，初七初八黄竹岐，初九初十龙船打崩鼻。

龙舟舟，出街游，姐妹行埋莫打斗，封封利是责（压）龙头。龙头龙尾添福寿，老少平安到白头。

打鼓仔，扒龙船，扒得快，好世界。米又平，仔又大，娶埋新抱（注：新娘）着花鞋。

扒龙船，扒得快，好世界。谷米又平仔又大，娶埋新妇嫁埋女，两老成双无挂怀。

珠水阔，珠溪连，珠村人仔会扒船；扒得快，好世界，探完珠村探石牌。

龙船鼓响又端阳，祝君前程寿吉昌。力争上游风光好，财源广进福呈祥。朝进羊，晚进象。家和谐，喜成双。红花开，炮仗响。

红娘喊，荔枝红；龙舟鼓，响咚咚；家家包裹粽，凭吊屈原公。

（二）端午龙舟节对联

端午龙舟节对联主要有何淡如对联、泮塘人联语、盐步人联语以及其他与端午节有关的对联等。

1. 何淡如对联

扒、扒、扒、扒、扒、扒、扒、扒、扒、扒、扒到龙门三级浪；
唱、唱、唱、唱、唱、唱、唱、唱、唱、唱、唱出仙姬七姐词。

2. 泮塘人联语

昔日夺标同鼎甲；
当年沧海冠群龙。

3. 盐步人联语

永结交情知此日；
幸同夺锦忆当年。

4. 与端午节有关的对联

千载招魂悲楚仕；
万人抚卷叹离骚。
去秽除邪，千户门前悬虎艾；
尊贤吊古，万人江岸喝龙舟。
包粽子，举国欢宴聚亲友；赛龙舟，把酒吟诗慰圣贤；
念故人，万户千家包粽子；庆佳节，敲锣打鼓赛龙舟。
赛龙夺锦鼓声催发健儿奋；

端日弄波浆拍浩荡舟队威。
箬叶飘香，一粽尝来千古事；
龙舟逐水，百桡划出四时情。

（三）龙舟的传说

关于龙舟的传说，千百年来有很多的流传，这些传说都体现了人们对自然力量的崇拜，现介绍如下几个。

1．“九龙去，十龙归”的故事

在一百五十多年前，地处广州海珠区小洲村以及附近的土华村、南岗村非常友好，曾有一年，三条村子共九只龙船一起出外，在归程途中硬生生夺下其他村的一艘龙船，于是那一年，便有了“九龙出十龙归”的怪诞故事。夺下来的龙船被藏在小洲村中，一直没有使用，直到数十年前才因为要开涌重新起出来，但因为年代太过久远，龙船早已腐朽不可用。但腐朽的龙船依然时刻提醒着“瀛洲飞龙”的王者之气。

而车陂村亦有流传一个“九龙去，十龙归”的故事，版本却不同。

车陂村处于广州的天河区，现在已从郊区变成了城中村，车陂村人丁兴旺，非常富裕，有一首歌谣是这样描述当年车陂的富庶：“车陂又有龙船又有景，又有蚬沙省（擦）大俾，又有蚬汤浸饭眉，又有牛骨煲大薯，有女唔嫁车陂等几时。”歌谣的大概意思是，当年车陂河涌环绕，一河（涌）两岸荔枝红，盛产黄沙白蚬，也是耕牛的交易市场，富庶一方，有女儿的都希望把女儿嫁到车陂来，衣食无忧。

车陂现有龙船三十条，村里的人自称全省以至全国以村为单位计算的话，该村是拥有龙船最多的乡村。究竟是否真是最多，似乎无从考究，但有个让车陂人引以为自豪的“九龙去，十龙归”的传奇，却是人人津津乐道。话说在清末民初，车陂已有九条龙船，初二出“海”探亲趁景，邻乡黄村只有一条龙船，因探亲时错过了潮汐，黄村的河涌水浅，加之河涌九曲十八弯，回不去，恰逢第二天五月初三是车陂的趁景日，干脆和车陂的九条龙船一起回到车陂，于是就有了“九龙去，十龙归”的故事。这与上面小洲村以霸气所表现的版本不同的，这是自愿加入车陂龙船行列的。

2．神殿木龙船的传说

传说有一年，在广州郊区，西江上游山洪暴发，冲下许多木头杂物。其中有一乌黑粗木随水冲到一条村边，被乡民拾到。大家都看不出此乃何木，见其木质坚硬，又粗直大条，合计造一条龙舟。恰逢一游士经过，劝道：此乃庙中神殿的梁柱，不宜作龙舟。但村民没有理会，仍将其用来造船。结果真将该木造成一条龙船，态若蛟龙，然后下水，稍加一扒，即迅猛如飞，船上艄公桡手几乎都控制不住。最后导致在一次扒龙船比赛时在江中翻船，船上六十人落水身亡。只有一鼓手侥幸逃回村里报信，然而第二天却发现在自家脸盘里溺水而亡。此故事在坊间时有听闻，并无考证（图 8-1-9）。

图 8-1-9　进水出闸

另一个版本则经过了考证。2007 年年初，广东新会区双水镇洋美村村民在村中的水稻田中挖泥疏渠时，发现了一艘距今约 207 年的清代龙舟。经测量，该龙舟长约 22 米，宽 1 米，船身由坤甸木制造。经新会考古专家初步鉴定，该龙舟有 200 多年历史，属清朝嘉庆年间的产物，具有一定的历史研究价值。伴随着龙舟的出土，村民百多年的寻龙舟之旅终于完美落幕。在洋美村叶姓族谱中记载，该龙舟始建于清朝嘉庆四年（1800 年），每逢佳节，村人必划龙舟相庆。

至清朝咸丰七年（1870 年），护城河需扩宽，有关方面邀请小冈涌边村民前往划龙舟。由于涌边村与洋美村同为一族，关系很好，便向洋美村借龙舟。借到龙舟后，扒至白鹤吊咀横渡时，因突起大风导致龙舟翻沉，舟上涌边村 70 余名桡手遇难。

悲剧发生后，洋美村长者商议，决定弃用该龙舟，并于当年 9 月，将其埋在该村西边围新冲。后又几经易地，该龙舟又被埋至庙前河附近，由于记载没有标明其具体位置，以后的村民苦苦寻找了一百多年。由于村里一直流传着“村中庙前河附近埋着龙舟”的说法，村里数代人在河附近的田头苦苦寻觅，均无所获。直至今日，龙舟才得以重见天日。

此类的传说、扒龙船的事故，尽管村中父老认为很不吉利，但乡间仍有相关流传。看来，龙作为一种独特的文化凝聚和积淀，已经扎根于人们的日常生活当中，特别是珠江三角洲的水乡人，更将龙文化的视角和审美渗透入各个方面，以至天地世间万事万物都有此关联。

在民间口头传说中，龙是中国古人对鱼、鳄、蛇、猪、马、牛等动物，和云、雷电、虹霓等自然天象“模糊集合”而产生的一种神物，民众是以现实生物和自然天象为基础，将自己的对身外世界的畏惧、依赖、疑惑、想象、崇拜等，对不可思议的自然力的理解都贯穿、投注、体现到龙的“模糊集合”中了。

第二节　龙舟文化的传承前景与发展

千年来，岭南水乡的龙舟船文化与当地人共同繁荣与发展，成为了岭南地区最具传统特色、大众参与度最高的水乡文化。21世纪以来，人们对质朴的原生态和传统乡土文化的怀念以及端午祭图腾、划龙船、吃龙船饭、吃粽子等，不仅成为中国、韩国、越南以及许多东南亚国家的重要民俗活动，而且已经面向全球（图8-2-1）。

图8-2-1　龙舟赛远观

新世纪以来，龙船文化却受到了多方面的冲击，正在现代化的包围下面临种种困境，在有些地区甚至日渐式微。

一、河涌生态须保护

2008年农历五月十二，正值闻名遐迩的增城新塘龙船景，这是东江水系龙船竞渡环境最为优越的景点，宽阔的江面上，数十艘龙船不断地来往，爆竹声、鼓点声响成一片，与桡手们“哟呵哟呵”的呼喊声，构成了一段独特的龙舟水上交响曲。然而，生猛而亮丽的龙船下，行驶的却是灰蒙蒙的浑浊不堪的江水，河中心不时飘过一堆堆烂饭盒、塑料袋等城市垃圾，河岸旁堆积着由于水体污染肆意疯长的水浮莲，严重地影响了珠江水质，与水中生猛的龙船极不协调，曾被视为“圣水”的龙船水，此刻成为人们避之不及的污水（图 8-2-2）。

图 8-2-2　龙船与清洁船

同样尴尬的还有车陂河涌。住在车陂村的村民非常感叹，从前车陂涌虽然并不宽阔，但非常干净，河里有鱼、虾，还有黄沙蚬，加上初三车陂龙船景是广州地区的大景，车陂涌远近闻名。以前曾有这样一句谚语在当地流传：“车陂有龙船，又有戏，又有蚬沙省大髀（擦大腿）。”但随着城市化的日渐发展，车陂村成了典型的城中结合部，即人们所说的城中村，龙船文化的俗例依然，但那流淌乡村的涌水已变黄发黑，莫说鱼虾不再在河涌滋生，连最为亲水的本村人，也不敢贸然触到污染的河水。江河污染对龙船文化的侵蚀，最直接体现在桡手的态度上。

从前端午节扒龙船，不但桡手们在船上扒，还常跃入水中，洗洗龙船水，感谢上天恩赐。老人们都说，洗、饮龙船水，祛病又消灾，一年不生疥疮。但是，近一二十年，随着珠江三角洲一带的河涌被污染，多数的村民和桡手为怕惹病上身，不敢轻易下水。一些污染严重的河涌，甚至不再有龙船进入。

岭南地区近水，多河涌，尤其是广州，这个被珠江河贯穿而过的城市，曾几何时因母亲河水而自豪。龙船文化，也是起源于岭南先民的水崇拜。每年龙船景，即是岭南人民对水的感恩，对来年幸福生活的美好祝愿，同样，扒龙船，玩龙船水，这种种习俗正反映了人们与水的亲近。试问若因江河污染越来越严重，割断了人与水之间联结的纽带，那么这种信仰的载体基础也就不复存在，承载在此的扒龙船文化将越来越衰微。

因此，整治河涌、恢复生态环境，是延续和发展龙船文化的首要手段之一，各地政府有关部门已经认识到这点而加大了整治污染的力度，广州海珠区的小洲村就是一例。

2008年农历五月初六，我们来到广东首批命名的自然文化历史名村小洲村观看龙船景，这是一个独特的儿童扒龙船之日。小孩也有一个龙船景，此话怎讲？原来该村的传统龙船节有此习俗，初六之日让村中的儿童扒龙船，有家长带着，以前还可以扒出村玩，目的是给孩子们锻炼的机会，让他们熟悉一下水性与龙船，此传统已有百年。如今的端午龙船节，仍然要循旧俗，初六就让村中的孩子们扒一扒龙船，过一过龙船瘾，但从安全着想，龙船不出小洲村。这一天，广州城里有不少人慕名前来，兴致勃勃地看小洲村儿童扒龙船一景。

这里的环境十分优美，到处可见大树古树屹立于村中，沿村中的小河走，树荫处处，绿影婆娑。那河水呢，碧波荡漾，清澈可人。家长们带着孩子们早早坐上龙船，一条两条的传统龙船都坐满了从三岁到十二三岁的小孩，有模有样地拿起船桡，等待号令起程。不能上船的女孩子们，站到水中，有的羡慕地看着龙船上的男孩子，有的泼水玩，湿了一身。过了一会儿，看到其他孩子们扒着龙船过来，岸上的一些调皮的小朋友，扑通地跳到河中，游起“狗扒”，惹得众人大笑，有些小孩也下了水，与他打起水仗。但见欢声阵阵，龙船锣鼓咚咚，人人高兴地亲近龙船水，大人小孩不亦乐乎（图8-2-3）。

图8-2-3　小洲村的龙船水可以游

2008年端午节，离广州市中心向南10公里的小洲村，居然出现了这一场景，简直太可爱、太令人感慨了！现在，小洲村所有的生活污水，都被收集直接送往污水处理厂，而不是流进河涌中，水质达到了直饮水标准，原本基本绝迹的蟛蜞、小鱼又回到村中，小洲村渐渐恢复“小桥流水”的岭南水乡风貌。

假若所有河涌都如同小洲一样清澈，人与自然达到和谐，龙船文化的发展自然顺理成章。

除了要花大力气整治水资源之外，还要整治环境。一方面，农村的城市化使很多河涌被填塞成平地，原来一些相连的河道被堵塞了，龙舟活动的空间在减小。就拿广州赤岗村来说（图 8-2-4），赤岗龙舟的赛龙基地是南北走向的“涌头基”，其南端与东西走向的“鬼涌”相连，“鬼涌”的东头出口就是石楼的活边海，十多年前，赤岗的龙船要到石楼是很方便的，可是现在，新修的“石清路”把“鬼涌”拦腰截断了。赤岗的龙船要去石楼就要绕一个大弯，经过南派村出狮子洋再绕回来才能到达石楼。人们不禁会问，再这样发展，一些村的龙船就没河可扒了？这不是危言耸听的。现有的河涌越来越“瘦身”了，如茭塘村前濠涌和鲤鱼岗下的河道，现在的河面不及原来的一半宽。

图 8-2-4　污染的河道

另一方面，部分地方私搭乱建也增加了龙舟活动的危险性。许多河涌因方便需要架设了各种便桥，涌边安有支架，这些都成为了龙舟活动的“暗中杀手”。

广州市政府已经开始对全市 10 条河涌，即猎德涌、马涌、司马涌、沙河涌、新河浦涌、荔湾涌、沙基涌、赤岗涌、庙头涌和车陂涌等进行综合整治，极大地改善了扒龙舟自然条件有关（图 8-2-5）。

图 8-2-5　不满水浮莲的河道

2010年，黄埔庙头村村民终于可以在整治好的河涌“扒龙舟”了！良辰美景，故里新颜，别是一番“超爽”滋味在心头。端午龙舟是岭南水乡每年的重头戏。庙头村有两百多年“扒龙舟”历史，每年端午都热闹非常。2008、2009两年因为河涌整治，村民顾全大局，不得不忍痛取消“扒龙舟”，只能给其他村的龙舟当观众。庙头村原有5艘龙舟，一艘酸枝木的已是年逾百岁的老寿星，其余4艘也有几十年历史。2010年5月，庙头村发起认捐新装龙舟，400多个村民共认捐13万多元。6月1日，庙头村岑氏祠堂张灯结彩，庆贺新装龙舟落水，并设宴款待认捐的村民。

新装龙舟长36.23米，由番禺新造船厂用坤甸木制成，当天落水后，由机船牵引到庙头涌的东闸处。下午1时，随着“嘿哟，嘿哟”助威声，新龙舟缓缓划入庙头涌。涌边护栏上2100多米长的鞭炮响起，有4000余人观礼。里三层外三层翘首以盼的村民发出欢呼声。孩子们边捂着耳朵边笑着、跳着，提前感受端午扒龙舟的气氛。

新龙舟浑体朱红，打着五颜六色的罗伞，龙舟前排位置摆着一头一米长的大烧猪，80名白衫绿马甲的“扒仔”齐心协力划，龙舟上的“炮仗手”将竹篮中的爆竹点响。一条黑色龙舟在前领路，指引新龙舟“返家”。在村里巡游五六圈后，两条龙舟由村领导带到南海神庙拜祭，祈祷风调雨顺。为庆祝新龙舟回家，筵席早上40席，晚上80席，“兄弟村”和“老表村”送来烧猪13头。晚上8时宗祠门口放烟花100万头，象征庙头村兴旺发达，万事如意。

端午节那天，穗东街庙头社区为迎接番禺南平、天河石溪等地前来“探亲”的9条龙舟，也在南海神庙前的风景湖举行龙舟竞渡活动。庙头社区的居民多姓张，而前来探亲的“兄弟村”村民，则是多姓刘或关，形成了有趣的“刘、关、张相会”场景。

当探亲的游“龙”到来时，村民便打开水闸放水灌河，欢迎远方的客人。探亲的龙舟按照一系列的“探亲仪式”，在河涌中左右穿梭，反复致意，岸边的村民敲锣打鼓放炮仗，端出龙舟饼、龙舟茶等接待客人，整个村庄充满节日喜庆。前来探亲的龙舟健儿与庙头居民一起在当地祠堂吃传统的龙舟饭，以求广结“龙缘”，遍得“龙福”。

番禺石楼镇政府利用广州办亚运之机，提出：“抓亚运契机，重塑龙舟乡规划”。

要全广州都达到小洲村和庙头村整治河涌的效果，任重而道远。各地政府在整治进程中，有的对一些河道适当保留，有的将弯曲的修直，治理淤塞被污染的河道，营造一河两岸青山绿水的好环境，这既是对城镇环境的美好建设，也为岭南民俗文化品牌“扒龙舟”活动提供良好的场地。

二、人文环境要重塑

生态环境的退化要引起重视，那么人文环境呢，龙船文化人才后备呢？情况并不乐观。不可否认，如今传统的龙舟文化同样被商业操纵，在一些地方，有人认为，龙舟节就是龙舟竞赛，只要拿到名次，为本乡争光就行，所以龙舟竞赛的专业化越演越烈，乡镇只要有钱，就能请到专业的龙舟运动员，就能拿到名次。专业化与商业化带来的负面是淡化了民众的参与传统的习俗，甚至导致乡村参与扒龙舟活动的人数逐渐减少，桡手的技艺也在弱化。

人是第一宝贵的，民间活动没有人的积极参与，谈何传承民族文化？对比起自然环境的恶化，更令人担忧的是龙舟文化的传承人问题。已经列入广东省非物质文化遗产保护目录的赛龙舟（扒龙舟）项目传承人应该是群体，是集体传承，是村落传承。目前，保留着赛龙舟习俗的乡村虽然每年按部就班地举行一系列的赛龙舟活动，但多数村民知其然不知其所以然。

作为广东民俗文化品牌端午节赛龙舟其实是一个男人节，是男人的集体游戏，这既是一个大显男子汉阳刚气的节日，也彰显着氏族兴旺、人丁强健和族群团结（图 8-2-6）。过去，农耕社会中一个氏族的影响力，能力都在这里得到展现。因此，不难找到在农耕社会里，为什么对后续男丁这么看重的原因。

图 8-2-6 龙船旗手

又如游龙探亲，表面上是一种远亲近邻进行联谊访问的形式。他们通过姓氏、姻亲来区别兄弟老表，提醒着他们之间的某种不可分割的血脉关系。每年的龙舟探访，使这条纽带将他们紧紧地联系在一起，使这种氏族血脉关系通过龙船节庆文化而得以维系和传承。他们将龙船节与春节作一个比较：他们认为，春节是自己一家人的节日，是一个“小家”的节日，而龙船节则是一个氏族、一条村庄的节日，是一个“大家”的节日。因此，有村民甚至说，龙船节是一个比春节还要重要的节日。这种说法的背后，揭示了村民对氏族团结兴旺、对整体力量传承的重视。

目前一些村落人口减员，男丁少。计划生育的落实使各村的人口发展得到控制，但龙船文化的主要参与者男性乡民就比前二十年少了三分之一或者一半多。以下是番禺石楼部分村二十年来出生人数，如表 8-2-1 所示。

表 8-2-1　番禺石楼部分村二十年来出生人数

年份	石一村	石二村	赤岗村	大岭村	岳溪村	茭塘村	胜洲村	江鸥村
1988 年	29	17	26	43	32	78	19	66
1998 年	19	9	19	26	14	42	15	39
2007 年	20	15	17	11	11	24	10	35

有的村由于人口减少，就算本来拥有两只龙船，目前只能起一条船来扒。有的村本来具有四条龙船的，也只能起一条龙船，其原因都是，没有足够的男丁来划船。龙船节是乡间男人的节日，是显示本乡氏族生生不息的民俗节庆，需要更多的男性民众激情参与。乡村的族群对端午龙船节重视，是传统农耕文化优胜劣汰、生生不息的彰显，也反映在培育和传承下一代，特别是男丁对水和龙船的热爱上。

如今村里的年轻人还会热爱扒龙船吗？不能说没有，但肯定少得可怜。如今的孩子们吃得饱，不用像以往那样等着节日才有龙船饭和龙船饼吃；他们的兴趣早不在过去乡村男子汉下河扒龙船的水上游戏上了，为何青年人不感兴趣？主要原因就是，以前人们生活水平不高，龙舟节如同过年一样，提起龙船节，人们的精神总会为之一震。番禺石楼镇胜洲村的一名村干部是龙船迷，他总是笑着说，自己青少年时最喜欢过龙船节，村中要热闹好多，龙船饭任他吃，是真的很好吃（图 8-2-7）。还有龙船饼吃，有龙船睇，大受年轻人的欢迎。但是，现在随着生活水平的提高，龙船节这一民间娱乐加体育的活动带给当今年轻人的印象，在灯红酒绿之间变得模糊起来。

乡村长大的青年尚且如此，若问那些在已经城镇化的乡村长大的青年，对龙船节的印象是什么呢？不少青年知之甚少。至于问到外地的青年，大多数的答案都是：龙船节就是龙舟竞渡嘛，是龙船竞赛。至于内涵的龙船文化像起龙、采青等系列仪式，大部分人表示从没听说过。再问，

图 8-2-7　赛龙舟热闹景象

你们知道什么是“龙船景”？看过吗？80％的广州人表示从没看过龙船景，最多只从电视或者是到珠江边参观过国际龙舟的邀请赛表演。

如今在番禺石楼茭塘西村、茭塘东村和茭东村，俗例定下了每年农历五月初四是“细佬扒”的日子，即在当日，让小孩们上龙船当桡手，在河涌扒上几个来回，让孩子们过把“龙船瘾”。而在大岭村“细佬扒”的日子则定在龙舟“采青”的当天，完成了龙船“采青”的一切程序，先由孩子们上船，在村前的玉带河扒上两三个小时，让稚嫩的孩子和刚从沉睡中起来的龙船热热身，此后的日子，才是成人桡手在龙船大显身手的时光。

如果不培养接班人，不激发年轻人对传统龙舟文化的兴趣，再过若干年，在乡镇，那些十丈龙船还能扒起来吗？因此，要从小培养孩子对龙舟的热爱和兴趣（图 8-2-8）。在石楼乡村，已经开始有意识培养龙舟文化传承人了，并打算设立有女运动员参加的龙舟比赛，增加两个项目，一是“凤艇”比赛——全是女运动员的，二是男女混合的比赛。这个措施，一方面可以破除陋习，体现男女平等，另一方面还可以解决人员不足的矛盾。

图 8-2-8　孩童也参加龙舟节

乡民们意识到，自己再热爱龙船，也总会老，总有一天要上岸，要让家乡的龙舟依然生猛，龙船文化代代相传，必须要培养好下一代。

三、龙舟文化要弘扬

不管怎样，龙舟竞赛是在发展，近一二十年的每年端午节，由省市及各级政府部门主办的各种龙舟竞赛很多，如举办“黄埔龙舟邀请赛”、“广州国际龙舟邀请赛”等不同级别的龙舟赛事，都激发了广州市民关心与参与龙舟赛事的热情。在广东珠江三角洲，造就了一支支屡屡获得大奖的龙舟竞赛队，如顺德队、南海队等专业竞赛队伍。

如今赛龙舟目的有二，一为了挣回宗族的面子，二是为拿奖，为达到目的，宁愿雇用专业龙舟队。当今社会是市场化的社会，有需就有求，哪个村有钱，那雇用龙舟队就用那个村名义夺标。说好了拿第一名是多少钱，第二名是多少钱，都有行规价码。结果一些龙舟竞赛往往是政府花钱，老百姓当看客，村民没有一种自发、自觉参与的激情。也有例外，2008 年，番禺石楼镇组建亚运城龙舟队，参加了广州市的龙舟比赛。虽然成绩不如其他队，但是村民觉得欣慰的是，石楼龙舟运动员全部是石楼镇的村民，没有请外援。石楼镇人坚持的是民间活动的宗旨（图 8-2-9）。

图 8-2-9　龙舟比赛

在宣传报道上也有待文化内涵的提升。多年来报纸书刊上介绍端午节的来历时，总是说它是一个纪念楚国爱国诗人屈原的节日，夸大地利用其政治性的功利目的，结果，在相当长的年月里，使几代人不了解本土端午节的真实内容是祭龙、赛龙、娱龙的。介绍划龙舟，也总是以竞赛为本，对于大众参与的传统“龙船景”了解、介绍得少，研究更不多。逐渐地，人们失去了这一传统文化记忆。

对于像端午节这样的多民族全民节日，应当恢复它两千多年来的文化多样性的含义，抢救并保护其原汁原味的文化形态，这也是联合国非物质文化遗产保护公约所倡导的。正因为有深厚的历史文化积淀，才使端午节丰富多彩的民俗活动古老而充满了生机，才能使广东各地扒龙船那么激烈、有趣、多姿多彩，以致发展为国际性的竞赛项目，成为广东端午节标志性的民俗事件。

如何让民众都来参与、过好这个节？是否可以在广州设立一个大“景”，让全广东乃至珠江水系地区都来这里趁景？这里的“趁景”，就好像是“趁墟”一样，邀各方亲朋好友，来分享划龙舟“趁景”和“斗龙”的欢乐。这完全可以与广州传统的“花市”这个品牌相媲美，打造成广州的另一“景”（图 8-2-10）。

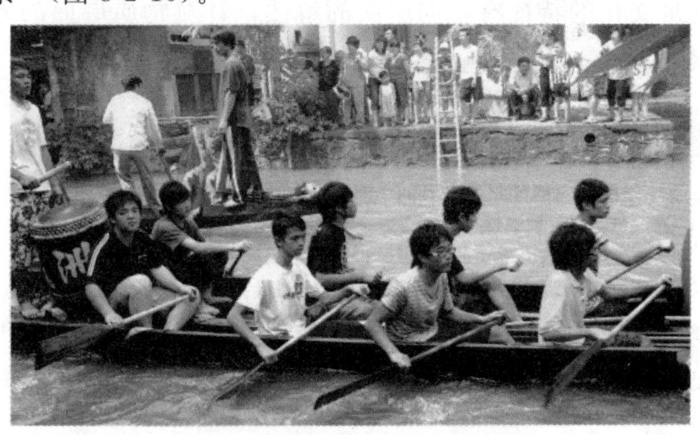

图 8-2-10　中小学生划龙舟

番禺民俗专家屈九说：“龙船活动与其他民间文艺活动一样，是衡量国运兴衰的寒暑表，国运兴则龙船活动兴，国运衰则龙船活动衰。在番禺近代历史上有过两次停止龙船活动，一次是日寇侵华时期，另一次是‘文革时期’。日寇侵华时，龙船多被深埋。而‘文革’期间，则遭毁灭性破坏。幸而打倒‘四人帮’后，在改革开放的春风吹拂下，番禺的龙船活动随着国运的兴盛而活跃。就以家乡化龙镇沙亭村而论，‘文革’期间毁灭了一艘龙船，如今又造了三艘。这让人记起一首童谣：龙船扒得快，今年好世界。”

2010 年亚洲运动会在广州举行，龙舟赛作为其中的项目之一就在广州增城的增江河举行。广东广州的龙舟赛已经从民间走向国际体坛。

第三节　中国龙舟文化运动特征

立足于文化学的观点，龙舟文化可以分为两部分，那就是外层物质文化和内层的精神文化，相对来说，外层的物质文化要更加活泼，但精神文化却有更加深厚的底蕴。

一、物质文化形态学特征

位于外层的物质文化在进行分类，可以分为物质形象层的龙舟文化和制度层的龙舟文化，下面就进行详细讲述。

（一）物质形象层龙舟文化特征

对于龙舟文化的特征有不同层面的解读，针对物质层面的龙舟文化特征，现解读如下。

1. 龙舟文化是图腾文化

有时候，龙舟文化并不像我们想像的那么简单，在不断融合嬗变中，龙舟文化也不断吸收和扩展，最终形成了一种多层次、多元化的复合体，我们也可以认为龙舟文化是一种图腾文化。

龙舟以中华民族的图腾神——龙为外型设计建造，具有浓郁的民族气息。在历史上，龙是中华民族的标志和民族精神的象征，曾起到过凝聚中华民族的作用。

2. 龙舟的起源

关于龙舟的起源，众说纷纭。《旧唐书·杜亚传》载："江南风俗，春中有竞渡之戏，方舟前进，以急趋疾者为胜。"在《沅陵千年龙船》书中沅陵龙舟发源于远古，祭祀对象是五溪各族共同的始祖盘瓠。

通常情况下，有些人会存在这样一个误区，那就是将端午节纪念屈原和龙舟联系起来，首先我们应该知道，并不是所有的地方都有龙舟，它存在一定的民俗信仰以及民族区域性，其次，还应该知道的是，还有一些地方的龙舟与屈原的关系不大，只有秭归及龙舟文化的发祥地荆州，把龙舟竞渡的传说归为纪念屈原。

3. 龙舟造型

龙头造型千姿百态，根据各地风俗而定。广州西江水系的鸡公龙头和东江水系的大头狗龙头，别具特色。龙头多染成红色，称"红龙"，也有涂为黑色或灰色的。龙尾大多用整木雕成，布满鳞甲。龙舟的大小按人数多少划分：3 人、5 人、10 人的为小龙舟，长约 1 丈半（1 丈≈3.33 米）

到 2 丈；20～50 多人的为中龙舟，长 5～7 丈；60～100 人以上的为大龙舟，长 9～10 多丈，还有 200 人的特大龙舟。

4. 龙舟赛事繁多

现在国际龙舟联合会下设亚洲龙舟联合会和欧洲龙舟联合会，每个联合会每两年举办一届洲际锦标赛。亚洲龙舟锦标赛的举办时间为单数年，欧洲龙舟锦标赛的举办时间为双数年。中国近几年举办的著名龙舟赛事有“炎黄杯”世界华人华侨龙舟系列赛、长江三峡国际龙舟拉力赛等。龙舟运动，作为中华民族的优秀传统体育项目，不仅被列入了“民运会”“农运会”等全国大赛的参赛项目，而且世界许多国家和地区每年也会举办各种龙舟比赛。

（二）龙舟文化的制度层文化特征

现代社会学和文化学的研究表明，起主导作用的精神文化和起决定作用的制度文化之间存在着相互依存的密切关系。

1. 龙舟运动的比赛规则

很早以前的春秋战国时期，就已经有文物图像显示，在当时已经有了龙舟竞渡，但相关方面的方法和规则很少有文字记载。隋唐时期大量的诗文记载表明，龙舟竞渡已发展成为正式的运动竞赛，主要表现在以下三方面，如图 8-3-1 所示。

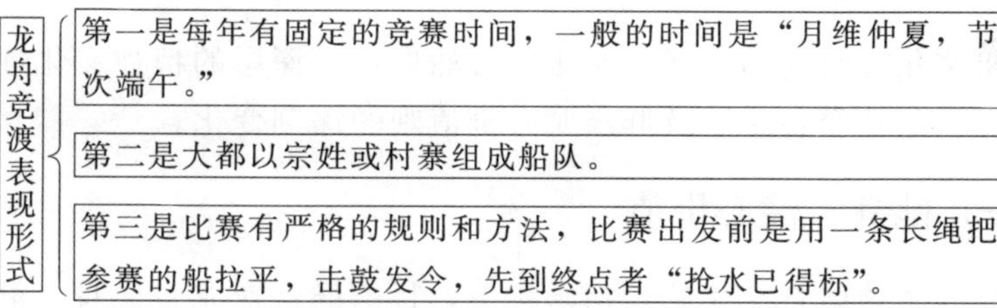

图 8-3-1 龙舟竞渡表现形式

1984 年 5 月原国家体委把龙舟竞赛列为全国正式比赛项目，并在广东佛山市举行了首届全国“屈原杯”龙舟赛。1985 年 6 月在湖北宜昌市成立了中国龙舟协会。1988 年《龙舟竞赛规则》正式颁行。此后，龙舟作为一项体育运动项目在得到普及与提高的同时，其国际竞赛规则也逐步得到发展与完善起来，并不断向着科学化、规范化的方向发展。

2. 龙舟运动技术逐渐得到提高

传统民间划桨技术的问题就是入水角度大，单桨划水距离短，龙舟的划桨技术应向“长、狠、快、巧”的方向改进和提高。

3. 龙舟社会团体逐渐增多

近年来我国各种龙舟社会团体逐渐增多起来，这些团体对龙舟运动的发展起着重要作用。随着龙舟运动的不断发展，龙舟体育产业的局面将会越来越广。

4. 龙舟运动的现代化

中国龙舟协会副会长雷军说：“龙舟虽然起源于中国，有着丰富的文化内涵，但随着世界各地龙舟运动的迅速发展，却已经不再是中国的强项。”

在2005年的端午节，中国龙舟协会宣布设立中国龙舟节。通过设立龙舟节，推动中国龙舟运动的发展。2005年中国龙舟协会举行全国龙舟月活动，是基于龙舟历史文化传统及“南舟北移”的考虑来安排的。在即将举办的2008年北京奥运会上，龙舟被确定为表演项目，表明龙舟运动正在走向世界。

二、逐渐积淀的内层精神文化特征

龙舟文化和时代的发展与变化，必然促进其深层的精神文化逐渐内化与积淀，引起社会各阶层及群众龙舟价值观的深刻变化。

（一）健身、健心价值

在民族传统体育文化的长期影响下，目前群众对龙舟健身、健心价值的认识存在高度的趋同性。

尤其是“文明病”频发的现在，追求身心健康是现代人的主动选择，具有独特健身和娱乐价值的龙舟运动将会得到大力推广。

（二）民族认同价值

民族认同感，是一种民族内部成员对本民族在相互依赖和相近的价值观念和伦理道德、审美情趣的基础上，形成的对本民族的自豪感和亲近感。龙舟的自然属性让民族认同感获得提升，从而起到了潜移默化的作用。同时也作为一种特殊的“精神粘合剂”，能够把中华儿女与祖国的繁荣富强紧密联系在一起，从而产生强大的凝聚力和向心力。

（三）道德教育价值

人们参与龙舟运动对增进社会和谐、提高社会文明素质等具有重要作用。由于龙舟运动是一种文化活动，从而自然地将精神的愉悦作为主要目标。不论是竞技者还是观众，不一定要具有很高的文化素质，就可以在龙舟活动中得到较直接的、令人愉悦的主体情感的抒发和渲泄。

（四）竞技价值

龙舟竞渡是一种典型的、集体对抗型的民族传统体育活动，是一项赛体力、比技术、显勇敢的体育活动，龙舟的竞技价值在国际间的体育文化交流中将具有越来越重要的地位。龙舟活动给予人类一个自然的环境，在规定的技术、战术、规则、方法的严格要求下，潜移默化地培养着人们的竞争品格，使之适应社会的发展。

（五）经济发展价值

龙舟比赛需要专门的服装、器材和设备，比赛时可以吸引大量的观众，组织者可以借助这样的机会进行商业开发，进而促进本地区和本民族经济的发展。目前龙舟运动已以崭新的姿态、丰富的内涵吸引着国内外大量的游客，这是开发旅游资源和招商引资发展本地经济的潜在能源。

第九章　龙舟文化地域论

我国疆土辽阔、民族众多，各地龙舟的形状各异，活动形式也各具特色。据有关资料统计，提到龙舟竞渡的方志有：湖南省 26 种，湖北省 41 种，广东省 42 种，浙江省和福建省各 16 种，江苏省 36 种，安徽省 8 种，江西省 20 种，四川省 15 种，云南和广西各有 4 种，台湾省有 9 种，总共多达 227 种方志里有这种风俗的记载。我国各地的龙舟竞渡可谓五花八门，各领风骚。

第一节　湖南与广东龙舟造型和竞渡

一、湖南龙舟造型和竞渡

湖南龙舟的造型有两种：一种是正式龙舟，另一种称“翘划子”，是平日用作捕鱼的划子，也有用来打草的“草划子”。这些“划子”没有龙头，也没有橹状的舵，是用 8 尺长的桡片安装在船尾，船员划水用的也是桡片。

“翘划子”船长 5～6 米，宽 1.2 米，可载 10 位划手，锣鼓手 1 人，舵手 1 人，船上一共 12 人。

传统龙舟造型一般较短和宽，船长 18～24 米，宽 1.1 米，龙头有高昂的，也有平头的，造船的木材为杉木，也有用樟木的。龙头用樟木雕成，龙头没有长颈，短颈与船头相接。船尾没有装饰，只是两条长 3 米、宽 0.4 米的楠竹装成凤尾，成龙头凤尾。

湖南的龙舟活动非常普遍，只要有水的地方就有龙舟。比较大型的龙舟赛在每年的五月初五全省农民体育节举办，每年约有 400 条龙舟参加。

二、广东龙舟造型和竞渡

广东龙舟形状有长龙和短龙两种。长龙长约 40～50 米，划手 50～60 人。珠江三角洲地区长龙的龙头小，龙颈长，船身狭，利于竞速；增城、东莞长龙的龙头大，龙颈短，船身宽。短龙又称龙标，长约12米，可坐8～10人，没有龙头和龙尾装饰，平时用作训练或为比赛的长龙做后勤工作。广东的龙舟竞渡有两种形式，一是“趁景”式的划龙船，所谓趁景，即只作表演而不比赛；二是“斗龙船”，即比赛竞渡，俗称“扒龙舟”。以广州为中心的珠江三角洲地区，因为是水网地带，所以龙舟竞渡特别盛行。广州市每年一度的龙舟比赛，既隆重又热闹。竞渡时，河面上锣鼓喧天，龙舟竞发，游龙穿梭，场面十分热闹。广州的龙舟竞赛通常是乡与乡之间，区县与区县之间进行，广州市从1994年开始在市中心的珠江上举行每年一度的国际龙舟邀请赛，使广大市民和来广州旅游的外国朋友在市中心就能看到精彩的龙舟竞赛和表演。

（一）顺德

广东顺德的龙舟竞渡自古有名，清初屈大均《广东新语・舟语》有载：“顺德龙江，岁五六月斗龙船。斗之日，以江身之不大不小，其水直而不湾者为龙船场……斗得全胜还埠则广召亲朋宴饮，其埠必年丰人乐，贸易以饶云。”实则全县各乡堡都盛行划龙船，现今区博物馆尚保存康熙年间杏坛北水村的“压尽群龙”石匾。当时顺德龙舟有“游龙”和“赛龙”两种——“游龙”体积大，装饰美观，称“龙船”，重在游弋展示服饰旗鼓助兴；“赛龙”体积小，称“龙艇”，从3桡至15桡不等，重在竞划速。

顺德是广东龙船最多的一个地区，每年农闲无事，人们便组织龙舟竞赛，经常组织几十个乡镇的龙舟分别斗胜负。还有舞狮队助兴，利用几艘船编成巨舰，四周围上栏栅，舞狮好汉就沿河而行，金鼓齐鸣，爆竹喧天，十分壮观。顺德龙舟多用杉木来做，因杉木质轻易划行，去水快。龙骨是龙船的主干，龙骨要轻巧中度和有弹性，要用弹性较好的实木，使龙舟前进时不滞水。顺德的传统龙舟有十一丈五尺长，可坐桡手88人；有九丈五尺的，可坐桡手60人；有七丈五尺的，可让48个桡手分坐左右。船身涂上红色或绿色，并多在上面绘龙纹，五彩斑斓，船头装饰成一个龙头，龙须活现，充分表现出民间传统“龙”的形状。

顺德龙舟有广泛和深厚的群众基础，多次参加全国龙舟赛夺得冠军，并多次代表国家参加世界龙舟锦标赛夺得冠军，为中国龙舟运动走向世界做出了极大的贡献。

顺德被国家体育总局授以“龙舟之乡”的称号。顺德龙舟队是一支货真价实的“农民军”，是我国龙舟的一支标志性队伍，是世界大赛上出现的第一支真正意义上的中国龙舟队，是一支从划草艇开始，从小河涌划起，逐步划向世界的农民龙舟队。

顺德龙舟队在“龙舟人”郑家润的带领下，从 1983 年 6 月首次出征参加香港国际龙舟邀请赛时就开始崭露头角。这次参赛震动了海外华人世界，邀请赛上有来自美国、英国划艇会的队伍，还有亚洲的新加坡、日本、泰国、马来西亚以及中国香港、澳门等 10 多个国家和地区的龙舟队。

1984 年全国首届“屈原杯”龙舟赛顺德龙舟队捧走了“屈原杯”。1990 年，在第一届亚洲龙舟锦标赛大包大揽，把男女子全部 4 块金牌夺走。1995 年，顺德龙舟队代表中国参加首届世界龙舟锦标赛，又把全部 6 块金牌拿下。2005 年，再次代表中国参加在德国举行的世界龙舟锦标赛，勇夺 7 金 1 银，再次为中华民族争得极大光彩。

顺德龙舟队多次参加全国和世界大赛无往而不胜，顺德龙舟的技术创新受到国际龙舟界的关注，各国都在研究“顺德桡法”。

顺德龙舟是广东龙舟中的佼佼者，故有称：“顺德龙舟甲天下，顺德桡法天下扬”之美名。

（二）广州

龙舟竞渡在广州也至少有上千年历史，早期赛龙舟只是一种宫廷活动。据古籍记述，南汉后主刘𬬮每年在广州城西“玉液池”举行端午节龙舟竞渡，明清两代更是广州龙舟竞渡的鼎盛期。古时广州龙舟竞渡与今天不同，古时船大人多，船被装饰得五彩缤纷，很具观赏性。而现代则是船小人少，逐渐接近现代体育竞技比赛。龙舟比赛基本参照近代划船比赛的场地设置竞赛规则。

龙舟是广州人端午节中最重要的活动，龙舟竞渡被广州人称为“扒龙船”，过去参与者多为近郊农民。端午节前龙舟出土，从初一至初五除各村互相探视外，还各自设景点，互相拜访，吃龙船饭，进行小型汇演和竞赛，互相观摩。

广州龙舟活动最有代表性的要数泮塘扒龙舟，相传已有 400 多年历史，今天仍保留着传统的形式和很浓厚的乡土味。农历五月初五之前，村民们就把去年藏在涌边淤泥土中的龙船挖出——称“起龙”。起龙时要举行拜祭仪式，鞭炮齐鸣。

五月初五那天，坑口村、植村、茶滘等兄弟村的龙舟相继划来。最受欢迎的是被泮塘龙舟称为“契爷”的那场龙舟竞赛。盐步龙舟与泮塘龙舟结了契，热情的泮塘人为“契爷”和其他龙舟准备了整只金猪、烧酒。龙奋须，人举桨，此来彼往，罗伞晃动，锣鼓齐鸣，满河满岸热闹非凡。端午节过后，龙舟又被藏入涌边——称“藏龙”或长龙卧海。龙舟将在寂寞中等待来年。新中国成立后，政府提倡开展多项民间传统体育活动，广州市的龙舟活动不断发展，竞渡也一年比一年热闹。1953年只有7条龙舟，1954年12条，1955年19条，到1956年增加了南海、番禺地区的20个单位，有40条龙舟参加。龙舟竞渡已成为一项重要的水上体育活动，一项富有意义的民间传统体育活动。

广州每年的龙舟国际赛很有特色，既有竞技性也有观赏性，它设置的竞赛项目有四类：传统长龙800米直道竞赛；国际标准龙舟（短龙）800米直道竞赛；彩龙斗艳；游龙。

传统长龙因船体长、划手多，在竞赛中极像数条蛟龙在水面上翻江倒海，龙舟上的锣鼓声和划手的号子声与珠江两岸几十万观众欢呼声和掌声汇成震耳欲聋的雷鸣声，场面十分震撼。国际标准龙因船体短、划手少，所以在竞渡时船速极高，似箭般在水面高速飞驰。彩龙属传统长龙，但它不比速度而是斗艳，看哪队能把龙舟“打扮”得更缤纷艳丽，奖项设一、二、三等奖。游龙也属传统长龙，但它不参与竞渡或斗艳，只是在竞赛间隙中在江面上来回游弋，犹如赛场“宝贝”，吸引观众的眼球，增加赛场气氛，使赛场不会出现冷场。

广州国际龙舟邀请赛从1995年开始举办，当年就有60多对共2600多名运动员参加，其中有8支外国队。到2007年发展到110支龙舟队参加，其中外国队和港澳地区共有26支队，4000多运动员参与。

（三）肇庆

广东的斗龙舟不但限于珠江三角洲的城乡，在山区里也有斗龙舟，肇庆地区所属县高要、德庆、云浮和四会等大多是山区，但因为西江流经此地，肇庆地区自古以来就有一年一度的龙舟竞渡。

唐末宋初的高要金利、茅岗、罗客等村早有划小舟活动的传统习俗。明末清初，小舟逐渐演变成二丈七尺，五丈六尺和九丈等长短不一的龙舟，并装上精雕的龙头和龙尾，造型栩栩如生、引人注目。

金利是肇庆的“龙舟之乡”。那里出门见水，举步登舟，人们特别喜爱“斗”龙舟，每逢农历五月初一、初五，村村鼓响桨落，“斗”龙高潮此起彼伏。金利村村都有龙舟，每条龙舟都有一位德高望重者当“龙总”招集壮士，组织演练，指挥斗龙。赛毕，村里所有男丁都聚集在祠堂吃龙舟饭。虽然在“文革”期间，龙舟竞赛曾被视为“四旧”而一度停赛多年。但在中共十一届三中全会后，肇庆市政府对恢复群众性的龙舟活动十分重视，金利的龙舟活动枯木逢春，搞得红红火火，全镇的龙舟很快就发展到100多条。高要市每年都在高要南岸江口举行规模盛大的龙舟竞渡。

1975年，广东划船队在肇庆市政府的大力支持下，在肇庆著名旅游胜地星湖建了一个长2300多米、宽260米的标准划船训练场。这个场地有8条直线长2000米、宽15米的划船比赛航道。静水，水深2～3米，非常适合现代体育的赛艇、皮划艇比赛，更适合传统的有民族特色的龙舟竞渡。这个场地的建成使肇庆的龙舟活动如鱼得水。

自1994年以来，肇庆市政府利用这个场地举办了多次国际性的龙舟比赛。

1994年6月24～25日，肇庆市政府承办了亚洲龙舟联合会组织的第一届亚洲龙舟锦标赛，有8支亚洲国家代表队参加。当时星湖龙舟队和金利龙舟队也参加了助兴比赛。国际龙舟联合会主席、亚洲龙舟联合会主席刘吉出席了开幕式并致词。

肇庆市政府利用龙舟比赛活动举行各种经贸洽谈、旅游推介，借此促进经济发展。

第二节　福建与四川龙舟造型和竞渡

一、福建龙舟造型和竞渡

福建龙舟的船体是用杉木制造的，船体大小因地各异，船头安装木雕龙头，龙颈长而弯曲，像浮在水面的鹅颈，船尾也高高地翘起，龙须和龙尾都画上颜色鲜艳的鳞片。船体以颜色区分为青龙、白龙、黄龙等，也有“虾龙”“蛙龙”“白头马”，船身长18～24米，可载32人或五六十人。

福建的龙舟活动已有1000多年历史，每年活动时间从农历五月初一起，初五进入高潮。每年有3000多条龙舟下水，40万男女参加竞渡。竞渡场地既有江河湖泊，也有沿海的海湾，因此福建人划龙舟，会因地域不同划法也有不同，有坐划、跪划和站划等划法。

二、四川龙舟造型和竞渡

四川的龙舟是很特别的，有“泥鳅背”式的尖底和狭长的船身。大的龙舟可载70～80人。龙舟是以不同颜色的令旗作标志，桡手穿戴不同的衣服、帽子和头巾，与龙舟浑然一体，每艘龙舟有一名手执令旗者立于船头领呼号子。

四川的龙舟竞渡活动一般设3个项目：抢鸭子、彩游、抢彩。抢鸭子是最为精彩和激烈的比赛，要求船上24人精神高度集中和动作一致，舵手把准方向，辨别鸭子潜水的方位，适时打舵。负责抢鸭子的人具有高超的游泳技术，速度快，能踩水，潜水技术过硬，一旦目标出现，就能迅速地把鸭子抓住，竞赛是以抢得鸭子多寡定胜负。

彩游是每条龙舟上扎上各式各样的造型图案，如哪吒闹海、红龙吐火、青龙吐水等，五彩缤纷，艳丽夺目，像广州国际龙舟邀请赛上的彩龙一样，看谁能把龙舟装饰得更艳丽。抢彩是最后一个竞赛项目，所有龙舟都停在江边，对岸由竞赛举办者制作的锦旗挂于离江边百米之外，有时锦旗上还捆着钱。比赛开始时只听鞭炮齐鸣，所有龙舟快速地划向对岸，抢彩者登岸后立即冲刺争抢彩旗，抢到彩旗者获胜。

第三节　广西与浙江龙舟造型和竞渡

一、广西龙舟造型和竞渡

广西的龙舟可坐 30～40 人，有龙头、龙尾等造型，除了锣鼓手、旗手、舵手和划手之外，还有唢呐手和钗手。古时广西龙舟竞渡日期是在每年农历三月初三，每 3 年造一条新龙舟，当地群众把新龙舟视作神物，竞渡结束或祭祀结束之后即行烧毁，人们不惜花费大量金钱制作新龙舟就是希望得到神的庇佑。

近代龙舟活动则多在农历初五、初六两天，广西还有 10 年一大划、5 年一小划的规矩。1980 年后广西每年都举行全区性龙舟赛，并已形成制度。广西的龙舟竞渡除了男子、女子项目外，还有手划和脚划之分，除了要求速度之外，还要评比龙舟的设计和装饰。

二、浙江龙舟造型和竞渡

浙江的龙舟因地理风俗和水域条件各异，造型和竞渡方式也有一定的区别，一般分 3 大类。

古代杭州龙舟是一种供达官贵人游玩为主的龙舟，造型有短而宽，桨橹小而长的特点，有舟篷楼架等防范设备，船身雕画蟠龙飞凤，装饰十分精美华丽。

绍兴的龙舟有大龙、小龙、花船 3 种。大龙舟又名楼船，精雕细刻，描金绘龙，有 6 对桨手、1 名舵手，供演戏用的，每逢水会必用龙舟。小龙舟船长 12 米，中间最宽不过 1 米，头尾最狭处仅 0.1 米，这种龙舟似泥鳅一般灵活，所以这种龙舟只作表演翻船之用。花船的造型类似普通小划船，船上艺人演出各种民间传说故事，《白蛇传》《哪吒闹海》等引得两岸观众掌声阵阵。

温州是浙江龙舟竞赛性最强的地区，因此温州的龙舟造型有狭长，两头翘和桨片短的特点。船身绘画龙鳞，一般漆以红、黄、蓝、白、黑作为主色，一村一色，历代沿袭不变。即使是同一颜色，其浓淡、花色亦各不相同。

温州的龙舟也分大小两种，分别设 19 档位和 13 档位，配以 18 对或 12 对划手、舵手 2 人、掌旗 2 人、司鼓 2 人，以及参龙和托香斗等执事共 10 人。温州的龙舟活动一般在四月初一开始擂鼓摆祭，修造龙船，五月初一龙船“上水”，竞渡时间一般长达半个月。

浙江龙舟竞渡大多在人烟稠密地区的江河湖泊上进行，而且还有夜间赛龙舟的习俗。

第四节　贵州与台湾龙舟造型和竞渡

一、贵州龙舟造型和竞渡

贵州清江苗族古代的龙舟形制较为诡异，它以大树挖槽为舟，两树合并而成，舟极长，约四五丈（约 15 米），可载三四十人，因划手是站着划桨，所以重心较高，稳定性稍差，有一定的危险。

贵州地区现代的龙舟制作十分精致，每条龙舟都有 30～40 名划手，他们头戴彩笠，身穿彩服，腰系彩带，一般一寨一条龙舟，大的村寨有 2～3 条，以一个村寨或一个氏族为单位推选龙主。龙主每年选一次，新任龙主选出后，前任龙主就把鼓和龙头送到他家里，能被选上当龙主是十分幸运和荣耀的事情。

贵州苗族的龙舟节是每年农历五月二十四日，在清水江沿河台江、施秉两县交界地区的六七十个村寨共同举行。当日来自各县镇的三四万各族人民都穿上节日盛装，喜气洋洋地云集在清水江边，尽情地欢度为期 4 天的盛大节日——龙舟节。全国各地的游客和外国朋友也纷纷赶来观光。1958 年前民主德国专门来拍了纪录片，1962 年中央新闻电影制片厂也专程来拍了介绍清水江龙舟赛的纪录片。

二、台湾龙舟造型和竞渡

台湾龙舟的造型都比较短而宽，近似目前国际比赛的标准短龙，船上乘坐 22 人：掌舵 1 人、鼓手 1 人、划手 20 人，船上还插着写有吉利字句的小彩旗。台湾各地龙舟活动一直都是在农历五月初五端午节这天举行，由于参赛队伍众多，甚至会一连 3 天搞竞赛活动。

台湾二龙村的龙舟竞渡方式很特别，不用裁判，也不计成绩，船划到河中心后，再以鸣锣为号。但必须等双方都敲了锣，比赛才正式开始。到达终点时，最先拔下终点旗的一队就是胜队，而且双方都有一份相同的奖品。

第十章　龙舟胜会的保护

龙舟活动在我国有悠久的历史，其发展过程与我国历史背景一样经历了许多曲折。长期以来龙舟活动都是民间自发组织与保护的，直到改革开放以来这种情况才发生改变。在20世纪80年代国家体委从保护历史文化的角度出发，提倡保护龙舟竞渡活动，并于1984年在广东佛山举行首次龙舟比赛——第一节“屈原杯”龙舟比赛，比赛队伍来自长江以南各省。1985年6月，我国成立了中国龙舟协会，这既是对民族传统项目的继承，也是改革开放后开创体育竞技项目局面的创新。

第一节　政府保护和扶持

20世纪70年代末，蒋村、五常、仓前、和睦诸乡恢复龙舟胜会活动，不久就受到政府文化部门的重视。20世纪80年代余杭县文化馆陆续出版《余杭县民间文学选辑》，其中收录《蒋村、和睦为什么要办龙船会》等龙舟胜会民俗传说资料。政府的史志编纂机构十分重视这一民俗，1992年出版的《余杭县志》、2003年8月出版《杭州市余杭区镇乡街道简志》、2004年10月出版的《西湖全书·西湖风俗》、2009年编写的《西溪简史——西湖区地方志资料汇编丛书之二》，都对西溪相关镇乡的龙舟胜会民俗作了扼要记载。改革开放以来的历届龙舟胜会，在蒋村、五常、仓前、闲林和睦桥等龙舟胜会竞技中心举办，政府都派出警力和水上民兵、救生艇，实行交通管制、水上安全警戒，为龙舟胜会的顺利进行提供保障（图10-1-1）。

2002年，中共杭州市委、杭州市人民政府着手制订《杭州西溪国家湿地公园总体规划》，并提出实施西溪湿地保护六大原则，注重文化、以人为本是其中的重要内容。经多次论证修改和专家会审后，2004年1月由杭州市人民政府正式批复执行。规划中的民俗文化游览区以拓展西溪民俗文化为主题，将龙舟竞渡、河渠行舟等项目列入民俗风情保护内容，对有保护价值的河埠、古桥、石驳坎等设施落实了保护措施。

图 10-1-1　水上民兵为龙胜会护航

2003 年 8 月，杭州市委、市政府，西湖区委、区政府正式启动西溪湿地综合保护工程。2003 年 11 月，杭州西溪国家湿地公园一期工程开工，2006 年 5 月二期工程开工。2005 年 5 月、2007 年 10 月，杭州西溪国家湿地公园一期、二期园区先后建成开放，其中“深潭会舟”是展现龙舟胜会的景点。如图 10-1-2 为西溪湿地公园东区龙舟陈列馆。西溪湿地东区的蒋村河诸街建立龙舟展示馆，展示富有特色的西溪龙舟胜会。在这里能了解西溪龙舟的千年发展史，可欣赏西溪工匠的龙头雕刻和龙舟模型制作的技巧。如图 10-1-3 为西溪湿地西区龙舟文化展示馆。

图 10-1-2　西溪湿地公园东区龙舟陈列馆

图 10-1-3　龙舟文化展示馆（西溪湿地西区）

2004 年，蒋村龙舟胜会被列入杭州市首批民间文化艺术资源保护项目。2005 年 11 月，五常龙舟胜会被公布为余杭区非物质文化遗产保护项目。以后，蒋村龙舟胜会、五常龙舟胜会均被列入杭州市、浙江省非物质文化遗产名录。2006 年 6 月，蒋村被认定为浙江省民间艺术之乡（龙舟）。2008 年 1 月，蒋村、五常均因对端午节龙舟胜会传承、保护，被浙江省文化厅确定为浙江省民族传统节日保护基地。2008 年 6 月，五常龙舟胜会被列入第一批国家级非物质文化遗产扩展项目，五常、仓前、闲林街道均被定为该项目保护责任地。2011 年 5 月，蒋村龙舟胜会被列入第三批国家级非物质文化遗产项目。2011 年蒋村被列为中国民间艺术之乡，龙舟胜会是重要因素之一。

2007 年 10 月西溪湿地西区五常境内实施西溪国家湿地公园三期工程项目，开建前房屋拆迁中，政府安排专项补助资金建立临时用房，用作被拆迁村庄龙舟存放。同年 7 月，余杭区文广新局组织专门队伍到五常开展非物质文化遗产普查，其中五常龙舟是普查重点内容。普查中对龙舟活动、龙头雕刻进行了全面的调查，制作了详细的影像资料。

2008 年五常境内建成西溪国家湿地公园西区，园内开辟龙舟观景区域，可供游人登上龙舟体验龙舟竞渡的激情。龙舟观景区还建立龙舟文化展示馆，陈列五常龙舟胜会的各种资料，展示“请龙王”等仪式，使人们了解源远流长、内容丰富的西溪水乡民俗。

图 10-1-4　记述西溪龙舟胜会的书刊

2008年10月杭州市组织西溪国家湿地公园“三堤十景”评选，“龙舟胜会”被评为十景之一。2009年3月，地处西溪湿地西区五常一带的端午节（龙舟胜会）被列入杭州市传统节日保护地。同年还被列入西湖博览会活动类子项目。

2011年经杭州市人民政府批准、市人大常委会备案，出台《杭州西溪国家湿地公园保护管理条例》，并于2011年12月1日起施行，其中的第三十五条明确规定“禁止改变湿地公园内的人文历史风貌”，龙舟胜会受到政府规章保护。

2010年，浙江省文化厅、财政厅共同实施编纂出版“浙江省非物质文化遗产代表作丛书”文化工程，由余杭区文化广电新闻出版局负责其中《五常龙舟胜会》的撰写工作。2012年5月《五常龙舟胜会》出版，首次对西溪的五常龙舟胜会做了详细介绍。

与龙舟胜会活动相关的器具制作技术也得到保护。蒋村、五常龙头雕刻的工艺，闲林民丰村云凤湾编扎彩龙头的工艺，蒋村、五常、仓前传统木质农船制作等等，都进行详细采访。仓前文体中心组织力量，将知名船匠葛三毛的造船技术每道工序摄影、录像存档，并着手探讨继续传承的措施。

龙舟胜会源于水乡生活，活动需在野外水面展开，其生存状况必然因自然环境、生活模式变化受到影响。20世纪70年代后陆路交通快速发展，在西溪一带水乡农村生产运输中，车辆逐渐取代传统木船。这无疑是生产力的进步，但也给龙舟胜会这一民俗如何延续带来新课题。西溪一带村庄之间的不少河道因废而淤，因淤而塞，龙王巡游空间越来越小。每逢龙舟胜会，有些地方龙舟需人力扛抬或车辆运送翻越阻塞河段，称为“拔龙船”。20世纪90年代末开始，五常、仓前、闲林开展村庄环境整治，政府投入大量资金疏浚农村河道，修建沿河设施。西溪湿地保护各期工程中，河道整修，疏浚都被列为重要内容。这些举措加强了抗洪抗旱能力，保护了环境，提升了群众生活质量，同时也为龙舟胜会的可持续进行提供了有利条件。

2006年闲林镇开展闲林港整治，河岸实施砌石保护，修整沿河河埠，和睦桥至云凤湾龙舟活动最为繁盛的地带，小桥、流水、人家的景观得到恢复而且更加秀丽。

2007年实施西溪国家湿地公园西区建设，拓宽了五常港浜口河道。2008年9月29日，西溪国家湿地公园西区开园，园内的五常浜口观胜桥建立龙舟胜会观景台。这些举措使浜口五月初五大端午龙舟赛可以接纳更多的龙舟和观赏者。

2009 年仓前镇对余杭塘河腹地已完全阻断的横渎港实施河道清淤，沿岸建石磡作长期保护。2010 年仓前镇在建设中，对余杭塘河南侧严重阻塞的横桥港进行清淤。按照计划，这里将和余杭塘河相通，取代已失去功能的龙舟“搡漾”地点南庙漾。

图 10-1-5　龙舟文化档案

政府扶持是落实西溪龙舟胜会保护的重要措施。20 世纪 70 年代末，蒋村、五常、仓前、和睦端午节划龙舟的民间习俗逐渐恢复。1984 年端午节，时属余杭县的蒋村乡人民政府举办规模盛大的划龙舟活动，还组织了蒋村乡龙舟队。这年及 1985 年，蒋村乡龙舟队两次代表余杭县、杭州市参加浙江省龙舟邀请赛，1985 年还获得该赛事的第二名。

20 世纪 90 年代后，西溪一带的龙舟胜会影响越来越大，蒋村、五常、仓前、闲林等地每年端午（包括小端午）均由政府主导举办龙舟节，政府按照民间习惯对参加胜会的龙舟一一奖励。每届胜会观赏者逾万，当地群众户户前往，省内外其他地方许多人也专程赶来观赏。

图 10-1-6　蒋村街道民俗文化展厅中的龙舟模型

2005年1月，蒋村乡人民政府牵头成立蒋村龙舟协会。是年由蒋村街道文化站牵头邀请专家、组织力量挖掘整理龙舟文化，建立相关档案资料。在政府大力支持和资助下，蒋村龙舟先后组队参加在北京举行的全国龙舟邀请赛、四川绵阳举行的全国农民运动会龙舟赛、湖南长沙举行的国际龙舟精英赛等全国乃至国际性大赛。这些活动大大增加了西溪龙舟胜会的影响力、提高了西溪的知名度。龙舟胜会的丰富文化内涵，推动蒋村成功申报了浙江省民间文化艺术之乡、中国民间文化艺术之乡。

图 10-1-7 仓前街道非物质文化遗产展示馆

2005年端午，西溪湿地西区举办第二届五常龙舟节系列活动，邀请省、市专家和有关部门领导参加。是年国庆期间，运河综合保护一期工程亮相杭城，五常派出11条龙舟在大运河的拱宸桥—卖鱼桥河段展示。

2006年端午前后，国家文化部在杭州市余杭区举办以“国家文化安全”为主题的“中国非物质文化遗产保护余杭论坛”，出席论坛的各级领导和专家亲临西溪湿地西区的五常浜口，与3万余群众一起观看五常龙舟胜会的精彩表演。专家认为，五常龙舟胜会自发的传承热情与文化自觉，就是保护非物质文化遗产的最高境界。五常是西溪的一部分，因此也是对整个西溪龙舟胜会保护的肯定和鼓励。

2009年5月22日至6月2日，由杭州市余杭区人民政府主办，杭州西溪国家湿地（余杭）管理委员会办公室、五常街道办事处、余杭区风景旅游局承办，在西溪国家湿地公园（西区）举办首届中国杭州五常龙舟胜会，是年端午有110余艘龙舟参加胜会，曾获得两届奥运会皮划艇冠军的浙江籍选手孟关良为龙头披红，前来观赏胜会的中外游客达6．5万人次。

蒋村、五常、仓前、闲林的镇（街道）政府，每年端午节均成立龙舟胜会组委会，政府领导及相关部门负责人、村社区负责人为其成员，保证了龙舟胜会协调有序、安全地进行。政府部门对龙舟胜会拨予活动经费，对龙舟传承队伍给予一定的费用。评上等级或获得奖项的龙舟团队，都能从街道办事处得到相应奖励。

图 10-1-8　五常街道龙舟技艺培训

西溪一带各街道办事处建立非物质文化遗产传承基地或展示馆室，龙舟文化均列为重要内容。五常街道还专门组织龙舟团队成员培训，邀请龙舟文化研究者讲述西溪龙舟的文化内含和传统程式，对系统地保存和延续原汁原味的西溪龙舟胜会起了很有效的作用。

第二节　群众自发保护

在可以追溯的近 200 年历史中，西溪龙舟和龙舟胜会历经磨难，群众的自发保护，使这颗杭州西郊的文化明珠得以保存下来。

清咸丰、同治年间杭州一带陷于社会大动乱，据史籍记载，同治二年（1863 年）八月，太平军自仓前、长桥、女儿桥、老人铺、西溪……横至古荡，连营四十里以拒清军。西溪一带农村虽仍延续着端午划龙舟的习俗，但也难以避免兵燹之灾。西溪一带的和睦桥、梧桐村、蒋村、护国桥、西葛巷等地两军对垒，战火纷飞。据老人相传，西溪五常一艘满天障龙舟在那时候的战乱中被焚毁。直到光绪年间，一度式微的西溪龙舟胜会才逐渐恢复。民国 15 年（1936）前后，蒋村富户蒋其高发动全村 18 户共同出资出力，打造了一艘满天障龙舟，一时轰动西溪乃至杭城。

抗日战争时期，即使像西溪这样的偏僻之地，仍难免遭日寇“扫荡”抢掠。和睦桥李家角一条满天障龙舟被日寇劫走，龙舟行头被村民藏于水中幸免于难，珍贵的龙舟被日寇弄到西湖，以后不知去向。和睦桥云凤湾的满天障龙船则被村民沉入河底才逃过一劫，得以保存下来。

1945 年 9 月日本投降，次年端午西溪群众恢复龙舟胜会庆祝抗战胜利。据老一辈回忆，1946 年端午和小端午，蒋村、五常、仓前和睦龙舟胜会龙舟数量空前。

1965年开始搞“大四清”，龙舟活动被指为不符合社会主义思想面临停止，西溪群众以“纪念屈原，发扬爱国主义精神”相抗争，最后工作队眼开眼闭，不了了之。到了“文化大革命”时，纪念屈原也成了保护“旧文化、旧习惯”，龙舟胜会只得被迫中止。在“破四旧”的浪潮中，和睦云凤湾的群众藏好彩龙舟行头，锯去龙舟的龙尾，将彩龙舟装扮成积肥船，才使那艘有近200年历史的满天障龙舟基本完整地保存了下来。

1978年端午将至，西溪一带农村群众开始酝酿恢复端午节龙舟胜会。蒋村公社一些村民拿出藏匿多年的龙舟行头，扎成龙舟，但也有一些尚未摆脱“阶级斗争为纲”精神枷锁的干部加以阻止，还封闭水道闸门，使龙舟无法抵达深潭口汇集。群众将龙舟抬过闸坝，终于在深潭口举行了龙舟赛。据金耘先生的《余杭风俗志》记载，当时蒋村乡一位教师，还因支持划龙船一度丢了饭碗。仓前公社幸福大队（今五常街道永福社区）村民借用尚不敢恢复划龙船的邻村保存的器具，冲破某些大队干部的阻拦，在仓前公社率先恢复划龙舟。因深恐以后借不到用具，破例在农历四月十六提前开划，后被邻村要回自用，又赶制龙头和相应旗帜赶上了端午。紧邻五常的仓前公社红旗大队（今仓前街道葛巷村）的群众也自发恢复划龙船，有些大队干部为避免因制止不力被上级怪罪，下河佯作追赶，作些象征性的“劝阻”。

当时西溪农村还在实行以工分计酬，农民以获得生产队工分为收入主要来源。生产队里参加端午龙舟胜会的成员不但工分照计，数量也优厚。当时农村为计较工分发生矛盾并不少见，优待龙舟成员却从来无人有异议，实在是一种出自内心特殊的集体主义体现。

图 10-2-1　翻越堤埂赴赛场

1979 年端午龙舟胜会在更大范围恢复，群众纷纷拿出珍藏多年的龙头及相关物品，又划起了龙舟，村干部也消除顾虑从阻止划龙舟转变为支持划龙舟。1984 年端午，时属余杭县的蒋村乡人民政府组织举办盛大的龙舟胜会，并组建蒋村乡龙舟队，1984 年、1985 年两次代表余杭县、杭州市参加浙江省龙舟邀请赛，1985 年的比赛中获得第二名。

20 世纪 90 年代以后政府重视龙舟胜会对群众的凝聚力，大力弘扬“龙舟精神”。其中所包含的丰富文化内涵被挖掘整理，逐步公之于世，使人们从传统文化的层面认识到龙舟胜会的价值。随着非物质文化遗产保护工作的开展，西溪龙舟胜会这一古老的传统民俗焕发了青春。

图 10-2-2 将龙舟运往竞赛处

第三节 文化学术研究

一、西溪龙舟胜会文化研究

改革开放后西溪龙舟胜会恢复不久，就以独特的内容和风格吸引了学术界。江西教育出版社出版的《中华民族风俗辞典》“龙舟竞渡”条目，详细介绍了西溪蒋村龙舟赛，占整个条目文字的近三分之一：“在全国水乡之地，所举行之龙舟竞渡，多以比赛划行速度为主；而杭州市郊之余杭蒋村，却以比赛击桨齐整有力、踩艄姿态优美、集体意志毅力、龙船文明风格为主，并不计较速度，倘未经先行龙船礼让而争进者，反受观众讥评。可谓独特之风俗。”这一情景也包括五常、仓前、和睦等地。

西溪龙舟胜会民俗受到史学、民俗学、艺术、收藏等各文化界人士的关注。2005年，民俗学专家、浙江大学人文学院教授吕洪年撰文呼吁大力保护蒋村龙舟文化。2006年，杭州西溪湿地公园管委会、杭州古都文化研究会、杭州市西湖区西溪文化研究会联合举办首届西溪旅游文化研讨会，与会的专家对保护西溪水乡民俗文化提出了许多建议，其中蒋村的端午龙舟文化是关注的重点之一。杭州市西湖区西溪文化研究会历年编写的多种书刊中，都有对西溪龙舟胜会和相关民俗风情的介绍，其中不少已正式出版发行。

2006年，余杭区知名集邮人士张永年，专门制作五常龙舟胜会为题材的邮品，一经推出受到集邮界的欢迎。2011年11月，家居闲林水乡的农民画艺人、西溪湿地文化研究会会员阮士荣创作《水乡记忆——闲林埠农耕文化百图》诗画册，其中《岁时习俗》包含五幅以诗相配、乡土气息浓郁的龙舟胜会风情画，生动展示西溪的端午节风俗。和睦桥曹振宇，自幼受父亲熏陶酷爱国画，近年探索以西洋油画反映西溪龙舟，颇受好评。

二、广州传统“龙船景”文化研究

广州市的近郊不少村落依然保留一个乡土味十足的龙舟节目——“龙船景”（龙舟表演或别村龙船来串门的情景）。每年农历五月初一到初五是“龙船景”最为集中的时候，各村的龙舟会不停地串门和探亲访友，具体时间则由各“老表”“兄弟”（各村龙船会之间的称呼）商定。

首先是“招景”，就是主办村在端午节向兄弟村、友好村发出邀请。受邀村每年在固定日子划龙舟来应景，并由主办村提供食宿。招景主要分为迎龙、敬神、吃龙船饭和回龙4步。

图10-3-1 “迎龙”——欢迎兄弟村龙舟队的到来，锣鼓喧天，鞭炮齐鸣

“迎龙”首先是本村的“老龙王”（本村老资格的龙舟）出动迎宾。“老龙王”出动迎宾是对外村龙舟的最高礼遇，准备工作也要忙一番。在前一天夜里涨水时，村民顺着船架把龙船推入水中。早上天一亮，村民到田里取两束禾苗放在龙船头和龙船尾，保佑来年风调雨顺，然后村民敲锣打鼓从北帝庙请出龙头、龙尾、罗伞和神斗插上龙船，圣水兜里要装满“圣水”，待长者用龙眼树叶蘸水洒在龙船划手身上，划手才能上船。上船也很有讲究，划手必须赤脚，不能穿拖鞋（穿拖鞋犯了拖泥带水的忌讳）会被老人家赶下船。有些村落会出动7～8条龙船迎亲朋。“迎龙”当日万人空巷，岸上人头涌动。龙船未到，鼓声先闻。人们见到龙船进村，岸上便放鞭炮迎客。龙船上的人和岸上的村民相互挥手和作揖致意，犹如家人团聚。这时主办方把一匹布、一封利市和一包龙船饼绑在青竹上，竹尾用红绳扎上一束龙眼树叶。老表的龙船到了，岸上主持人大声招呼表兄，并把青竹的一端递向河中。表兄也大声答谢表弟，船上的人把鞭炮点燃，老表们争着侧身上前捞竹竿，并把竹竿上的礼物绑到龙船支架上，这个仪式叫做“送标”，船上老表接受礼物叫“捞标”。经过“送标”和“捞标”后，来访龙船来回游弋3个来回后，主办方便盛情邀请老表上岸吃龙船饼，喝凉茶，然后一起吃龙船饭。在村民眼中，龙船更像他们的长辈，亲切而值得尊敬，所以上船必定赤脚。船与船之间则讲究辈分长幼，这点在“迎龙”时特别明显。村里会根据与兄弟村的关系采取隆重程度不同的礼节。对于辈分高的龙船，村里会派出“龙标”（小龙船，村民们称它为“龙船之子”）到闸口迎接。“龙标”除了迎接任务，有时还负责承载赠予对方的礼物。

有些村一次“招景”龙舟多达六七十条，摆设400多围宴席的龙舟饭，热闹程度不亚于过年。等到兄弟村的龙船到齐了，吃过龙船饭后本村的龙船就出动，和兄弟村的龙船一起在河面上嬉戏，其间鼓声锣声不断，几十条龙船来回游弋。但他们并非在瞎热闹，每条龙船都谨守“3个来回”的传统规则。所谓嬉戏，是考验村民划船技术——边蹬边划，令这条60～80人的龙船在平静的河道上无风也能起浪，以营造游龙出海的动态。按村民的说法，游弋3个来回以及无风起浪的传统都有“风生水起”的美好寓意。会不会有人站不稳掉下水？哪个村的龙船蹬得好划得好看？都是岸上观众的兴奋看点。

龙船游弋完毕，到下午时分潮水也开始退潮了，兄弟村的龙船才开始离开，叫“回龙”。来访龙船作别主办村，也至少要划3个来回才会离去。“回龙”这礼节既表达了有来有往的意头，也表达了对东道主盛情款待的谢意。

图 10-3-2 兴高采烈去参加“龙船景”的龙舟

一些历史悠久和文化底蕴深厚的村落还保留着一些今天已鲜为人知的龙舟习俗，如参加“龙船景”互访的龙舟，要在出访前一连几天进行“投船面”。所谓“投船面”就是把龙舟上旗手的位子拍卖出去。龙舟上共有桨手、舵手、鼓手、神斗和旗手5类，只有旗手需要村民投标，因为旗手是龙舟上很风光的“岗位”，一条龙舟上有5个罗架，架子上插上5个罗伞，代表的意头是“九五至尊”。在罗架下摇旗的人最为显贵，竞价很高，而其他的“岗位”如划船的桨手和击鼓的鼓手是体力活，神斗是敬神烧香的，必须是长者才能出任。船头船尾掌舵的艄公由驾船经验丰富的村民担任，通过竞争上岗——“投船面”募来的钱则用于买鞭炮。

参考文献

[1] 史伟，梁福兴. 非物质文化遗产视域下桂林龙舟竞渡研究 [M]. 体育研究与教育. 2017 (01).
[2] 望巧英. 漳州龙舟文化特色研究 [D]. 厦门大学. 2014.
[3] 刘华山，郑佳润. 龙舟技术与训练 [M]. 北京：北京体育大学出版社，2002.
[4] 秦伟. 赛龙舟 [M]. 北京：中国社会出版社，2010.
[5] 王凯珍，胡娟，杨风华. 我国龙舟竞渡发展研究 [M]. 体育文化导刊. 2010 (03).
[6] 郑晔，刘英杰，郑如赐. 龙舟赛事的城市经济效益与社会影响 [M]. 中国体育科技. 2001 (1).
[7] 张建世. 中国的龙舟与竞渡 [M]. 北京：华夏出版社，1988.
[8] 徐菊生，余汉桥. 龙舟运动高级教程 [M]. 北京：中国电力出版社，2015.
[9] 徐本力. 体育控制论 [M]. 成都：四川教育出版社，1988 年.
[10] 杨世如，韦佳. 原始礼仪竞技的体育人类学研究——苗族独木龙舟竞技文化调查 [M]. 贵州民族研究. 2010 (5).
[11] 李兵. 传统龙舟文化的现代诠释 [M]. 时代文学（下半月）. 2010 (05).
[12] 李瑞岐. 中华龙舟文化研究 [M]. 贵阳：贵州民族出版社，1991.
[13] 郑文海，杨建设. 我国端午龙舟竞渡与体育比赛结合现状及策略——兼论传统龙舟竞渡与现代竞技龙舟运动的发展 [D]. 西安体育学院学报. 2007 (05).
[14] 杨罗生. 龙舟竞渡研究状况与文献整理 [D]. 零陵学院学报. 2004 (7).
[15] 任国瑞. 端午赛龙舟 [M]. 香港：瑞华出版社. 1995.
[16] 王贺立. 运动选材学 [D]. 武汉体育学院. 1990.
[17] 韦晓康. 龙舟竞渡运动的起源 [D]. 体育文化导刊. 2002 (01).
[18] 王俊奇，饶绍振. “竞龙舟”与民俗文化 [J]. 体育文史. 2001

(03).
[19] 李瑞岐，杨培春. 中华龙舟文化研究 [M]. 贵阳：贵州民族出版社，1991.
[20] 周华. 对我国“龙舟运动”发展分析 [D]. 赤峰学院报（自然科学版）. 2009 (5).
[21] 唐月霞. 宁波云龙镇龙舟竞渡习俗研究 [D]. 浙江师范大学. 2015.
[22] 万建中. 龙舟竞渡活动的历史渊源 [J]. 体育文史. 1995 (3).
[23] 程国庆. 运动生物力学 [M]. 上海：高等教育出版社，1988.
[24] 姜喜平. 龙舟文化之研究 [D]. 湖北广播电视大学学报. 2009 (04).
[25] 彭国梁，杨里昂. 我们的端午 [D]. 长沙：岳麓书社，2004.
[26] 姚正曙，何根海. 龙舟竞渡的起源探析 [D]. 成都体育学院学报. 2000 (06).
[27] 闻一多. 伏羲考 [M]. 上海：上海古籍出版社，2006.
[28] 胡娟，王凯珍. 从民俗到体育：龙舟竞渡的缘起及现代转型 [D]. 体育文化导刊. 2007 (02).
[29] 龚云峰. 武汉市开发体育文化旅游龙舟运动对策研究 [D]. 荆门职业技术学院学报. 2009 (02).
[30] 靳周祥. 西南少数民族龙舟文化的传承与发展 [J]. 黑龙江民族丛刊. 2009 (01).
[31] 李小飞. 湖北省高校龙舟运动开展现状的调查研究 [D]. 华中师范大学. 2013.